지식의 사슬

미술 시간에 세계사 공부하기

지식의 사슬 | 미술 시간에 세계사 공부하기

초판 1쇄 발행 2011년 12월 7일
초판 16쇄 발행 2023년 1월 17일

기획 강응천   **글쓴이** 이장현
발행인 이재진   **도서개발실장** 안경숙
편집 정연경   **디자인** ns-pole(김원용)   **지도 일러스트레이션** 임근선
마케팅 정지운, 박현아, 원숙영, 신희용, 박소현   **제작** 신홍섭

펴낸곳 (주)웅진씽크빅
주소 경기도 파주시 회동길 20 (우)10881
문의전화 031)956-7403(편집), 02)3670-1191, 031)956-7069, 7088(마케팅)
홈페이지 www.wjjunior.co.kr   **블로그** wj_junior.blog.me   **페이스북** facebook.com/wjbook
트위터 @wjbooks   **인스타그램** @woongjin_junior
출판신고 1980년 3월 29일 제406-2007-00046호   **제조국** 대한민국

ISBN 978-89-01-13610-3 44080
    978-89-01-06526-7 (세트)

글 ⓒ 이장현 2011 (저작권자와 맺은 특약에 따라 검인을 생략합니다.)
기획 및 구성 ⓒ 강응천 2011 (저작권자와 맺은 특약에 따라 검인을 생략합니다.)

이 도서의 국립중앙도서관 출판예정도서목록(CIP)은 서지정보유통지원시스템(http://seoji.nl.go.kr)과
국가자료종합목록시스템(http://www.nl.go.kr/kolisnet)에서 이용하실 수 있습니다. (CIP: 2011005125)

웅진 주니어

미술 시간에 세계사 공부하기

이장현 지음

웅진 주니어

지식의 사슬 시리즈 일곱 번째 권『미술 시간에 세계사 공부하기』의 저자로 참여하기로 결정한 것은 2010년 여름이었습니다. 시리즈를 총괄하고 있는 강응천 주간님과 인터뷰 도중 지식의 사슬 시리즈에 대한 설명을 듣고 참여를 결정하기까지 오랜 시간이 걸리지 않았습니다.

군이 통섭(通涉) 같은 최신 '유행어'를 들먹이지 않더라도 풍부한 세계사 지식이 청소년들의 미술 이해에 분명 큰 도움이 될 것이고, 다양한 사진 자료와 설명을 통해 세계사 견문을 넓힐 수 있다면 주야장천 미술학원에 앉아 줄리앙 광대뼈에 음영을 넣느라 씨름하는 것보다 미술 학습에 훨씬 효과적인 동기가 될 것이라는 생각이 들었습니다. 물론 풍부한 미술 자료를 통해 세계사에 대한 호기심과 관심, 이해의 폭을 넓힐 수 있는 것도 포함해서 말이죠.

본래 역사는 재미있고 흥미로운 옛날이야기입니다. 그래서 이 책에서는 답답하고 지루한 연도나 깨진 도편(陶片)을 접착제로 붙이는 따분한 일은 전문가의 몫으로 돌리고, 중고등학교 세계사 교과서와 미술 교과서에서 한 번씩 다뤄지는 주제나 작품 중 흥미를 일으킬 만한 그림과 이야기들을 모아 최대한 흥미진진하고 재미있게 풀어 보기로 했습니다.

이 책을 기획하면서 여러 종류의 검인정 미술 교과서와 세계사 교과서를 검토한 후 과거에 비해 교과서의 수준이 대단히 높아졌다는 사실에 무척 놀랐습니다. 워홀, 몬드리안, 베크만, 팔대산인, 백남준…… 중고등학교 미술 교과서와 세계사 교과서에 실린 팔대산인과 홀바인의 그림을 보며 우리 학생들을 위해 준비된 밥상이 매우 충실하다는 생각을 했습니다.

이런 작품들은 지루한 공부 시간에 활력을 불어넣을 수 있는 명작입니다. 게다가 명작에는 수업 시간에 졸던 학생들이 정신을 차릴 수 있을 정도로 솔깃한 이야기들, 명작을 그린 작가들의 신기하고 재미난 이야기들이 담겨 있습니다. 팔대산인이 명나라의 왕자 출신 유민으로 새로 들어선 청나라의 지배하에 핍박을 당했던 이야기, 종교 개혁의 광풍이 몰아치던 16세기 유럽에서 역사의 증인으로 에라스뮈스의 초상화를 그리고 헨리 8세의 궁정을 출입했던 홀바인의 일화 등이 이른 아침 0교시에서 늦은 밤 9교시까지 이어지는 학교 수업과 학원 보충 수업에 치이고 밀린다는 것이 너무나 아쉬웠습니다. 그리고 세월이 흘러 학창 시절을 돌아볼 때 열심히 공부했지만 갑갑한 추억 밖에 없겠다는 생각이 들었습니다. 밥상은 차려 놨는데 밥 먹을 시간이 없으니 대충 구경만 하고 지나가는 식이라면 정말 안타까운 일이겠지요.

건강한 흙에서 건강한 작물이 자라는 것처럼, 학문적 성과는 좋은 학문적 배경을 필요로 합니다. 흔히 토양의 필수 영양소를 질소, 인, 칼륨으로 분류하고, 이 세 가지 성분이 포함된 비료만 있으면 식물이 잘 성장할 수 있다고 생각합니다. 그러나 좋은 작물이 자랄 수 있는 토양은 이 세 성분 외에도 뿌리까지 바람이 통하는 공극(空隙)을 만들어 줄 미생물, 맑은 물, 그리고 수많은 미량 원소로 구성됩니다. 이중 어느 한 가지라도 모자라거나 넘치면 작물이 정상적으로 성장하지 못합니다. 훌륭한 학문적 성취는 풍부한 교양과 상식을 배경으로 합니다.

'땅심, 흙심'이 좋은 밭에서 좋은 열매가 자라는 것처럼, 이 책이 다른 지식의 사슬 시리즈와 함께 유기적으로 얽혀 학생들의 공부에 도움을 주는 좋은 책이 되었으면 합니다.

2011년 이장현

차례

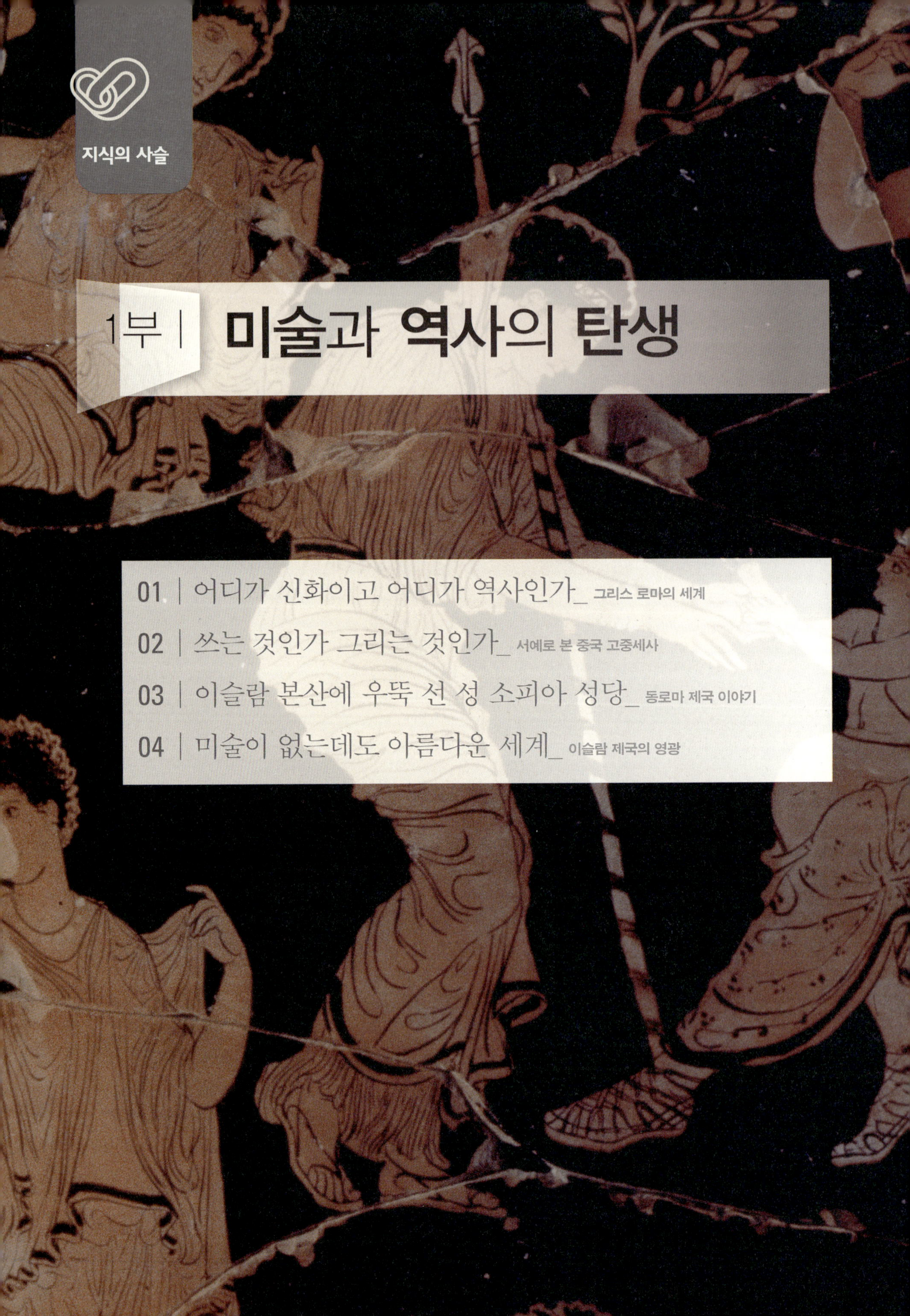

1부 | 미술과 역사의 탄생

문자로 기록된 역사 이전의 시기를 '선사'라고 한다. 인류의 역사는 문자의 탄생과 함께 시작되었다. 그러나 인류는 문자로 기록된 역사와 무관하게, 그 훨씬 이전부터 일상과 주변의 풍경, 사냥감, 동료, 가족들의 모습을 그림으로 그리고 흙과 돌로 조각했다. 뷜렌도르프의 비너스, 알타미라의 동굴 벽화, 울주의 대곡리 반구대 암각화 등 이 시기 인류는 그림과 조각으로 자신들의 흔적을 전했다. 이렇듯 미술은 역사가 탄생하기 이전부터 인류와 함께 했다. 그리고 역사 시대가 열렸다.

그림 | 바쿠스의 탄생이 그려진 그리스 도자기

01 어디가 신화이고 어디가 역사인가

파르테논 신전

고대 그리스는 현대 서구 문명의 모태이다. 기원전 7세기 무렵에 시작해 고전기 그리스를 거쳤고, 기원전 336년에 왕위에 오른 알렉산드로스 대왕은 서쪽으로는 아프리카 북부와 지중해 남부를, 동쪽으로는 인도 북부, 오늘날의 아프가니스탄과 파키스탄에 이르는 광대한 지역을 정복하며 헬레니즘 문화를 널리 퍼뜨렸다. 이후 로마인들은 지중해 전역과 유럽에 그리스 문화를 확산시켰으며, 그 흔적은 오늘날까지도 정치, 언어, 철학, 과학, 예술의 각 분야에 깊게 남아 있다.

지난 2,000여 년간 서구 문명을 떠받친 두 근간은 헤브라이즘과 헬레니즘이다. 헤브라이즘은 유대교를 신봉하는 유대인들의 문화와 정신을 일컫는 말이며[1], 헬레니즘은 그리스 문화와 정신을 가리키는 말이다. 헤브라이즘과 헬레니즘은 각각 성(聖)과 속(俗)을 대변하며 서구 문명을 완성시켰다.

공교롭게도 두 문명이 일어난 곳은 유럽과 아시아, 아프리카가 세 꼭짓점처럼 만나는 동지중해 연안의 소아시아와 아나톨리아 반도를 중심으로 하는 지역이다. 헤브라이즘이 처음 일어난 이스라엘이 성지(聖地)라면, 고대 그리스는 서구인들의 문화가 시작된 곳, 언젠가는 반드시 돌아가야 할 영웅과 조상이 있는 고향이었다.

헬레니즘(Hellenism)은 그리스인들이 스스로를 '헬레네스(Hellenes)'라고 부른 것에서 비롯된 것이다. 헬레네스라는 단어는 그리스인들이 이웃을 '바르바로이(Barbaroi)'라고 한껏 낮춰 부른 것의 반대말이다. 그리스인들은 주변의 이민족들이 '바르바르, 바르바르'라고 짐승처럼 울부짖으며 사람의 소리를 흉내 내기만 할 뿐 문명화된 언어인 그리스어를 할 줄 모른다고 비웃었다. 그래서 주변 민족들을 '웅얼거리는 사람들'이라는 뜻의 바르바로이[2]라고 부르며 경멸했는데, '헬레네스=문명인'은 '바르바로이=야만인'의 반대말이기도 했다. 헬레네스와 바르바로이로 세상을 이분하던 고대 그리스인들의 자부심이 이후 페르시아[3]와의 전쟁에서 승리하고 정치, 경제, 문화적으로 더욱 결속하

> ### 아크로폴리스와 파르테논 신전
> 고대 그리스의 도시 국가 대부분에는 중심지에 약간 높은 언덕이 있었는데, 이것을 폴리스라 불렀다. 시간이 지나 도시 국가가 폴리스로 불리면서 본래 폴리스였던 언덕은 'akros(높은)'라는 말을 붙여 아크로폴리스라고 불렀다. 아크로폴리스에는 성벽을 쌓았고 폴리스의 수호신 등을 모시는 여러 신전을 세웠다. 각 폴리스에는 대부분 아크로폴리스가 있었지만 오늘날 아크로폴리스라고 하면 아테네에 있는 것을 가리킨다.
> 파르테논 신전은 그리스 아테네의 수호신이었던 아테나 여신에게 봉헌된 신전이다. 기원전 5세기에 건설되었다. 고전기 그리스 건축물 중 지진과 전쟁, 약탈로 파괴된 다른 유적에 비해 비교적 온전한 형태로 남아 있다. 고대 그리스 문명의 상징물이자 오늘날 그리스의 국가적 우상이다. 1816년 엘긴 마블(영국인 엘긴이 떼어 낸 파르테논의 장식 조각)이 영국의 대영 박물관에 매각된 이래 오늘날까지 그 소유와 반환을 둘러싸고 영국과 그리스의 다툼거리가 되고 있다.

---

1 2차 세계 대전 후 팔레스타인에 유대인 국가를 건설하고자 했던 디아스포라 유대인들의 시오니즘과 구분된다.

2 그리스인들이 쓰던 이 단어는 주변 이민족들에게 전해져 그들이 다른 이민족을 부를 때 쓰는 단어로 굳어졌다. 라틴어 barbarus, 영어 barbarous, 프랑스어 barbare, 이탈리아어 barbaro, 네덜란드어 barbaars 등이 모두 그리스어 바르바로이에서 파생된 단어다. 독일의 프리드리히 1세의 별명은 프리드리히 바바로사(Friedrich Barbarossa, 붉은 수염 프리드리히)였는데, 흑발에 곱슬머리였던 그리스인들과 달리 체모가 금발이거나 붉은 빛이 돌았던 북방 게르만족의 신체적 특성을 나타내며 붉은색을 가리키는 단어로도 사용되었다.

3 이란 고지대를 중심으로 서아시아, 중앙아시아를 포함하는 넓은 지역을 통치하던 고대 제국이다. 다리우스 1세 때 전성기를 이뤘고, 마케도니아에게 멸망했다.

인간의 육체를 지닌 여신의 모습으로, 여성의 신체를 조각한 가장 아름다운 조각상으로 꼽힌다. 비너스는 그리스 로마 신화 속 미의 여신으로, 그리스어로는 아프로디테이며 로마어로는 베누스이다. 1820년 발굴되어 루이 18세에게 바쳐졌고 오늘날까지 프랑스 루브르 박물관에 소장돼 있다. 기원전 2세기~기원전 1세기.

는 과정을 겪으며 일종의 선민의식으로[4] 발전한 것이 바로 헬레니즘이다.

고전기 그리스 문명과 헬레니즘

오늘날 서구인들은 고전기 그리스 문명과 헬레니즘을 자신들의 문화적 원천으로 쉼 없이 인용하고 추앙한다. 고전기 그리스 문명과 헬레니즘이 현대에 끼친 영향은 실로 거대하다. 서구적 미의 상징으로 여겨지는 비너스 상, 고전 건축의 정수를 보여 주는 파르테논 신전과 아크로폴리스, 소포클레스(기원전 496~기원전 406)와 에우리피데스(기원전 484~기원전 406)의 비극, 아리스토텔레스(기원전 384~기원전 322)와 플라톤(기원전 428~기원전 347?)의 저술, 그리고 현대 민주주의의 시조인 아테네의 직접 참여 정치 등 모든 것이 시작된 곳은 바로 지중해의 동쪽 끝, 유럽과 아시아 그리고 아프리카가 만나는 그리스다.

고대 그리스는 에게 해 연안의 펠로폰네소스 반도와 오늘날 터키의 영토가 된 소아시아 연안을 근거로, 기원전 7세기 무렵에 최초의 도시 국가들이 탄생하며 그 장구한 역사의 첫 장을 시작했다. 경쟁과 협력을 반복하며 발전하던 도시 국가들 중에서 가장 먼저 두각을 나타낸 것은 스파르타와 아테네였다. 아테네의 정치가 페리클레스(기원전 495?~기원전 429)는 조국을 "바른 의식을 가진 시민 계급이 주축이 되는 민주주의 사회, 구성원 모두가 공익을 우선하며 미를 사랑하는 국가이다."라고 말했다.

아테네가 바다를 통한 교역으로 부를 창출하는 해양 국가였다면 스파르타는 농업 중심의 내륙 국가였다. 상반된 성격의 그리스 도시 국가들은 힘을 합해 페르시아의 침략을 물리치며(페르시아 전쟁) 고대 그리스의 전성기를 열었지만, 결국은 도시

4 주변 민족이나 이교도에 대한 우월감을 말한다. 선민의식은 보통 다신교(多神敎) 전통의 문화보다는 일신교(一神敎) 전통의 문화에서 주로 드러난다. 유대교와 일부 기독교 분파는 최후의 심판의 날에 자신들만이 혹은 자신들이 가장 먼저 구원받으리라는 믿음이 있다. 고대 그리스는 다신교 전통을 가지고 있지만, 종교에 상관없이 앞선 청동기와 철기 문명으로 주변 민족에 대한 자문화 우월주의가 발달했다.

국가 간 주도권을 둘러싼 반목으로 전쟁을 겪으며 쇠퇴하고 말았다. 쇠락한 아테네와 스파르타를 이어 역사의 주인공으로 등장한 것은 그리스 북부 마케도니아의 알렉산드로스(알렉산드로스 3세, 재위 기원전 336~기원전 323)였다.

마케도니아 왕가는 자신들의 선조가 호메로스(기원전 800?~기원전 750)의 『일리아스』에 등장하는 아킬레우스라고 주장했다. 그러나 아테네와 스파르타의 입장에서 마케도니아는 단 한 번도 그리스 역사의 주류였던 적이 없는 주변부, 즉 바르바로이들의 나라였다. 마케도니아의 필리포스 2세(재위 기원전 359~기원전 336)가 그리스군을 격파하고 아테네에 입성한 것은 기원전 359년의 일로, 필리포스 2세의 뒤를 이어 왕위에 오른 이가 바로 훗날 대왕

「이수스 전투」

기원전 333년에 알렉산드로스가 페르시아 다리우스 3세의 대군을 쳐부순 전투를 그린 모자이크 벽화이다. 왼쪽이 알렉산드로스이며, 애마 부케팔로스를 타고 있다. 1831년 폼페이에서 출토되었다. 기원전 1세기.

이라는 칭호를 받는 20세의 청년 알렉산드로스였다. 알렉산드로스는 아버지 필리포스 2세에게 상속받은 그리스와 마케도니아 왕국에 만족하지 않고 더 큰 야망을 품었다.

왕위에 오른 알렉산드로스는 어린 상속자를 얕잡아 보고 일어난 반란을 진압하고, 기원전 334년에 세계 제국의 꿈을 품고 유럽을 떠나 아시아로 향했다. 그 이유는 페르시아 제국을 정벌하기 위한 것이었지만, 전쟁은 페르시아를 꺾은 이후에도 11년간 계속되었다. 기원전 32년 알렉산드로스가 서른네 살의 나이로 요절할 때 그의 왕국은 동서로는 아드리아 해에서 인도 북부의 인더스 강까지, 남북으로는 카스피 해에서 아프리카의 이집트에 이르는 대제국으로 발전했다.

알렉산드로스 대왕이 세계 역사에 등장하고 또 갑작스럽게 퇴장하기까지 걸린 시간은 불과 13년의 짧은 기간이었다. 그러나 그의 등장으로 고전기 그리스는 마지막 장을 덮었다. 알렉산드로스가 세상을 떠날 당시 그리스는 지중해 동쪽 끝 올망졸망한 도시 국가들의 연합이 아닌 헬레니즘 세계의 중심이 되었다. 알렉산드로스의 가장 큰 업적은 헬레니즘을 지중해 동쪽 끝 그리스 반도와 에게 해 섬나라들의 문화에서 세계의 문화로 확산시킨 것으로,

고전기 그리스와 알렉산드로스 제국

그리스는 펠로폰네소스 반도 끝에서 시작해 비옥한 곳에 식민지를 건설했다. 기원전 7세기 무렵에는 아나톨리아 반도에서 이베리아 반도와 북아프리카까지 이르렀다. 알렉산드로스의 정복 전쟁으로 그리스의 문화는 아시아로 퍼져 나갔다.

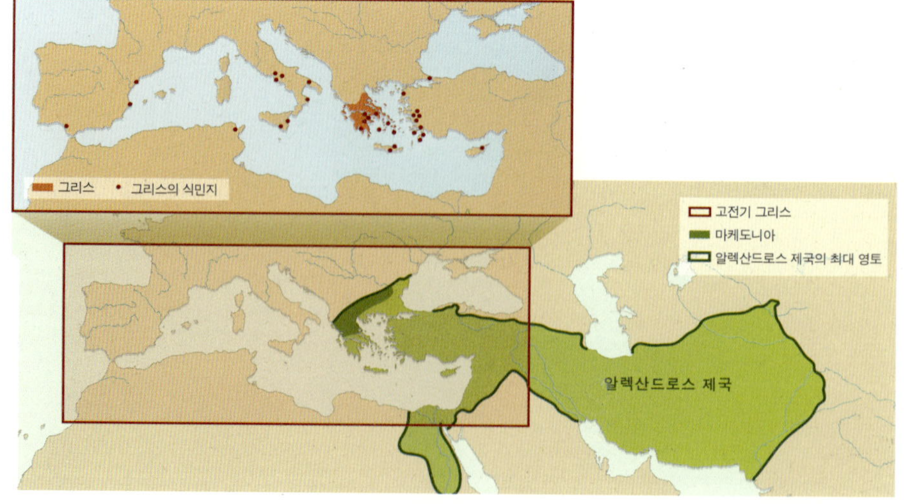

알렉산드로스가 남겨 놓은 제국은 당시 지중해 세계에 알려진 세계 지도의 모든 땅을 포함하고 있었다.

하지만 알렉산드로스가 후사를 남기지 못한 채 젊은 나이에 세상을 떠났고, 또 후계를 정해 놓지 않았던 탓에 헬레니즘 세계는 내홍을 겪었다. 알렉산드로스의 세계 제국은 40여 년간의 전쟁 이후 네 개의 왕국으로 나뉘었다.[5] 네 개의 헬레니즘 왕국은 이후 그리스 헬레니즘 문화를 계승하며 각 지방의 토착 문화와 융합해 수백 년간 번성을 누렸다.

그리스 헬레니즘의 시대는 기원전 86년 로마의 장군 술라(기원전 138?~기원전 78)에 의해 그리스가 로마에 점령되고 로마의 속주로 편입되기까지 지속되었다. 그러나 그리스의 역사가 로마의 속주 편입으로 끝이 난 것은 아니었다. 알렉산드로스가 그랬던 것처럼 로마 또한 그리스 문명의 계승자를 자처했다. 로마의 귀족들은 그리스어를 할 줄 아는 것을 교양의 척도로 여겼고, 자녀들을 위해 그리스어 가정 교사를 두었으며 앞다퉈 아테네로 유학을 가서 그리스풍의 유행과 문화를 이어받았다.

로마의 속주로 편입될 당시 그리스는 이미 더 이상 세상의 중심이 아니었다. 그러나 지중해 세계의 문화 수도는 15세기까지 여전히 그리스였다.

이야기를 좇아 발굴한 그리스 유적

19세기에 이르러 유럽에서는 고전기 그리스와 헬레니즘에 대한 향수가 짙어졌다.[6] 책과 상상으로 밖에 접할 수 없게 된 헬레니즘의 본향, 고전기 그리스의 미술과 건축, 철학, 정치 체제에 대한 연구가 진행되기 시작한 것이다.

고전기 그리스 연구의 핵심이 되었던 것은 『오디세이아』와 『일리아스』였다. 헤브라이즘의 성서가 『구약』과 『신약』이라면 시인 호메로스가 남긴 『오디세이아』와 『일리아스』는 헬레니즘의 성서였다.

5 마케도니아와 그리스에는 안티고노스 왕조, 이집트와 알렉산드리아에는 프톨레마이오스 왕조, 소아시아와 시리아에는 안티오크를 중심으로 하는 셀레우코스 왕조, 그리고 오늘날 터키 지방의 아나톨리아 반도에는 아탈로스 왕조가 들어섰다.

6 그리스는 15세기 말부터 19세기 초까지 이슬람 국가인 오스만 튀르크의 지배를 받았다. 오스만 튀르크는 1829년에 그리스의 독립을 인정했다.

근대 이후 유럽인들은 헬레니즘을 동경하면서도 고전기 그리스 '이야기'의 어디가 역사이고, 어디가 신화의 세계인지 고심했다. 그리스 로마 신화는 역사가 아닌 신화의 세계이지만, 제우스의 피를 받았다고 전해지는 헤라클레스와 헤라클레스의 후손을 자처했던 고대 그리스 사람들의 이야기는 신화가 아닌 역사에 속하기 때문이었다.

로마의 건국자 로물루스 레무스 형제 또한 그 부계가 트로이 전쟁의 영웅 아이네이아스로 이어지는데, 아이네이아스의 어머니는 바로 미의 여신, 아프로디테였다. 여신은 신화의 범주이지만, 여신의 아들인 영웅과 그 손자들, 그리고 손자가 건국한 로마는 엄연한 역사였다. 이러한 까닭에 15세기 이후 19세기에 이르기까지 『일리아스』에 등장하는 반인반신 아킬레우스, 스파르타의 아름다운 왕비 헬레네, 세 여신 헤라·아테네·아프로디테와 트로이의 왕자 파리스에 얽힌 이야기 등은 역사가 아닌 문학으로만 여겨졌다.

현실의 그리스와 도서관의 그리스가 만난 것은 19세기 이후의 일이었다.[7] 수많은 유럽의 학자들이 그리스와 에게 해, 고대 영웅들이 활약하던 전설 속의 땅을 찾아 발굴 작업에 나섰다. 그중 트로이 전쟁의 배경이 되었던 트로이의 유적과 미케네의 유적을 아마추어 고고학자 하인리히 슐리만(1822~1890)이 찾아낸 것이다.

트로이는 지금의 터키 서쪽에 있는 고대 도시의 유적이다. 바다에서 6

「카피톨리나 늑대상」
로물루스와 레무스가 늑대 젖을 먹는 모습의 동상이다. 13세기.

로마의 건국 신화

로물루스와 레무스는 알바롱가의 왕 누미토르의 딸 레아 실비아가 낳은 쌍둥이 형제이다. 누미토르는 동생 아물리우스에게 왕위를 찬탈 당했는데, 아물리우스는 장차 조카 레아가 왕위 계승권을 요구할 수 있는 왕자를 낳을까봐 두려워 레아에게 사제가 되어 평생 순결을 지키며 살 것을 요구했다. 그러나 레아는 전쟁의 신 마르스와 사이에서 반인반신의 로물루스 레무스 쌍둥이 형제를 낳았다. 화가 난 아물리우스는 갓 난 형제를 테베레 강에 빠뜨려 죽이려고 했다. 그러나 쌍둥이 형제를 실은 여물통은 물에 가라앉지 않았다. 강물을 타고 흘러가 로마 언덕에 닿았고, 쌍둥이 형제는 늑대 젖을 먹고 성장했다. 장성한 쌍둥이 형제는 아물리우스를 물리치고 할아버지 누미토르를 다시 왕좌에 앉혔다. 그리고 늑대에 의해 구조된 자리에 로마를 세웠다.

슐리만의 아내
소피아(왼쪽)

트로이에서 발굴한 황금 유
물을 착용하고 있 다. 이 사
진으로 발굴에 흥행성을 더
하고 사람들의 관심을 끌
었지만 유물 발굴 현장에
서 결코 일어날 수 없는 만
행에 가까운 일이었다.

미케네 성채의 사자문
(오른쪽)

성벽 정면에 있으며 높이는 3
미터이다. 기둥 양쪽에서 사
자 한 쌍이 마주보고 있는 모
습이나 머리 부분은 남아 있
지 않다. 기원전 14세기.

아가멤논의 황금 가면(왼쪽)

이 유물에 대한 논란은 이미
슐리만 때부터 있었다. 이 황
금 가면은 같은 시대의 유물
일 뿐, 아가멤논의 장례에 실
제로 사용됐다는 증거가 어
디에도 없다. 그러나 슐리만
은 이 가면이 아가멤논의 것
이라고 확신했고 유명세를 얻
었지만, 학계의 혹독한 비판
을 받았다. 기원전 16세기.

대형 항아리의 목 부분에
그려진 트로이 목마(오른쪽)

높이가 1.34미터인 대형 항
아리의 목 부분이다. 그리
스 미코노스 섬에서 발굴
되었다. 트로이의 전설이
창작이 아닌 고대 그리스
의 일화라는 것을 보여 준
다. 기원전 670년 무렵.

킬로미터 정도 떨어져 있어 바다로부터 습격을 받을 위험은 적었다. 그러나 바다에서 그리 멀리 떨어져 있지 않고, 에게 해와 흑해를 잇는 해협의 입구에 있어 예로부터 번영을 누렸다. 트로이는 성벽으로 둘러싸여 있고, 기원전 3000년 무렵 청동기 시대부터 로마 시대까지 9층으로 이루어져 있다.

미케네는 아테네의 남서쪽으로 90킬로미터 가량 떨어진 곳에 있다. 기원전 1600년 무렵부터 1100년 사이에 존재했으며, 남부 그리스의 패자로 그리스 문명의 중심지였다. 트로이와 미케네는 슐리만이 발굴해 그 실존을 증명하기까지 막연한 신화 속의 기록에 불과했다.

슐리만은 아가멤논의 황금 가면과 트로이의 성곽을 발굴하여 아무도 사실로 받아들이지 않았던 호메로스의 영웅담이 고대 그리스 청동기 문명의 이야기라는 증거를 찾아냈다. 자칫 잃어버릴 뻔 했던 그리스 역사의 700년을 찾아낸 것이다.

슐리만이 트로이 발굴에 뛰어든 방식은 다른 고고학자들과 달랐다. 어린 시절 정식 교육을 받지 못했던 슐리만은 당시 지식인들의 필수 교양이었던 희랍어(고대 그리스어)와 라틴어를 전혀 할 줄 몰랐는데, 이것이 오히려 도움이 되었다. 슐리만이 배운 것은 현대 그리스어였고, 당시 그리스에서

의사 소통이 가능한 것이었다. 슐리만은 고대 그리스어는 할 줄 알았지만 현대 그리스어는 전혀 할 줄 몰랐던 학자들과 달리, 관료들을 상대할 수 있을 만큼의 그리스어와 아랍어, 터키어 등에 능숙했고, 충분한 뇌물로 발굴 허가를 얻어 냈다.

슐리만의 교과서는 『일리아스』였다. 슐리만은 그리스 전역을 돌아다니며 호메로스가 『일리아스』에서 묘사했던 것과 가장 비슷한 풍경의 히사를리크 언덕을 찾아냈다. 당시 부나르바시를 발굴하던 학자들은 이런 슐리만의 이야기를 전해 듣고 코웃음을 쳤지만(아마 우리나라에 허균의 『홍길동전』을 읽고 율도국을 찾아 나서는 고고학자가 있다면 그도 같은 취급을 받았을 것이다.) 슐리만은 해안에서 세 시간 거리에 떨어져 있던 부나르바시가 아닌 『일리아스』 속 내용대로 "하루에도 여러 번 배에서 성까지 달려갈 수 있는 거리의" 히사를리크가 고대 트로이일 것이라고 확신했다. 그리고 1873년, 지하 수십 미터 땅속에서 묻혀 있던 트로이와 프리아모스[8]의 보물들을 찾아냈다.

[8] 그리스 신화에 나오는 트로이의 마지막 왕이다.

쓰는 것인가 그리는 것인가

서예로 본 중국 고중세사

왕희지, 「난정서」(부분)

한나라의 멸망과 더불어 중국의 고대는 끝이 났다. 그리고 위·진·남북조라는 기나긴 분열의 시대와 함께 중국 중세의 막이 올랐다. 이 시기에 중국뿐 아니라 동양 전체의 예술 세계를 관통하는 새로운 미술 장르가 꽃을 피웠다. 서예가 그것이며, 그 아름다운 시작은 서예의 성인(聖人) 왕희지였다. 왕희지, 왕헌지 부자와 장지 등에 의해 꽃 핀 위·진·남북조 시대 서예 문화의 세계로 들어가 보자.

붓글씨, 즉 서예(書藝)를 한중일 3국은 모두 다른 이름으로 부른다. 중국에서는 서법(書法), 서사(書寫)라고 하고, 일본에서는 서도(書道)라고 한다. 우리나라에서 서예라는 단어가 쓰이기 시작한 것은 1945년 해방 후였다. 일제 강점기의 묵은 때를 벗고 올바른 전통으로 돌아가자는 뜻에서 일본식 한자 단어인 서도를 버리고, 중국 춘추 시대의 여섯 가지 필수 과목이던 의례[禮], 노래와 춤[樂], 활[射], 마차몰기[御], 글[書], 셈[數]에서 '서(書)'와 '예(禮)' 두 글자를 따 단어를 만들어 서예라고 한 것이다.

이러한 '아름다운 글쓰기'는 문자를 쓰기 시작한 때부터 현재에 이르기까지 글자를 읽고 쓸 줄 아는 사람이라면 누구나 갖춰야 할 교양이자 덕목이었다. 한나라의 양웅(기원전 53~기원후 18)은 "무릇 말이라는 것은 마음의 소리이고, 글이라는 것은 마음의 그림이다. 소리는 형태로 그려지기 때문에 그 글씨를 보면 군자와 소인이 저절로 가려진다."라고 말했다.

이처럼 동아시아의 서예는 단순히 글자를 아름답게 채색하고 장식하는 서양의 캘리그래피(calligraphy)와 다르다. 서예는 중국 상고 시대의 갑골문(甲骨文)이래 수천 년간 장구한 역사를 거치며 글자의 획과 필로 글쓴이의 내면세계를 표현하는 동양 미학의 정수로 발전해 왔다.

갑골문(왼쪽)
거북의 등딱지나 짐승의 뼈에 새긴 상형 문자이다. 한자의 가장 오래된 형태를 보여 준다. 중국 상.

'길 영(永)'자의 획 (오른쪽)
모든 한자는 여덟 가지 기본 획으로 쓸 수 있는데, '길 영(永)'자는 이 획을 모두 갖고 있어서 영자팔법(永字八法)이라고 한다.

위·진·남북조 시대의 문화와 예술

서성(書聖)으로 추앙받는 명필 왕희지(307~365)가 서예 역사상 최고의 신품(神品)으로 불리는 「난정서」를 남긴 것은 위·진·남북조 시대이다. 위·진·남북조 시대는 한나라가 멸망한 뒤 수나라가 중국을 통일하기까지 여러 나라로 분열되었던 360여 년간을 말한다.

한나라 멸망 이후 중국은 위, 촉, 오 삼국으로 분열되었다. 조조, 유비, 손권이 활약한 삼국은 265년에 위나라 원제에게서 양위를 받은 진(晉)나라 무제(재위 265~290) 때 다시 통일되었다. 그러나 사치와 향락에 젖은 진의 치세는 팔왕의 난[2]과 흉노족의 침입으로 불과 50여 년 밖에 이어지지 못했다. 멸망한 진의 왕족 사마예(재위 317~322)는 낙양(지금의 뤄양)에서 건강(지금의 난징)으로 수도를 옮겨 동진을 세웠다.[3] 동진은 송, 제, 양, 진으로 이어졌고(남

죽림칠현

위나라가 진나라로 교체되던 시기 위나라의 조씨 일족과 진나라의 사마씨 일족은 신구 권력으로 충돌하며 갈등을 빚었다. 진나라 건국 이후 조씨 일족은 사마씨들에 의해 몰살당했는데, 사마씨들의 잔인한 복수에 진나라는 민심을 잃었다. 이에 사마씨들은 봉건적인 예교(禮敎, 예의에 관한 가르침)를 강조하는 것으로 자신들의 치부를 가리려고 했다. 그러나 사마씨들이 권력을 잔탈한 과성과 악행을 목격한 일부 문인들은 사마씨의 세상에 협력하는 대신 산으로 들어가거나 폭음하고 오석산(환각제) 등의 약물을 복용하는 것으로 울분을 달래며 진나라에 협력하지 않았다.

이들은 일부러 파격적인 행동을 하며 귀족들의 위선적인 행동을 비웃었는데, 당시 노장의 무위자연을 따르고 사회를 풍자하며 정치에 관여하지 않았던 7명의 현인, 즉 완적, 혜강, 산도, 향수, 유영, 완함, 왕융을 죽림칠현이라고 한다. 이들 중 일부는 사마씨들에 의해 죽음을 당하기도 하고, 일부는 회유되어 투항하기도 했다. 사마씨 일족과 혼인하는 것이 싫어 일부러 60일 동안 술에 취해 지냈던 완적과 사마씨들에 의해 죽음을 당하는 자리에서도 태연히 거문고로 「광릉산」이란 곡을 연주해 3,000명의 태학생을 울린 혜강의 일화 등은 훗날 수많은 문학 작품과 경극 등의 소재로 전해지며 오늘날까지 추앙을 받고 있다.

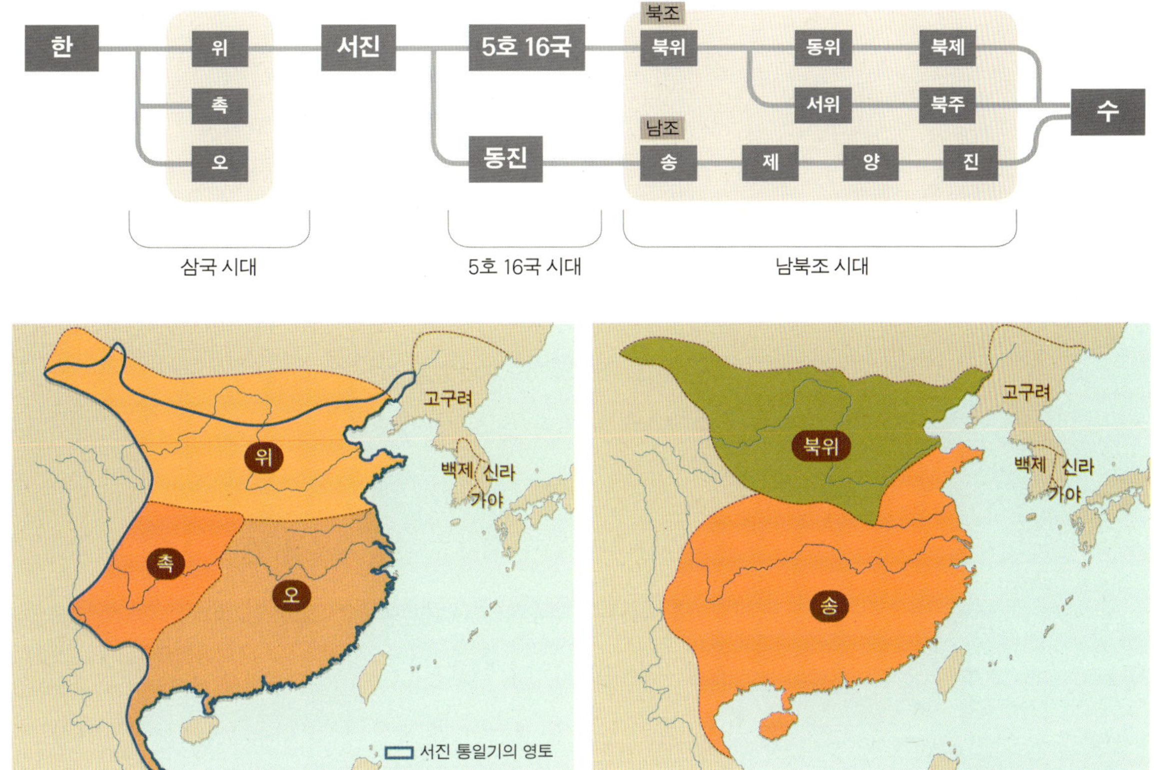

중국은 한나라 멸망 후 수나라가 통일할 때까지 삼국 시대, 5호 16국 시대, 남북조 시대를 거치는 혼란을 겪었다.

조), 북쪽에서는 북위를 큰 흐름으로 선비족과 갈, 저, 강 등 유목민이 세운 5호 16국(북조)이 각기 서로 다른 문화를 발전시켜 나갔다.

동진이 북방 유목 민족의 침략과 내란으로 멸망한 뒤 남조에서는 위·진 출신 귀족들이 지배 계층을 이뤄 풍류와 청담을 즐기며 삶의 위안을 얻으려는 풍조가 유행했다. 죽림칠현이 등장한 시기도 바로 이때였다. 개성을 강조하고 사회적 속박에서 자유를 추구하던 당시의 세태는 현학(玄學)이라 불리며 예술 방면에 많은 영향을 남겼다. 이 시기 중국은 수많은 왕조가 난립하며 정치·사회적으로는 혼란스러웠지만, 어지러운 사회상과 대비되어 풍류, 청담(淸談), 현학이 다른 어떤 시기보다 발달했다.

왕희지가 활약했던 동진은 양쯔 강 남쪽의 곡창 지대를 차지하고 인구가 100만이 넘는 동아시아 최대의 도시 건강을 중심으로 사치스러운 귀족 문화를 꽃피웠다. 왕희지는 아들 왕헌지(344~388)와 함께 '이왕(二王)'으로 불리며 이후 당나라의 우세남(558~638), 구양순(557~641), 원나라의 조맹부 (1254~1322) 등으로 이어지는 중국 서예사의 맥을 열었다.

당 태종과 함께 묻힌 희대의 명품

한자의 서체는 전, 예, 해, 행, 초 다섯 가지가 있다. 그중 왕희지의 「난정서」는 행서에 해당되며, 서체 중 시대가 가장 거슬러 올라가는 것은 전서(篆書)이다.

춘추 전국 시대를 거쳐 중국 최초로 통일 왕조를 연 것은 진시황(재위 기원전 247~기원전 210)의 진(秦)나라였다. 진나라는 도량형, 화폐, 법률, 문자를 통일했고, 공용 문자로 전서를 내세웠다.

전서는 점과 획이 구불구불하고 복잡한 서체이다. 오늘날에는 인장(도장)이나 서액 등 몇몇 특별한 용도 외에는 쓰이지 않지만, 그 조형미와 아름

4 진나라의 1대 황제로, 기원전 221년에 중국을 통일하고 스스로 시황제라 칭했다.

이한진, 『상학경』
중국의 선술(仙術)서인 『상학경』을 필사한 작품으로, 예스럽고 단아한 전서 특유의 장식미가 넘친다. 학을 기르는 법, 신선이 되는 법 등을 적은 책의 내용과 잘 어울린다. 이한진은 조선 시대 서예가로 특히 전서에 뛰어났다. 18세기.

다음으로 많은 사랑을 받고 있다. 갑골문 이래 진나라의 중국 통일까지 사용되던 서체가 '대전(大篆)'이고, 진나라의 재상이던 이사(?~기원전 208)가 제각각이던 도량형과 서체를 하나로 정리하여 전국에 배포한 서체가 '소전(小篆)'이다. 진나라의 소전은 춘추 전국 시대에 각자의 형태로 발전했던 각국의 서체를 하나의 서체로 통일했고, 진시황은 이러한 문자의 통일과 강력한 법치를 바탕으로 진나라를 이끌어 나갔다.

　　진나라의 서체가 전서였다면 한나라의 서체는 예서(隸書)였다. 진, 한 시대를 거치며 완성된 예서는 진나라 시대 옥리를 지냈던 정막이 대전을 속필[5]이 가능한 서체로 개선한 것이다. 진시황의 노여움을 사서 옥에 갇힌 정막은 10여 년간 대전, 소전의 각이 지고 둥근 필획을 개선하여 속필이 가능한 3,000여 자의 예서를 만들었다. 정막이 올린 새로운 글자체를 본 진시황은 크게 기뻐하며 그를 어사[6]로 등용했다.

　　이 서체에 굳이 '종 예(隸)'자를 붙여 예서라고 부른 것은 당시 관청의 문서 업무를 담당하던 하급 관리 서리들을 예인(隸人)이라고 불렀기 때문이

[5] 감옥에서 죄수를 감시하거나 형벌에 관한 일을 심리하던 벼슬아치이다.

[6] 왕명으로 특별한 사명을 띠고 지방에 파견되던 벼슬이다.

「광개토대왕릉비」(탁본)
네 면에 걸쳐 1,775자가 반듯한 예서로 새겨져 있다. 5세기 당시 동아시아 지역에서 유행한 예서의 모습을 볼 수 있다. 중국의 예서를 고구려 특유의 웅장하고 막힘없는 기운을 담아 음각했다. 414년.

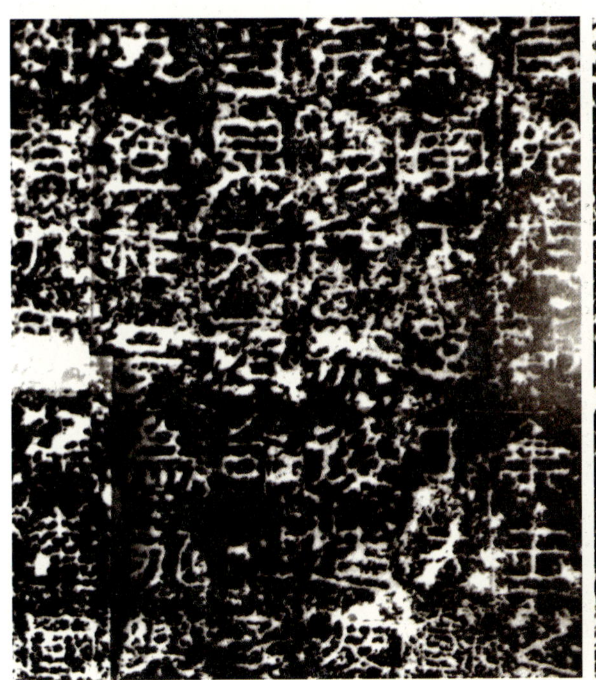

25

다. 예서는 점차 소전을 대신해 공식 문서에 쓰는 서체로 자리 잡았다. 예서는 질박하면서도 유연하고 매끄러운 아름다움을 자랑하는 서체로 오늘날에 이르기까지 보편적인 서체의 하나로 인정받고 있다.

해서(楷書)와 행서(行書)는 전서와 예서를 이어 등장한 서체이다. 후한[7] 시대에 예서는 공식적인 서체의 자리에 올랐지만, 민간에서는 예서를 대신해 해서와 행서가 모습을 드러냈다. 해서는 예서의 필법을 더욱 간략화하고 일상생활에 맞게 개선한 것으로, 한나라 멸망 후 4~5세기 위·진·남북조 시대와 수, 당 시대를 거치며 전성기를 누렸다. 해서는 정제되고 정돈된 아름다움으로 구양순, 저수량(596~658), 우세남 등의 서예가들의 사랑을 받았다. 해서의 대가들이 활동했던 시기를 구분해 남조의 오, 동진, 송, 제, 양, 진 시대의 해서를 '육조체', 수나라 이후 당나라 시대의 해서를 '당해'라고 부른다.

행서는 해서와 초서의 중간 형태이지만, 그 기원이 한나라 때의 목간[8]까

■ 종요, 『묘전병사첩』(탁본)
종요는 진 황제 사마염이 그를 '종법'으로 삼아 글씨를 배우라고 명을 내릴 정도로 왕희지 이전의 최고 명필이었다. 왕희지와 왕헌지 부자 역시 그를 존경하며 종요의 해서를 모범으로 삼았다. 『묘전병사첩』은 종씨 가문의 장례에 관한 내용을 적은 책이다. 중국 위.

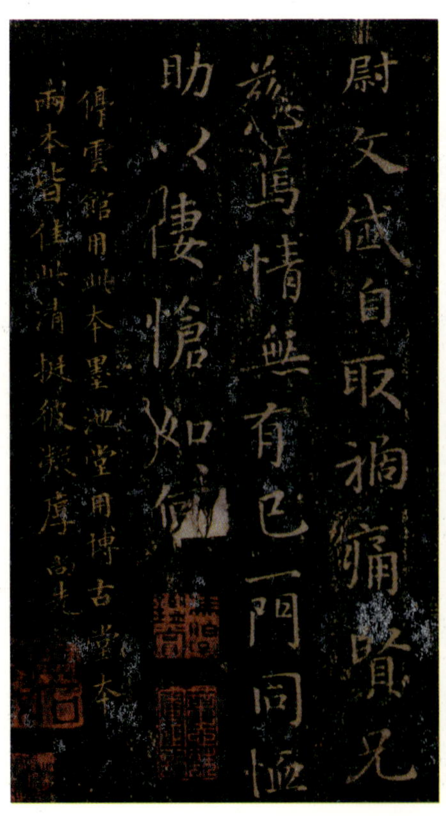
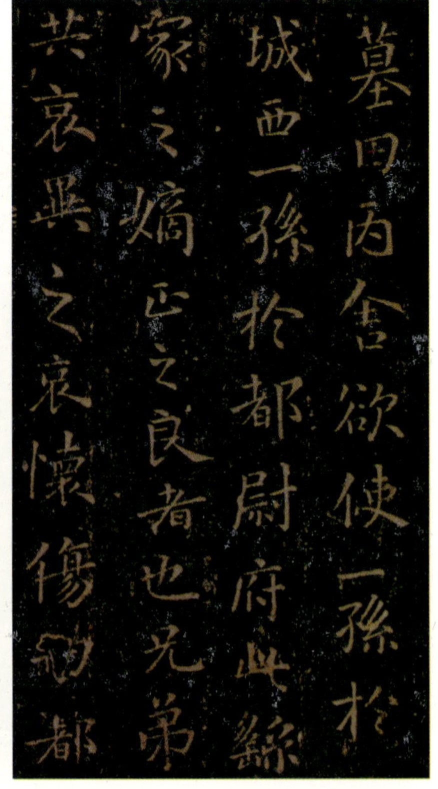

9 궁중의 집기 등을 제조하고 관리하는 직책이다.

왕헌지, 『중추첩』(왼쪽)
행서의 부드럽고 자유로운 멋을 한껏 끌어올린 작품이다. 속필이 가능한 행서의 속도감과 일탈미, 긴장감과 자유분방함이 모두 느껴지는 걸작이다. 중국 진.

장지, 『관군첩』(오른쪽)
초서는 다른 서체에 비해 가독성이 떨어지지만 서예가들의 호방함이 가장 잘 드러나는 서체이다. 난해하며 성취하기 가장 어려운 서체인 동시에 서예가들의 실력과 정신세계를 어떤 구애나 격식에 상관없이 드러내는 적나라한 서체이다. 중국 한.

지 거슬러 올라가는 해서만큼 오래된 서체이다. 행서의 장점은 빨리 쓸 수 있고 읽기 쉽다는 것인데, 해서의 정치(情致, 좋은 감정을 자아내는 흥치)와 초서의 속필이 가능하다는 특징을 모두 지니고 있다. 왕희지의 「난정서」가 행서로 써졌으며, 같은 시대 신라의 명필 김생(711~?)과 최치원(857~?) 등이 모두 행서의 달인이었다.

초서(草書)는 글씨의 획을 극도로 간략화하여 속필에 편리하도록 만들어진 글씨이다. 가장 예술성이 풍부한 서체이지만 그 흘림이 복잡하고 가독성이 떨어져 근래에는 서예 이외의 용도로는 거의 사용되지 않는다. 글자 한

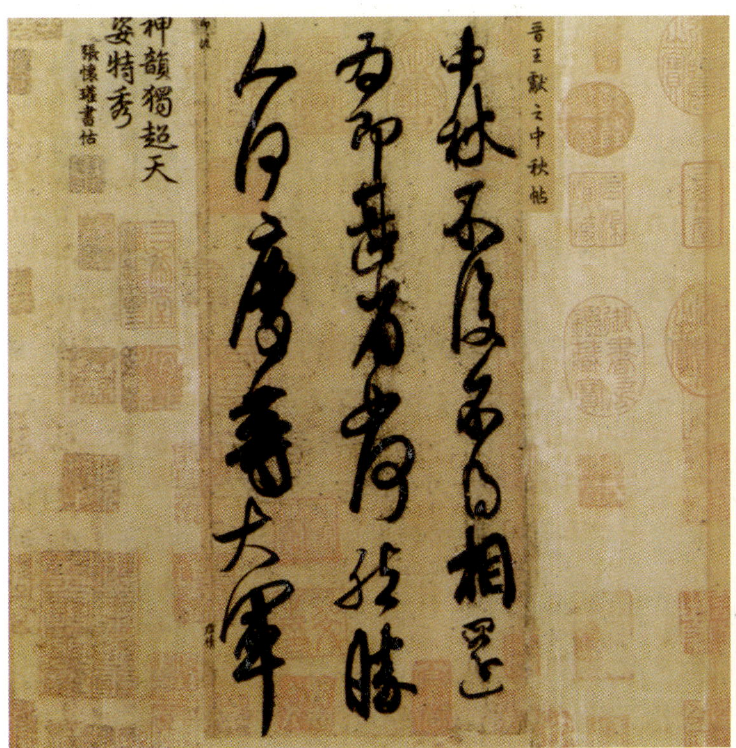

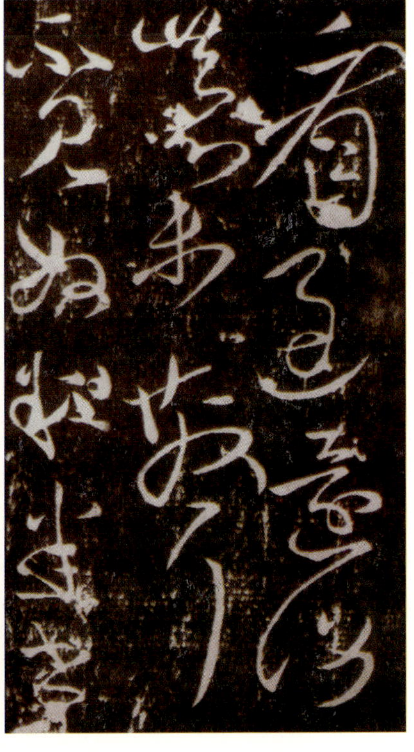

27

정여(淨如) 김희숙, 오서체
『천자문』의 첫 번째 구절 천지현황(天地玄黃)을
행서, 해서, 초서, 예서, 전서로 썼다. 2011년.

팔대산인, 석고문
전서의 일종이다. 우왕의 치수 공덕을 기리는
우왕비(碑)의 내용을 담고 있다. 17세기.

자 한 자를 흘려 쓰는 '단초'와 여러 글자를 한 번에 이어 쓰는 '연면초'
로 나뉘는데, 초서는 해서·행서와 함께 예서에서 갈라져 나와 전혀 다
른 방식으로 발전한 서체이다.

　왕희지는 동진의 문벌 귀족[10]으로, 죽림칠현 중 한 사람이었던 왕융
(234~305)과 같은 낭야 왕씨 일족이었다. 우군장군의 벼슬을 지내 흔
히 왕우군(王右軍)으로도 불렸다.

　왕희지의 붓글씨 수련에 얽힌 이야기는 불을 끄고 가래떡을 썰었던 한
석봉(1543~1605)[11] 어머니의 이야기만큼이나 인상적이다. 어려서부터 서예에
뜻을 두었던 청년 왕희지는 매일 방에 틀어박혀 붓글씨에 전념했다. 식사 도
중에도 손에서 붓을 놓지 않고 글씨 연습에 매진했다. 어느 날 왕희지의 부
인은 남편이 끼니를 거를 것을 걱정해 서재로 만두를 들고 갔다. 하지만 왕
희지가 자신을 본체만체하고 글씨 연습에만 열중하자 만두와 간장을 왕희
지의 곁에 두고 서재에서 나왔다. 한참 뒤 빈 그릇을 가지러 다시 남편의 서
재에 들어간 왕희지의 부인은 깜짝 놀라 소리를 질렀다. 왕희지의 입 주변은
온통 먹물투성이였고, 손에는 먹물에 젖어 새까매진 만두가 들려 있었던 것
이다. 왕희지는 부인이 놀라 소리를 지르는데도 눈길조차 주지 않고 계속 글
씨를 쓰면서 말했다.

　"오늘 점심 때 만두를 찍어 먹은 간장이 평소와 달리 참 맛있더군!"

　왕희지는 당시에도 이미 명필로 소문이 나 많은 사람들이 앞 다투어 그
의 진적(진본)을 얻고자 했다. 어느 도사가 왕희지의 글씨를 얻고자 사방으로
노력을 했지만 왕희지는 글씨를 팔지도, 쉽게 써주지도 않았다. 어느 날 도사
는 왕희지가 흰 거위를 좋아한다는 말을 들었다. 도사는 거위 몇 마리를 사
다가 몇 달간 좋은 먹이를 먹이고 깨끗한 우리에 가둬 정성스럽게 키운 뒤
일부러 왕희지가 지나가는 길 언저리에 풀어놓았다. 깃털이 희고 몸집이 크
며 아름다운 거위를 본 왕희지는 이내 도사에게 거위를 팔지 않겠냐고 물었

해서·행서·초서를 완
성해 예술로서 서예
의 지위를 확립한 서성
으로 존경받고 있다.

10 대대로 내려오는 귀족
집안을 말한다.

11 조선 선조 때의
명필가이다. 해서, 행서,
초서 각 체에 뛰어났으며,
추사 김정희와 함께 조선
서예계의 쌍벽을 이룬다.

29

다. 도사는 이렇게 대답했다.

"팔지 않겠습니다. 하지만 선생께서 제게 『도덕경』 한 부를 써 주신다면 이 거위들을 기꺼이 드리겠습니다."

왕희지는 도사를 위해 『도덕경』[12]을 한 부 써준 뒤 흰 거위들을 몰고 집으로 돌아갔다. '흰 거위와 글씨를 바꾸다'라는 뜻의 백아환자(白鵝換字)는 왕희지로부터 비롯된 것이다.

'눈물 젖은 빵' 대신 먹물 젖은 만두를 먹고 천하명필이 된 왕희지였지만, 그의 뜻은 정치에 있지 않았다. 명문거족(이름나고 크게 번창한 집안) 낭야 왕씨의 후예로 얼마든지 공경[13]의 지위에 오를 수 있었지만 왕희지는 353년, 쉰한 살이 되던 해에 지방관이 되는 것으로 사실상 낙향을 했다.

왕희지는 그해 3월 3일, 산음의 난정에서 사도, 사정, 승려 지둔 등 42명의 명사들과 더불어 유상곡수연(流觴曲水宴)[14]을 베풀어 술을 마시며 시회(시를 짓거나 감상하고 시에 대해 연구하기 위한 모임)를 열었다. 왕희지는 그 자리에서 시의 서문으로 인생의 무상함을 읊은 명문「난정서」를 남겼다.

왕희지의 글씨는 그 기교와 자유분방함이 모두 극치에 이른, 말 그대로 행서의 천하제일 극품이다. 글씨가 섬세하며 치밀하고, 자유분방하면서도 문란하지 않고 법도에서 벗어나지 않았다. 자유로운 변화 속에 바른 규범이 눈부신 글씨이다. 글씨의 크기 또한 혹은 크고 혹은 작고, 글자와 글자 사이의 행간 또한 서로 떨어지기도 하고 서로 붙어 있기도 하지만 전체적으로 글쓴이의 흥이 두드러지는 가운데 파격과 일탈이 규범을 벗어나지는 않는다.[15]

28행 324자로 이루어진「난정서」는 잠견지에 서수필로 써졌다. 잠견지(蠶繭紙)는 당시 한반도에서 중국으로 수출되던 것으로 알려진 고구려지, 혹은 고려지라고도 하는데, 비단처럼 부드럽고 먹을 잘 빨아들여 호사가들의 애호품이었다. 서수필(鼠鬚筆)은 쥐의 수염 털로 만든 붓이다. 최고의 붓에 최고의 종이, 최고의 명필에 최고의 문장이 담긴 왕희지의「난정서」는 오늘날

12 『도덕경』이 아니라 『황정경』이라고도 한다.

13 삼공(三公)과 구경(九卿)을 아울러 이르는 말로, 고위 관직을 말한다.

14 계곡 주변의 물이 소용돌이 치는 곳 혹은 인공으로 조성한 연못 주변의 물길을 따라 그 위에 술잔을 띄워 술과 시를 즐기던 풍습 혹은 그 모습을 묘사한 것으로, 왕희지의「난정서」가 그 시초로 불린다. 그러나 당시 동아시아 전역에 이와 비슷한 풍습이 있던 것으로 전해지는데, 가깝게는 우리나라 경주의 포석정이 그 예이다.

15 한 설에 의하면, 왕희지는 술에 취한 동안에「난정서」를 썼다고도 한다.

에 이르기까지 중국 역대 최고의 행서체 작품으로 평가받고 있다.

그러나 「난정서」의 원본은 오늘날 세상에 전해지지 않는다. 왕희지의 글씨를 별나게 사랑했던 당 태종 이세민(재위 629~649)의 명에 따라 태종의 무덤인 소릉에 부장되었기 때문이다. 당 태종은 왕희지의 7대손인 승려 지영의 제자 변재로부터 강탈하다시피 왕희지의 「난정서」를 얻었다. 우세남, 저수량, 구양순 등 당대의 명필들에게 이 「난정서」를 임서(臨書, 글씨본을 보면서 글씨를 씀)하라고 명한 뒤 원본은 자신의 부장품으로 사용했다. 당 태종은 황태자 이치(고종, 재위 649~683)에게 「난정서」를 무덤에 넣어 달라고 부탁했고, 효자이던 이치는 아버지의 명을 거스르지 못했다. 그리하여 아쉽게도 지금 세상에 전해지는 것은 모두 당 태종 시절에 만들어진 임서본이다. 그 가운데서도 풍승소의 신룡본이 가장 유명하다.

「난정서」를 비롯해 오늘날 전해지는 왕희지의 글씨는 모두 진적이 아니다. 그나마 전해지는 왕희지 글씨의 모사본과 임서본의 숫자도 행서와 해서, 초서를 합해 겨우 10여 점 남짓이다. 당 태종이 왕희지의 「난정서」를 자신의 무덤으로 끌고 들어가지 않았다 하더라도, 지천년견오백(紙千年絹伍百, 종이의 수명은 천 년이고 비단의 수명은 오백 년)이라는 말처럼 1,700년 전의 종이가 오늘날까지 전해지기를 기대하는 것은 무리일 것이다.

위·진·남북조 시대의 문화와 예술은 왕희지를 비롯한 명사 서예가들의 등장으로 왕궁과 귀족들의 저택, 혹은 사원 등을 장식하기 위한 장식미술적인 성격을 탈피해 독립적인 분야로 자리 잡았다. 특히 서예는 고답적인 전서와 예서에서 탈피해 수류화개행운유수(水流花蓋行雲流水, 물은 흘러가고 꽃이 피고 구름이 흐르는 듯하다) 같은 행서, 해서, 초서의 등장으로 예술가의 자유로운 표현이 가능해졌다.

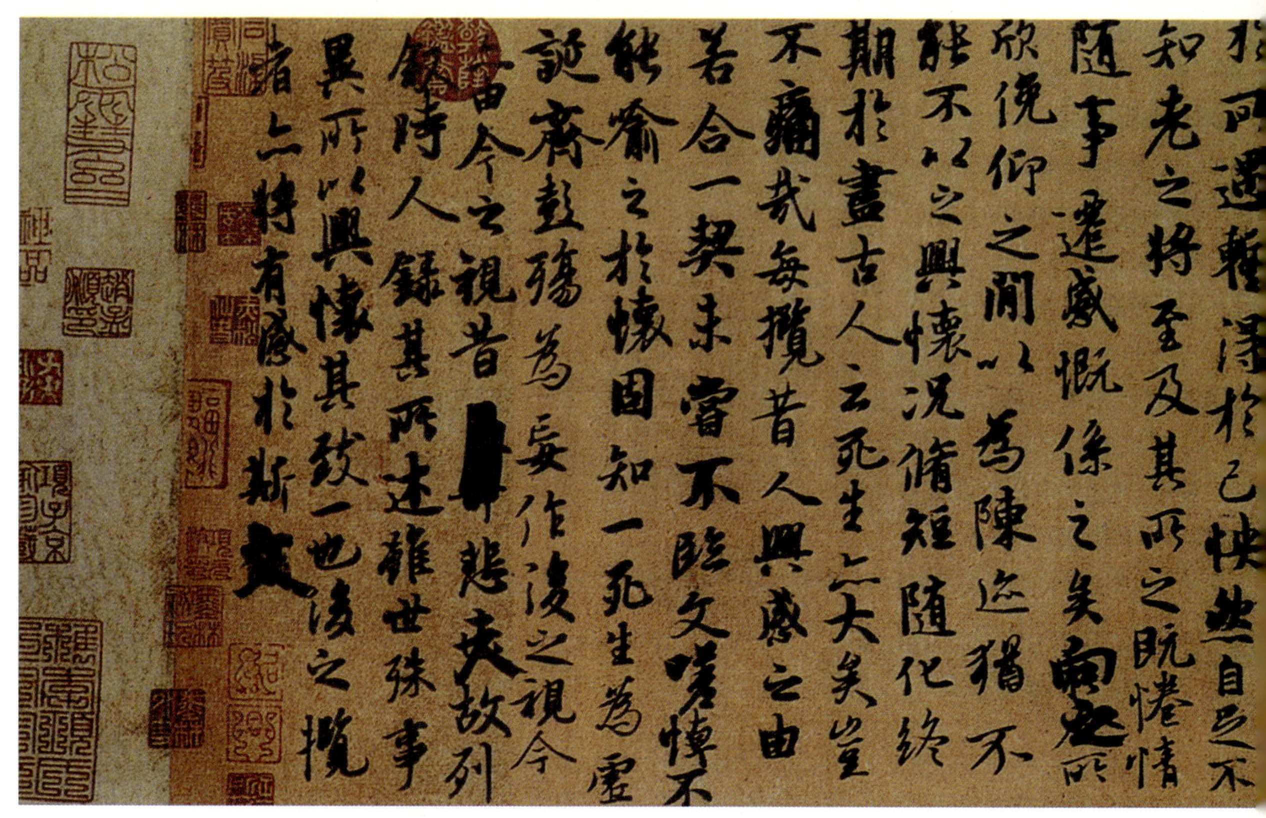

16

영화 9년 계축 늦은 봄 초순에 계제사를 지내기 위해 회계 산 북쪽 난정에 많은 현재(賢才, 어진 이와 재능 있는 이)와 노소 (老少, 늙은이와 젊은이)가 모였다. 이곳은 높은 산 험준한 봉 우리가 있고 무성한 숲과 크게 자란 대나무가 있으며 맑은 시냇물과 여울이 정자 좌우를 띠처럼 서로 비치며 둘러 흐 른다. 시냇물을 끌어다 술잔을 띄울 물줄기를 만들고 차 례로 줄지어 둘러앉았다. 비록 거문고나 피리 같은 음악이 있는 성대한 연회는 아닐지라도 술 한 잔 마시고 시 한 수 읊으니 또한 그윽한 정을 펴기에 족하다. 하늘은 깨끗하고 공기는 맑으며, 은혜로운 바람은 따스하고 부드럽다. 우주 의 광대함을 우러러 보고 고개 숙여 만물의 무성함을 살

피며 자유롭게 눈을 돌려 마음 가는대로 생각을 달려보 니, 비로소 눈으로 보고 귀로 듣는 즐거움을 다할 수 있 게 되었다. 참으로 즐거운 일이다.

무릇 사람이 세상에 태어나서 하늘을 우러르고 땅을 굽 어보며 한 평생을 살아감에 어떤 이는 회포를 끌어내어 벗들과 한 방에 마주앉아 이야기하기도 하고, 또 어떤 이는 자연에 몸을 기탁하여 구속 없이 방랑하기도 한다. 이처럼 사람들은 취향이 만 가지로 다르고 고요함과 시 끄러움이 같지 않으나, 저마다 자신이 처한 경우가 기쁘 게 느껴지는 때에는 스스로 득의(得意)하여 장차 노년이 다가오리라는 것조차 모르고 지내다가 문득 그가 즐기

16 3월 삼짇날 물가에 가서 흐르는 물에 몸을 깨끗이 씻고 신에게 복을 기원하는 제사를 말한다.

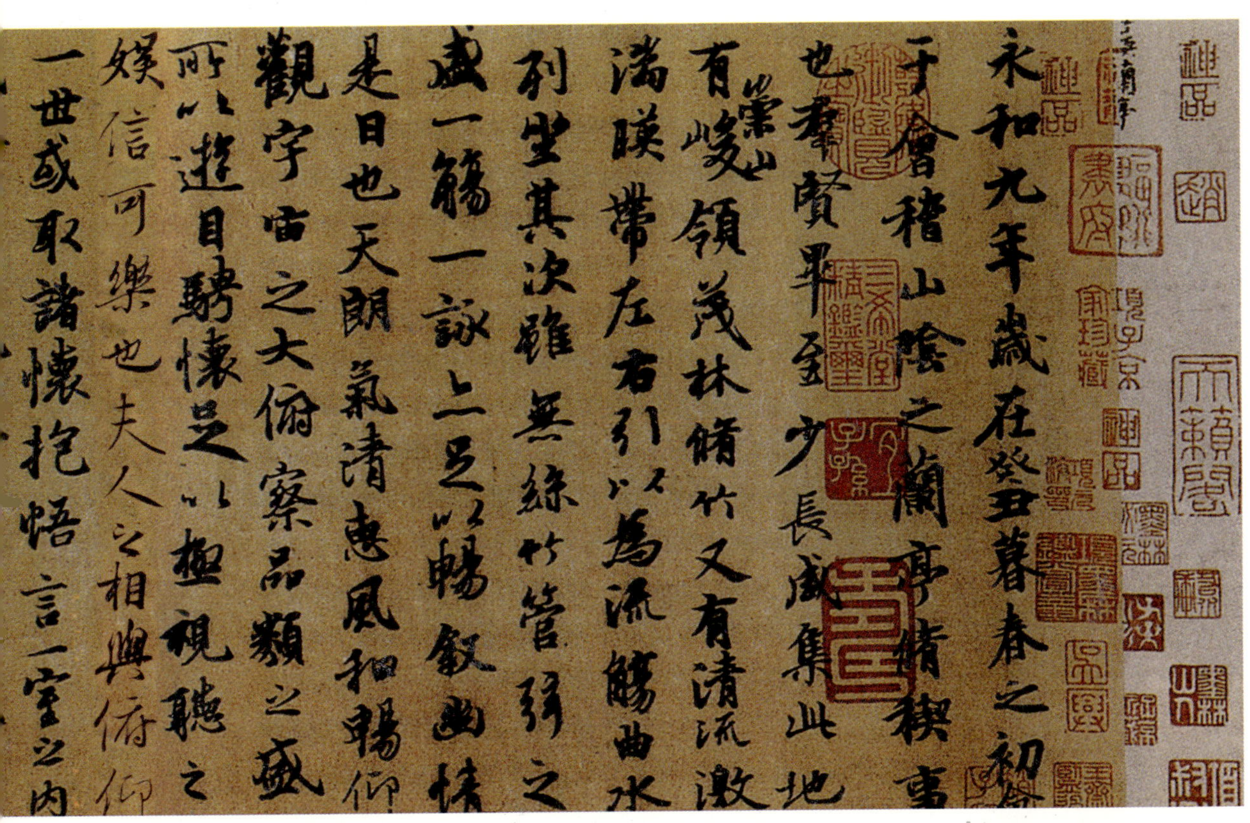

■ 왕희지, 『난정서』

'삼월삼일난정시서'라고도 한다.
풍승소의 신룡본. 353년.

는 일에 권태를 느끼거나 또 자신의 감정이 그 일에 따라 옮겨가서 변하게 되면, 여러 가지 감회가 이어 나온다. 전날의 즐거웠던 일은 짧은 순간에 낡은 과거의 자취가 되어버리니, 그것 때문에 감회가 일어나지 않을 수 없게 되는 것이다. 하물며 목숨이 길건 짧건 결국에는 모두가 자연의 조화를 따라 마침내 끝에 이르게 되는 것임에야. '죽고 사는 것은 큰일이다'는 고인의 말처럼 이 어찌 가슴 아픈 일이 아니겠는가. 나는 고인들이 일으켰던 감회의 까닭은 알게 될 때마다 마치 두 개의 부절(符節)을 하나로 맞춘 듯 내 생각과 똑같다는 것을 깨닫는다. 그러니 고인의 문장을 대할 때마다 탄식하고 슬퍼하지 않을 수 없고, 마음을 달래려 해도 그렇게 되지 않는다. 죽고 사는 일이 같은 일이라는 말이 허황되고, 팽조와 같이 오래 사는 것과 어려서 죽는 것이 같다고 하는 말 역시 함부로 지어낸 것이라는 사실을 잘 알고 있다. 후세 사람들이 지금 사람들을 볼 때도 또한 우리가 옛 사람을 보는 것과 같을 터이니, 슬프다.

그리하여 이곳에 모인 사람들의 이름을 순서대로 적고 그들의 시를 수록하였다. 비록 세상이 달라지고 세태도 변하겠지만 감회를 일으키는 이치는 같은 것이다. 후세에 이 글을 읽는 사람도 이 문장에 대하여 감회가 없지 않을 것이다.

17 상나라 때 767세까지 살았다고 전해지는 전설적인 신선이다.

03 이슬람 본산에 우뚝 선 성 소피아 성당

성 소피아 성당

성 소피아 성당은 동로마 제국의 건축을 대표하는 건축물로 터키 이스탄불의 유럽 지구에 있다. 성 소피아 성당은 이스탄불이 아직 콘스탄티노플이던 시절에 유스티니아누스 황제의 치세를 자랑하는 거대한 예배당으로 지어졌지만, 모스크로 변형되어 사용되다가 1935년 박물관으로 다시 공개되었다. 대부분 파괴되거나 회칠로 덮였던 건물 내외부 기독교 장식의 일부가 수복되었고, 회칠에 가려졌던 모자이크와 조각, 부조 등이 새롭게 발견되면서 동로마 제국 미술의 아름다움을 자랑하고 있다.

이집트의 상징이 피라미드이고, 미국 뉴욕의 상징이 자유의 여신상이듯 터키 이스탄불의 상징은 성 소피아 성당이다. 그러나 터키는 인구의 98퍼센트가 무슬림인 이슬람 국가이다. 이슬람 국가의 상징물이 성당이라니? 본래 이집트 피라미드 또한 태양신을 믿던 고대 파라오들의 무덤이었고, '신세계' 미국의 상징물인 자유의 여신상 역시 1886년 미국 독립 100주년을 기념해 프랑스에서 제작해 준 '구세계'의 선물이다. 때로 국가나 도시의 상징물은 이넘이나 종교, 민족과는 별 상관없이 정해진다.

성 소피아 성당이 세워진 것은 서기 6세기, 동로마 제국 시절이다. 지금은 아야 소피아 박물관으로 쓰인다. 성 소피아 성당 건물의 본래 이름은 'Ἁγία Σοφία(하기아 소피아, 성스러운 지혜)'로, 기독교에서 '성스러운 지혜'는 본래 예수나 하느님을 뜻하는 은유다. 그러나 성당이 지어진 당시 이 '성스러운 지혜'라는 단어는 신적인 존재가 아닌 땅 위의 인간, 바로 성당을 개축한 유스티니아누스 1세(재위 527~565)를 높여 부르는 말이기도 했다.

유스티니아누스 1세와 수행원들

35

유스티니아누스 1세와 니카의 반란

6세기 유럽은 고대의 끝자락과 중세의 첫 장이 중첩되는 시기로, 정확히 역사의 어느 시점부터가 중세고 어디까지가 고대로 분류되어야 하는지에 대해서는 다양한 이견(異見)이 존재한다. 그러나 오현제[3]의 마지막이었던 마르쿠스 아우렐리우스(재위 161~180)를 끝으로, 3세기 로마 제국은 무능한 군인 황제들의 등장과 이민족의 침입, 속주들의 반란으로 급격히 쇠락했다. 그리고 4세기에 로마 제국은 동서로 분열하고 끝내 서로마 제국이 멸망하는 것으로 로마 고대사의 마지막 장이 덮인다는 데에는 역사가들의 의견이 일치한다.

가이우스 디오클레티아누스(재위 284~308) 시절 동서로 나뉘었던 로마의 서쪽 절반은 마지막 황제 로물루스 아우구스투스(재위 475~476)가 용병 대장 오도아케르(433~493)에게 폐위당하는 것으로 역사에서 사라진다. 그러나 당시 로마인들에게 서로마 제국의 멸망은 멸망이 아닌 흔히 일어나는 사건으로 받아들여졌다. '또 다른 황제가 나타날 것'이라는 막연한 희망을 현실로 이뤄준 것은 바로 제국 동쪽의 유스티니아누스 1세였다.

서로마 제국 멸망의 의미

476년 쿠데타를 일으켜 황제를 폐위시킨 오도아케르는 게르만족의 지파(支派)였던 스킬족의 족장 출신이다. 오도아케르는 자신의 역량이 부족하다고 생각했기 때문에 황제의 자리에 오르는 대신 지중해 세계에 대한 동로마 제국의 종주권을 인정했다. 그리고 동로마 제국 황제가 임명하는 총독, 즉 이탈리아를 담당하는 왕의 자리에 만족했다.

서로마의 멸망, 정확히는 황제 아우구스투스의 폐위가 당시 지중해 세계의 판도에 근본적인 변화를 가져왔던 것은 아니다. 디오클레티아누스 황제는 제국을 둘로 나누어 두 개의 로마를 네 명의 황제가 다스리는 구조로 개편했다. 즉 동로마 제국과 서로마 제국은 각각 한 명의 정제[Augustus]와 한 명의 부제[Caesar]가 영토를 나누어 다스리는 구조, 그러므로 황제가 네 명이나 있었다. 지중해 세계 사람들은 서로마 제국 황제의 폐위를 그저 제국 말기에 빈번하게 일어난 이민족의 침입, 황제의 궐위(闕位, 직위가 빔)로만 생각했다. 곧 다시 부족한 황제의 숫자가 채워져 로마 제국의 영광이 회복될 것으로 굳게 믿었다. 제국의 동쪽에는 여전히 황제가 있었다.

동로마 제국의 최대 영토

유스티니아누스 황제는 이베리아 반도와 북아프리카, 이탈리아와 알프스 남쪽의 서로마 제국 영토 대부분을 수복했다.

유스티니아누스는 후사가 없던 숙부 유스티누스 1세(재위 518~527)의 뒤를 이어 527년 동로마 제국의 황제에 올랐다. 이미 부제로 황제 수업을 받았던 유스티니아누스는 여러모로 조선의 세종 대왕(재위 1418~1450)과 비견되는 인물이었다. 유스티누스 1세는 용병 출신으로 황제의 자리에 오른 입지전적인 인물임에도 자신의 이름조차 쓸 줄 몰랐던 문맹 황제였으나, 유스티니아누스는 달랐다. 문(文)으로는 고대 로마의 법률을 집대성한 『로마법 대전』을 완성해 오늘날 로마법의 기초를 닦았고, 무(武)로는 서로마 제국 멸망 이후 상실했던 이베리아 반도와 북아프리카, 이탈리아와 알프스 남쪽의 서로마 제국 영토 대부분을 수복한 성군이었다.

그러나 유스티니아누스의 치세가 처음부터 끝까지 태평성대는 아니었다. 유스티니아누스와 동로마 제국의 운명을 송두리째 바꿀 수도 있었을 가장 큰 위기는 532년에 콘스탄티노플(이스탄불)에서 일어났다.

유스티니아누스 황제는 집권 후 안으로는 세금 제도를 개편해 평민의 부담을 줄이고 법률을 정비했으며, 밖으로는 사산조 페르시아와 경쟁하며[4] 의욕적으로 제국을 경영했다. 이런 유스티니아누스를 흔든 것은 뜻밖에도 콘스탄티노플 전차 경기장의 훌리건(난동꾼)들, 이른바 청색당과 녹색당이었다.

4 226년부터 651년까지 페르시아를 지배하던 왕조이다. 파르티아 왕조를 넘어뜨리고 세웠으며, 조로아스터교를 국교로 독특한 문화가 번성했다. 호스로 1세 때 전성기를 이루다가 사라센 제국에 멸망했다.

원형 경기장의 전차 경주
로마 시민들은 원형 경기장에서 벌어지는 전차 경주와 검투사들의 싸움을 오락으로 즐겼다. 사진은 영화 「벤허」(1959)의 한 장면이다.

5 니카는 희랍어로 '이겨라, 이겨라'를 뜻하는 말로, 히포드롬에서 청색당과 녹색당이 자신의 팀을 응원할 때 외쳤던 말에서 비롯된 말이다. 이 말의 어원은 고대 그리스·로마 신화의 승리의 여신인 나이키와 같다.

6 로마의 입법·자문 기관이자 실질적인 지배 기관으로, 내정(內政)과 외교를 지도했다.

당시 콘스탄티노플에는 공공 위락 시설로 전차 경주가 열리는 원형 경기장인 히포드롬이 있었다. 히포드롬에서 열리는 경기를 보기 위해 몰려드는 시민들은 청색당과 녹색당이라는 두 개의 파벌로 나뉘어 오늘날 유럽의 축구 경기에서 민폐를 끼치는 훌리건마냥 밥 먹듯이 패싸움을 벌였다. 이들은 응원하는 전차 경기 선수들과 같은 색의 옷을 맞춰 입었다. 청색당은 귀족, 성직자 계층이 주를 이뤘고 녹색당은 상인, 농민 등 중산 계층이 주를 이뤘다. 청색당과 녹색당은 승부 조작과 도박, 상대 선수에 대한 암살과 테러를 저지르더니 급기야는 사병(私兵)을 양성해 도심에서 상대방 선수와 응원단을 공격하는 시가전을 벌일 정도로 세가 불어났다.

유스티니아누스를 곤경에 빠트린 '니카의 반란'은 바로 이들이 일으켰다. 532년 1월 10일, 히포드롬의 전차 경기가 끝난 후 청색당과 녹색당은 언제나 그렇듯 유혈 난투극을 벌였다. 싸움을 보다 못한 유스티니아누스 황제가 친위대를 출동시켜 주동자를 체포하고 투옥시키자, 개와 고양이처럼 앙숙이던 청색당과 녹색당은 똘똘 뭉쳐 황제의 친위대를 격파해 버렸다. 그 기세를 몰아 콘스탄티노플 도심에 불을 지르고 상점들을 약탈하더니 끝내 원로원 의사당과 성 소피아 성당에 불을 질러 전소시키고 콘스탄티노플을 점령해 버렸다.

니카의 반란은 외적의 침입이나 황제의 실정에 의해 일어난 봉기가 아닌, 극성맞은 전차 경기 훌리건들이 일으킨 어이없는 민란이었다. 이들은 한술 더 떠 전(前) 전(前) 황제였던 아나스타시우스 1세(재위 491~518)의 조카 히

파티우스에게 황제의 상징인 보라색 어의(御衣)를 입힌 뒤 히포드롬에서 신
황제 등극식까지 올렸다. 스포츠 경기의 극성 응원단이 반란을 일으킨 경우
는 동서고금을 통틀어도 니카의 반란이 유일할 것이다.

희극처럼 치러진 원형 경기장에서의 등극식과 홀리건들의 반란, 하지만
니카의 반란은 유스티니아누스에게 치명적인 결과를 가져왔다. 방화로 거주
구역과 상업 지구, 원로원 의사당, 성 소피아 성당 등 콘스탄티노플의 절반이
불타 버렸다. 홀리건들은 황제를 찾아내 죽이라고 고함을 지르며 소요를 멈
추지 않았다. 결국 유스티니아누스는 콘스탄티노플을 탈출할 방법을 찾았
다. 히파티우스에게 양위를 결심하고 나루터에 배를 준비시키던 유스티니아
누스를 설득한 것은 황후 테오도라(508?~548)였다.

테오도라의 아버지, 유스티니아누스의 국구(임금의 장인)는 히포드롬에
서 서커스를 공연하던 곰 조련사였다. 테오도라는 평민의 딸로 황후의 자리
까지 오른 강단이 있는 여자였다.

"위험에 처한 사람에게는 단 하나의 선택만이 있을 뿐입
니다. 바로 최선을 다해 그 위험을 극복하는 것입니다.
도망치는 것은 옳지 않습니다. 세상 사람 누구나 죽
음을 피할 수 없다 하더라도, 황제 자리에 있던 사
람이 망명을 한다는 것은 죽음보다 견디기 어려
운 일입니다. 제 스스로 황후의 보랏빛 어의를 벗
지는 않겠습니다. 저는 더 이상 '황후마마'라는 호
칭으로 인사를 받지 못하는 날을 보지 않겠습니다.
폐하, 일신의 안전만을 생각하신다면 폐하는 도망치
십시오. 그러나 당장 목숨을 보진하더라도, 그것이
결국은 죽음의 시간을 앞당기는 것은 아닌지 다
시 한 번 생각해 주십시오. 저라면 옛 선현들의

테오도라
527년에 남편과 함께 대관
식에서 왕관을 쓴 뒤 여제
로서 통치에 큰 영향을 끼
쳤다. 모자이크화. 6세기.

39

'자의(紫衣)는 아름다운 수의(壽衣)'라는 말씀을 따르겠습니다. 자줏빛 어의는 빛나는 수의가 될 것입니다."

겁을 먹었던 유스티니아누스는 황제가 도망을 가더라도 자신은 황궁을 지키며 의연히 죽겠다는 테오도라의 말에 마음으로 바꾸어 반란을 진압할 것을 결심했다. 유스티니아누스는 청색당과 녹색당의 진압을 명령했고, 장군들은 군대를 동원해 훌리건들의 사병들을 압박해 나가 히포드롬으로 몰아넣은 뒤 3만여 명에 달하던 훌리건들을 진압했다.

성스러운 지혜가 머무는 세상의 중심

니카의 반란은 그렇게 진압되었지만, 반란이 남긴 상처는 너무 컸다. 소요가 진압된 뒤 유스티니아누스는 532년 2월 23일 새 성 소피아 성당을 신축할 것을 결정하고 불타 버린 성당 자리에 주춧돌을 놓았다. 유스티니아누스는 성 소피아 성당의 개축을 자신의 정통성을 바로 세울 기회로 생각하고 최고의 전문가들을 수배했다. 성 소피아 성당의 신축을 맡은 것은 안테미오스와 이시도로스였다. 이들은 본래 건축가라기보다는 수학자와 물리학자, 즉 과학자들이었다.

안테미오스와 이시도로스가 내놓은 건축안은 불타 버린 성 소피아 성당의 원형은 물론 지중해 세계 어디에서도 찾아볼 수 없는 독창적인 것이었

바실리카

바실리카는 원래 고대 로마의 시장, 관공서, 야외극장, 공회 등 공공건물을 뜻하는 말이었다. 이후 둥근 지붕이 갖춰진 직사각형 건물로서, 건물의 장식성과 지붕의 무게를 지지하기 위해 열주(줄지어 늘어선 기둥)와 측랑(열주 밖의 복도)이 갖춰진 직사각형 혹은 열십자 형태로 확장된 공공건물을 뜻하게 되었다. 콘스탄티누스 1세(재위 306~337) 때부터 유스티니아누스 시절까지 널리 유행했으나 성 소피아 성당 이래 점차 사라졌다. 콘스탄티누스가 기독교를 공인한 후, 음지에 숨어 있던 기독교도가 공공장소인 바실리카로 나와 집회와 예배를 드리면서 차차 바실리카라는 말은 예배를 집전하는 성당, 고위 성직자가 앉아 있는 예배소를 가리키는 말로 변했다.

채색된 대리석으로 기둥
을 세우고, 거대한 회랑
(지붕이 있는 긴 복도)과 지
름이 132미터에 이르는
중앙 돔의 내부를 그림으
로 장식했다. 모자이크
는 성상 파괴 운동과 오스
만 제국의 점거 때 거의 없
어졌으나, 최근에 9~13
세기의 모자이크 일부
가 발견되었다. 성당 537
년, 모자이크 12세기.

다. 이들이 내놓은 설계안은 이중 조개껍데기 모양의 돔으로 이뤄진 성당 지붕과 바실리카가 돔의 하부를 받치고 있는 혼합 구조이다. 거대한 반구 모양 돔의 양쪽을 반구 모양 돔이 받치고, 다시 그 옆을 원통 모양 볼트(하우스)가 지지했다. 돔의 내부는 적색, 황색, 백색, 청색, 녹색의 대리석 조각으로 장식했고, 40개의 창문으로 들어오는 햇빛이 모자이크의 금색 안료를 비춰 황금처럼 빛났다.

두 명의 과학자는 성 소피아 성당의 설계를 수학적 극한까지 끌어올렸고, 동로마 제국 최고의 직공장 100명을 동원했다. 그리고 100명의 직공장들은 각자 밑에 100여 명의 일꾼들을 두었다. 성당을 개축하는 공사는 총인원 만 명이 넘는 인부들이 동원된 대공사였다. 그리고 6년여의 공사 끝에 중세 7대 불가사의, 성 소피아 성당이 탄생했다.

"오 솔로몬이여, 마침내 내가 그대를 이겼노라!"

서기 537년 12월 27일, 유스티니아누스 황제는 성 소피아 성당 헌당식에서 자랑스럽게 외쳤다. 유스티니아누스가 스스로 솔로몬[7](?~기원전 912?)을

[7] 이스라엘 왕국의 3대 왕이다. 지혜의 왕으로 유명하여 뛰어난 지혜를 '솔로몬의 지혜'라고 비유하기도 한다.

41

성 소피아 성당과 보스포러스 해협
성당 뒤로 보스포러스 해협이 펼쳐져 있다. 보스포러스 해협은 터키의 서부, 마르마라 해와 흑해를 연결하며 아시아 대륙과 유럽 대륙의 경계를 이룬다.

8 이슬람교 나라의 군주 또는 오스만 제국의 황제를 이르는 말이다.

9 이슬람교에서 예배하는 건물을 이르는 말이다. 예배를 보는 신앙의 중심지일 뿐만 아니라 군사, 정치, 사회 등 공공 행사가 이루어지는 곳이다.

이겼다고 선포한 헌당식은 동로마 제국과 그 수도인 콘스탄티노플이 바로 성스러운 지혜가 머무는 곳, 세상의 중심이라는 유스티니아누스의 자부심을 세상에 드러내는 행사였다.

동로마 제국의 찬란한 영화를 상징하는 성 소피아 성당에 대척할 만한 건물이 지중해 세계에 세워진 것은 그로부터 1,000년 후였다. 성 소피아 성당은 989년 강진으로 파손된 뒤 대규모 보수를 거쳤고, 15세기에 성 베드로 성당이 완공되기까지 서구 세계에서 가장 경이롭고 거대한 건축물이었다.

1455년 오스만 튀르크의 술탄[8] 메메드 2세(재위 1444~1446, 1451~1481)는 동로마 제국을 멸망시키고 콘스탄티노플에 입성한 후 성 소피아 성당을 이슬람의 모스크[9]로 바꿀 것을 지시했다. 이교도의 군주를 감동시킬 만큼 성 소피아 성당의 매력은 대단한 것이었다. 술탄의 마음에 든 성 소피아 성당은 이후 오스만 제국의 건축에 거다란 영향을 끼쳤다. 오스만 제국의 모든 신축 모스크들이 성 소피아 성당의 모습을 모방해 반구 모양의 천장을 덮기 시작한 것이다.

케말 파샤

터키 공화국의 초대 대통령이다. 본명은 무스타파 케말 아타튀르크이며, 1차 세계 대전 당시 육군 장교로 청년 투르크당에서 활동했다. 1차 세계 대전 때 연합군의 갈리폴리 상륙 작전을 독일군과 연합해 막아 내고 터키의 국민적 영웅이 되었다. 이후 그리스를 물리쳐 오스만 제국의 영토를 지켰고, 서방측과의 협상을 통해 술탄제를 폐지하고 공화제를 도입해 1923년 터키 공화국의 초대 대통령이 되었다. 케말 파샤는 칼리프제 폐지, 정교 분리 원칙을 명문화, 남녀평등 교육, 이슬람력 폐지, 유럽식 그레고리력 도입, 일부다처제 금지, 아랍문자 폐지, 로마자 표기 도입, 여성 선거권 부여 등 개혁 정책으로 터키의 근대화를 이뤘다.

1928년 로마자를 설명하는 케말 파샤

모스크가 되어 버린 성당은 기독교 세력에게는 커다란 치욕이었다. 이후 성 소피아 성당의 수복과 복원 문제를 놓고 유럽과 오스만 튀르크는 끊임없이 알력을 빚었다. 성 소피아 성당이 기독교(그리스 정교)와 이슬람 사이의 대립에서 해방된 것은 오스만 튀르크 멸망 이후 터키의 국부(國父, 임금)가 된 케말 파샤(1881~1938)의 결단에 의해서였다. 터키 정부는 성 소피아 성당을 성당이나 모스크가 아닌 박물관으로 지정했고, 건물 안에서는 어떤 종교 행위도 금지했다.

유스티니아누스는 라틴어[10]를 유창하게 구사한 마지막 로마 황제였다. 유스티니아누스 지배 당시 이미 지중해 세계의 판도는 서쪽이 아닌 동쪽에 있었고, 콘스탄티노플의 시민들은 점차 라틴어가 아닌 희랍어를 공용어로 사용하기 시작했다. 유스티니아누스의 뒤를 이은 황제들과 관료들도 마찬가지였다. 점차 콘스탄티노플은 로마 제국의 수도가 아닌 그리스 정교를 믿는 그리스의 도시로 변모해 갔다. 중세의 개막이었다.

10 이탈리아 어파(語派)에 속하는 언어로, 프랑스어, 이탈리아어, 에스파냐어, 포르투갈어, 루마니아어 등의 근원이 되었다. 로마 가톨릭교회의 공용어로 쓴다.

04 미술이 없는데도 아름다운 세계

이슬람 제국의 영광

바위 사원

‘이슬람 미술’이라는 말은 매우 역설적이다. 흔히 기독교 미술이나 불교 미술과 같은 의미로 이슬람 미술을 이해하려고 하지만, 경건한 무슬림이 자신들의 신앙을 표현하기에 미술은 가장 부적절한 수단이다. 기독교와 불교 미술의 전통에서 회화와 조각, 부조가 신의 영광과 자비를 표현하기에 적합한 수단이었던 것과 달리, 이슬람 신앙은 회화와 조각을 종교적 교리로 금하고 있는 까닭이다. 유일신 알라의 모습을 그린 회화나 예언자 무함마드의 조각을 찾아볼 수 없는 이유가 여기에 있다. 따라서 이슬람 미술의 연구 대상은 종교적 색채가 배제된, 경건한 무슬림들의 도자기, 양탄자 등과 사원 및 왕궁의 장식 미술, 캘리그라피 등이다. 서구적 의미의 종교 미술은 이슬람권에 존재하지 않는다.

이슬람교가 창시된 서기 7세기 이래 현재에 이르기까지 이슬람 문화는 수많은 문학 작품과 서예(이슬람 캘리그라피), 모스크 건축과 장식 미술로 유일신 알라와 예언자 무함마드의 위대함을 찬미했다. 그러나 이슬람교는 알라와 인간 및 피조물을 회화와 조각으로 표현하는 것을 최대의 금기로 한다. 이슬람교의 경전인 『쿠란』에는 "오 무슬림들이여! 술과 도박과 우상 숭배[1]와 점술은 사탄이 행하는 불결한 것들이거늘 그것들을 피하라. 그리하면 너희가 번성하리라."(5장 90절)라는 구절이 있다.

『쿠란』의 가르침과 이슬람의 신앙을 복종과 순종으로 따르는 신자를 무슬림이라고 부른다. 무슬림들은 『쿠란』의 율법에 따라 형상을 드러내는 그림과 상(像)을 포함하는 시각 예술 전체를 우상 숭배로 여겨 금했다. 회화와 조각을 교리로 금한 것이다. 덕분에 미술 시간에 이슬람의 역사와 문화를 공부하기란 어려운 과제가 되어 버렸다. 이슬람은 과연 어떤 종교인가.

이슬람교의 탄생과 확산

아랍어로 '신을 향한 순종과 복종'이라는 뜻을 담고 있는 이슬람교는 예언자 무함마드(570~632)에 의해 창시되었다. 예언자 무함마드에게 알라의 계

▶ **아라비아 반도**
아시아 대륙 남서부에 있는 큰 반도이다. 면적이 약 300만 제곱킬로미터에 이른다. 오늘날 석유의 주산지이자 아랍권의 맹주인 사우디아라비아와 예멘, 오만 등이 있다. 남아프리카 희망봉이 발견되기 전까지 인도와 유럽을 잇는 중계 무역의 중심지로 번영을 누렸다.

45

무함마드와 천사 지브릴
무함마드의 얼굴을 그리
는 것은 금기시되었기 때
문에 흰색으로 가렸다.

2 기독교 『성경』에는 가브
리엘, 유대교 경전에는
지브라일이라는 이름으로
등장한다.

3 무함마드의 뒤를 이어
이슬람의 순수성을 유지
하고, 신앙을 수호하며,
이슬람 공동체를 통치했던
최고 통치자를 말한다.

4 사막이나 초원과 같이
교통이 발달하지 않은 지방
에서 낙타나 말에 짐을
싣고 떼를 지어 먼 곳으로
다니면서 특산물을 교역
하는 상인의 집단이다.

5 지금의 사우디아라비아
서남부에 있는 홍해 연안의
도시이다. 무함마드가 태어
난 곳으로 이슬람교 최고의
성지이다.

시가 내린 것은 서기 610년이다. 무함마드는 632년에 아라비아 반도를 통일하기 위한 정복 전쟁을 하던 중 사망했지만, 그의 추종자들은 무함마드가 천사 지브릴로부터 받았던 계시를 정리해 이슬람교의 경전인 『쿠란』을 엮었다.

8세기가 되자 이슬람의 불길은 아라비아 반도를 벗어나 전 세계로 번져 나갔다. 무함마드의 후계자인 칼리프 시대에 이르러 이슬람 제국은 북아프리카에서 중동, 오늘날의 이란, 아르메니아 지역을 거쳐 중앙아시아와 아프가니스탄으로까지 그 영역을 확대했고, 이베리아 반도의 남부와 중부 유럽까지 이슬람의 판도에 편입시켰다. 이후로도 이슬람의 불길은 북인도와 동남아시아 지역으로 번져 나가 말 그대로 대서양에서 태평양에 이르는 세상 거의 모든 곳에서 알라와 무함마드의 이름이 울려 퍼졌다.

무함마드 사후 불과 200~300년 만에 급속하게 이슬람 신앙이 확산될

무함마드

유복자로 태어나 할아버지와 숙부의 손에 자랐고 어려서부터 대상(隊商)을 따라다니며 성장했다. 당시 아라비아 반도 주변과 소아시아에는 여러 종파의 초기 기독교와 유대교, 배화교, 여러 토착 신앙이 신봉되었다. 무함마드는 다양한 일신교와 다신교를 체험해 일찍 종교에 눈떴다.

무함마드 인생의 전환점은 과부 하디자와의 결혼이었다. 25세의 청년 무함마드는 부유한 40세의 과부 하디자와 결혼하면서 부와 명예를 얻지만, 하디자와의 사이에서 태어난 자식들이 어린 나이에 잇달아 사망하고 대를 이을 사내아이가 없자 슬픔에 빠졌다.

무함마드는 금식과 기도, 사색을 반복하며 진리를 찾기 시작했다. 히라 산 동굴에서 명상에 잠기던 중, "무함마드여, 그대는 알라의 사도이다."라는 계시를 받았다. 무함마드는 이후 부인 하디자를 최초의 무슬림으로 개종시키는 것으로 포교를 시작했다.

무함마드는 메카의 친구들과 이웃을 개종시키며 이슬람교의 세력을 키워 나갔는데, 무함마드의 세력이 커질수록 주변 사람들은 무함마드를 비난하고 폭력과 박해를 서슴지 않았다. 그래서 무함마드는 서기 622년에 어쩔 수 없이 메카를 탈출해 메디나로 향했다. 무슬림들은 622년을 이슬람력의 원년으로 삼는다.

무함마드는 메디나에서 하늘의 계시를 전하며 세력을 키웠다. 무함마드는 624년에 자신을 쫓아온 메카의 군대를 격파함으로써 무슬림들의 사기를 크게 높였다. 그리고 630년에 마침내 자신을 쫓아낸 메카를 점령해 신전의 우상들을 파괴하며 "진리는 왔고, 거짓은 멸망했다."라는 말을 남겼다. 632년, 무함마드는 아라비아 반도 원정을 계획하던 중 병사했다. 이슬람교는 오늘날 세계 인구의 약 5분의 1을 신자로 거느리고 있다.

수 있었던 것은 다른 종교와 구분된 이슬람의 개방성 덕분이었다. 8세기에 이르기까지 이슬람에게 정복당한 대부분의 지역은 지중해 연안과 소아시아 지역의 기독교도 지역이었는데, 이슬람은 이들에게 개종을 강요하지 않았다.[6] 단지 이슬람교도보다 조금 더 높은 세율로 세금을 거두는 것으로 민감한 종교 문제를 비껴갔다. 실질적으로 이슬람 지배 계층은 이슬람 피지배 계층보다 세금을 많이 내는 기독교나 유대교 피지배 계층을 박해할 이유가 없었다. 이들은 황금알을 낳는 거위와도 같은 존재였던 것이다. 기독교도와 유대교도 등은 이런 이슬람의 지배 방식을 큰 저항 없이 받아들였고, 그중 상당수는 절세(折稅)를 위해 기꺼이 이슬람으로 개종했다.

이슬람교가 짧은 시간에 전 세계적으로 영역을 넓힐 수 있었던 것은

[6] 『쿠란』은 이교도들에게 개종을 강요하는 것을 원칙적으로 금한다.

종교적 개방과 포용성 외에도 이슬람의 간결한 신앙 체계가 큰 몫을 했다. 당시 기성 종교들의 신앙 체계는 매우 의식화되어 복잡했고, 종교 내에서도 신분간의 차별이 엄연히 존재했다. 하층 계급의 문맹자들은 경전을 쉽게 접할 수 없었고, 신과의 소통을 위해서는 반드시 그 중개자로 샤먼이나 성직자가[7] 필요했다.

반면 이슬람교는 무슬림이면 누구나 성직자의 도움 없이 신에게 직접 기도를 드리고 신과 소통을 할 수 있는 간편한 체계이다. 이러한 방식과 이슬람의 다섯 가지 율법(샤리아), 즉 신앙 고백(샤하다), 하루 다섯 번의 기도(살라트), 라마단 단식(사움)[8], 자선(자카트), 그리고 평생 한 번의 성지 순례(하지)는 신분의 고하나 빈부에 상관없이 누구나 따를 수 있는 것이어서 신입자들을 쉽게 유인할 수 있었다. 쉽게 지킬 수 있는 교리, 중간 매개 없이 신과 직접 소통할 수 있는 구조는 이슬람의 세력을 폭발적으로 늘려 준 핵심 요소였다.

이슬람교와 기독교의 대충돌

이슬람교와 기독교의 사이가 처음부터 틀어진 것은 아니었다. 특히 이슬람교는 기독교도와 유대교도들을 '책의 사람들(people of the book)'이라고 부르며 다른 민족이나 이교도에 비해 우대할지언정 결코 박해하지 않았다. 책의 사람들이라는 표현은 『쿠란』이 기독교와 유대교, 사비교(당시 이라크 남부 지역의 종교)를 '진정한 신을 믿는 신자'로 언급한 것을 뜻한다. 이렇게 이슬람교에서 기독교와 유대교 등을 존중했던 것은 본래 이슬람교가 『성경』 구약 시대의 인물인 아브라함에 의해 최초로 계시되고, 훗날 예수(기원전 4?~30)를 비롯한 다른 선지자와 예언자들에 의해 발전을 한 뒤 최종적으로 무함마드에 의해 완성된 신앙이라고 믿었기 때문이다.

따라서 무슬림들은 유대교와 기독교, 그리고 사비교 등이 비록 유일신[9]

알라를 올바로 믿지는 않지만, 다른 신을 믿거나 아예 신앙이 없는 무신론자들에 비해서는 존중하고 우대해 줘야 하는 형제들이라고 생각했다. 그래서 자신들의 영역 안에서 이들의 신앙과 포교를 허용했다.

이슬람교와 기독교 문명 사이에 대충돌이 일어난 것은 이슬람의 대팽창 이후 300여 년이 지난 서기 11세기 무렵의 일이었다. 기존 정치와 종교 세력의 입장에서는 위협적으로 세를 불리는 이슬람교에 위기감을 느낀 것이 당연한 일이었다. 그러나 이슬람교와 기독교 문명은 충돌 대신 서로의 실체를 인정하고 공존을 모색했다. 이렇게 평화롭던 이슬람교와 기독교 사이에 갈등의 도화선이 된 것은 성지 예루살렘을 둘러싼 성지 순례 문제였다.

기독교도와 유대교도들의 성지였던 예루살렘이 이슬람의 손에 떨어진 것은 638년의 일이지만, 그 후로도 400여 년간 예루살렘은 이슬람교와 기독교 문명이 공존하며 평화를 누렸다. 예루살렘은 이슬람교도에게도 기독교도만큼이나 대단히 의미 있는 성지이다. 무함마드가 생전에 로마 제국에 의해 파괴된 솔로몬 성전의 잔해인 '통곡의 벽'을 방문한 뒤 사다리를 타고 천국으로 올라가 아브라함과 모세, 아론, 예수를 만나는 꿈을 꾸었기 때문이다. 이슬람교도들은 예루살렘을 정복한 뒤 바위 사원(오마르 사원)과 알 아크사 사원을[10] 건립했다. 기독교 지배자들이 이슬람교도들의 예루살렘 방문을 금지했던 것과 달리, 이슬람교는 기독교 순례자들의 예루살렘 방문을 허용하고 기독교 사원을 파괴하지 않았다. 당시 예루살렘에서는 이슬람교 세력과 기독교 세력이 평화롭게 공존했던 것이다.

그러나 이슬람교와 기독교 문명의 대충돌인 십자군 전쟁이 일어났다. 전쟁이 일어난 표면적인 이유는 이슬람의 수중에 떨어진 성지 예루살렘을 수

■ 홀바인 양탄자
수출용으로 만든 아나톨리아(터키의 넓은 고원 지대) 양탄자 중 하나이다. 직사각형의 틀 안에 팔각형이 들어 있는 전형적인 형태이다. 홀바인 양탄자라 불리는 이유는 한스 홀바인이 1533년에 그린 「대사들」이라는 그림에 이 카펫이 소재로 쓰였기 때문이다. 15세기 말.

10 바위 사원의 금색 돔과 똑같은 모양의 은색 돔을 지닌 사원이다. 바닥 한 면에 수천 장의 진홍색 모자이크 무늬 양탄자가 깔려 있었다고 하나, 전란과 지진으로 원래의 모습은 거의 사라졌다.

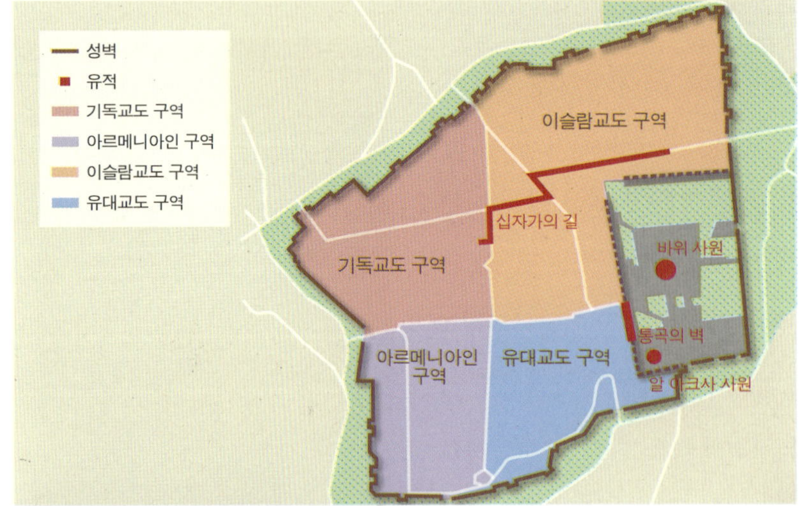

예루살렘 옛 시가지

총면적이 1제곱킬로미터에 불과한 지역을 네 구역으로 나눠 유대인, 아르메니아인, 이슬람교도, 기독교인이 살고 있다.

바위 사원

지붕이 황금으로 되어 있어 황금 사원으로도 불린다. 사원 안 한가운데에 있는 바위는 아브라함이 아들 이삭을 제물로 바치기 위해 눕혔던 장소라고 한다. 건물은 팔면체로 되어 있는데, 윗부분은 면마다 다른 타일을 붙였고 아라비아 문자로 『쿠란』이 새겨져 있다. 692년 이후.

십자가의 길

예수가 법정에서 사형 선고를 받은 후 골고다 언덕까지 십자가를 지고 걸어갔다는 길이다.

통곡의 벽

솔로몬이 세운 성전의 잔해이다. 솔로몬의 성전은 무수한 전쟁과 약탈로 파괴되었으나 서쪽 벽으로 짐작되는 이 벽이 남아 있다. 통곡의 벽이란 이름이 붙여진 것은 예수가 죽은 뒤 로마군이 예루살렘을 공격해 많은 유대인들을 죽였는데, 이 비극을 지켜 본 성벽이 밤이 되면 눈물을 흘렸다는 설과 유대인들이 성벽 앞에 모여 성전이 파괴된 것을 슬퍼했기 때문이라는 설이 있다.

복하겠다는 로마 가톨릭교회의 교황 우르바노 2세(1042?~1099)의 호소에 유럽의 기독교도들이 설득되었기 때문이다. 그러나 속사정은 종교적 신앙심과는 별 관계가 없는 것이었다.

굳은 신앙심이라는 포장을 벗겨 보면, 십자군 전쟁은 종교계와 귀족, 민중들의 탐욕이 일으킨 전쟁이었다. 이슬람과의 세력 경쟁에서 패배하고 위기감을 느끼고 있던 동로마 제국과 이런 동로마 제국을 도와주는 것을 구실로 동로마 제국까지 통합하고자 했던 교황 우르바노 2세의 정치적 욕심이 맞아떨어졌다. 그리고 귀족 계급의 영토 확장에 대한 욕심과[11] 소아시아와 서남아시아 지역의 풍요로운 물산에 대한 유럽 민중들의 탐욕이 전쟁을 일으킨 것이다. 즉 유럽 기독교도들의 욕심이 야합해 발생한 것이 십자군 전쟁이었다.

십자군 전쟁의 초기에는 이슬람 세계의 군주들이 분열된 상태였기 때문에 십자군의 공략을 막아내지 못했다. 1099년 예루살렘은 기독교 제국의 손에 떨어졌고, 시리아에서부터 팔레스타인에 이르는 지역에 예루살렘 왕국을 비롯한 식민지 정복 왕도가 세워졌다. 그러나 십자군은 새로 정복한 영토와 지배권을 놓고 사분오열 되었다. 이때 혜성처럼 등장한 이슬람의 영웅 살라딘(1138~1193)은 이런 십자군 세력을 공략해 1187년에 예루살렘을 다시 빼앗았다. 기독교 세력이 예루살렘을 통치한 기간은 채 100년이 되지 않았다.

십자군 전쟁은 13세기까지 계속되었으나 결국은 실패했다. 예루살렘은 여전히 이슬람의 몫이었다.[12] 오히려 동로마 제국이 약화돼 이슬람 세력과 경쟁할 협력자를 제거한 꼴이 되고 말았다.[13] 이후 서유럽에서는 십자군 전쟁을 주도했던 교황의 권력이 약화되었고 보다 세속적인 사회, 즉 신권이 약화되고 왕권이 세력을 얻는 중앙 집권 국가들의 각개 약진 시대가 전개되었다. 중세가 해체되기 시작한 것이다.

[11] 당시 귀족 가문의 차남들은 장자 상속권에 밀려 아무런 봉토도 상속받을 수 없었다.

[12] 400여 년 동안 우호적이던 기독교와 이슬람교는 십자군 전쟁 이후 오늘날에 이르기까지 화해하지 못한 채 불편한 관계를 유지하고 있다.

[13] 2001년, 교황 요한 바오로 2세는 그리스를 방문해 과거 십자군에 의한 침략과 학살, 약탈 행위를 정식으로 사과했다.

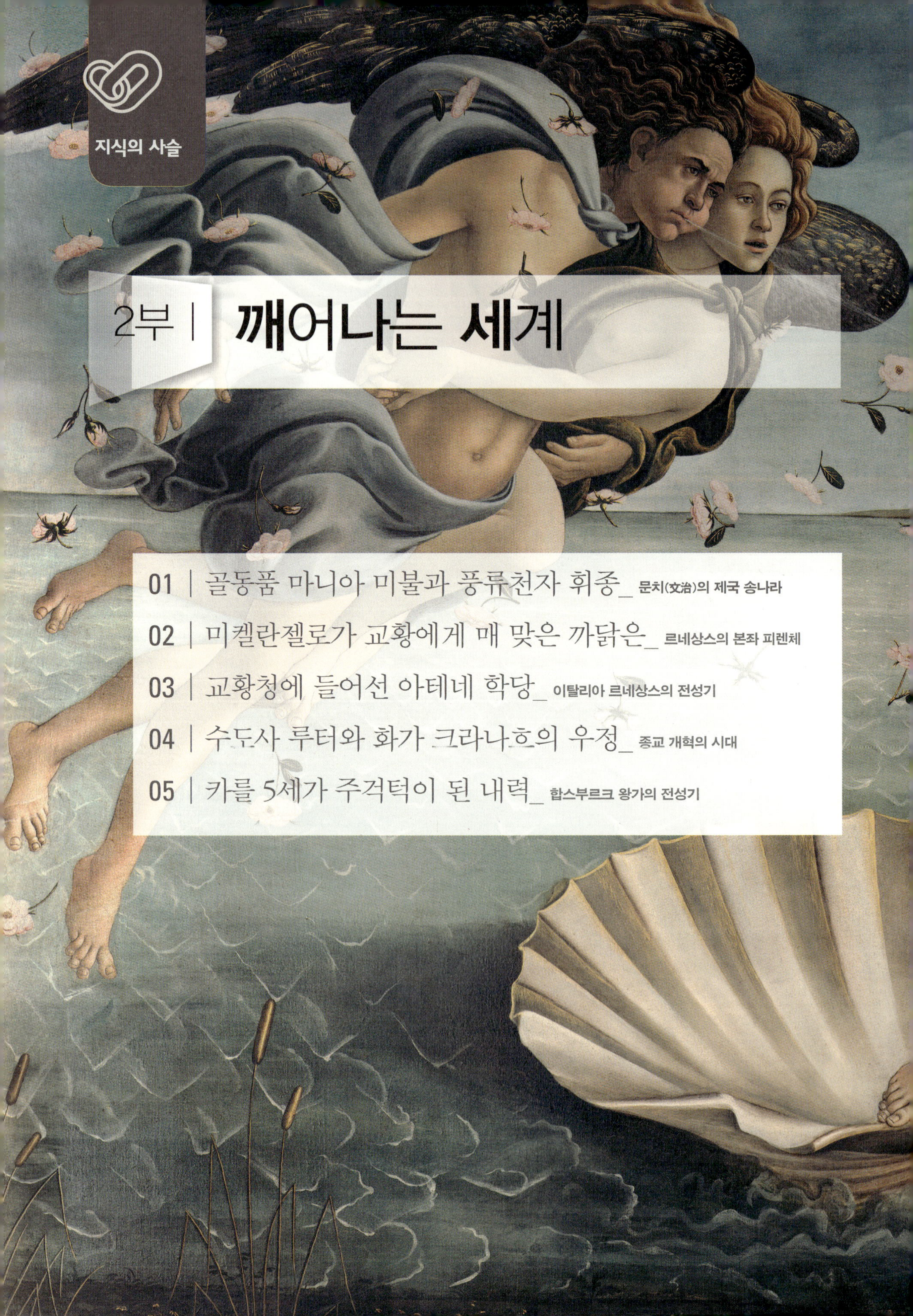

2부 | 깨어나는 세계

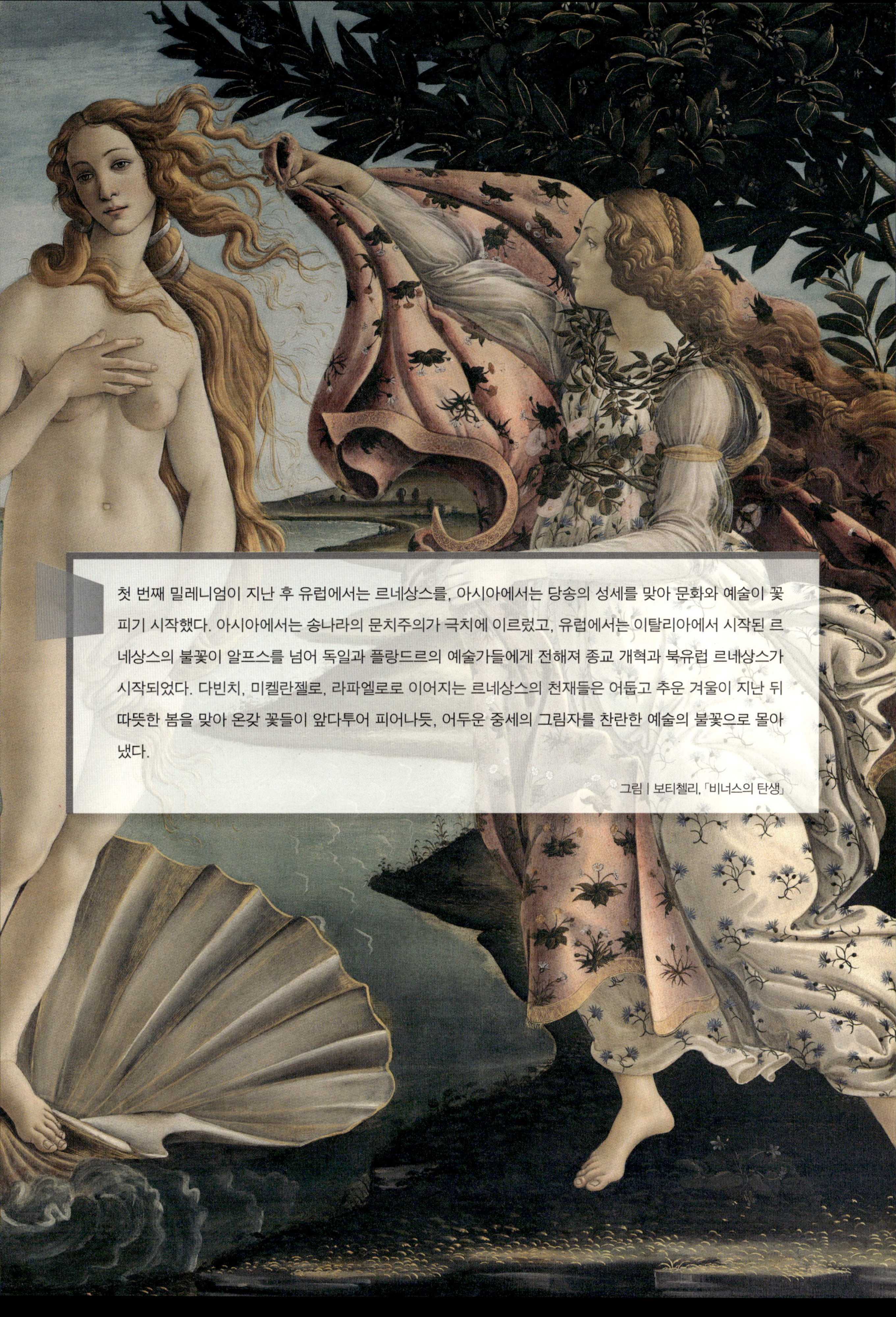

첫 번째 밀레니엄이 지난 후 유럽에서는 르네상스를, 아시아에서는 당송의 성세를 맞아 문화와 예술이 꽃 피기 시작했다. 아시아에서는 송나라의 문치주의가 극치에 이르렀고, 유럽에서는 이탈리아에서 시작된 르네상스의 불꽃이 알프스를 넘어 독일과 플랑드르의 예술가들에게 전해져 종교 개혁과 북유럽 르네상스가 시작되었다. 다빈치, 미켈란젤로, 라파엘로로 이어지는 르네상스의 천재들은 어둡고 추운 겨울이 지난 뒤 따뜻한 봄을 맞아 온갖 꽃들이 앞다투어 피어나듯, 어두운 중세의 그림자를 찬란한 예술의 불꽃으로 몰아냈다.

그림 | 보티첼리, 「비너스의 탄생」

골동품 마니아 미불과 풍류천자 휘종

문치(文治)의 제국 송나라

송 휘종, 「오오문회도」

송나라는 조광윤이 960년에 개국한 이래 300여 년간 지속되며 예술과 문화를 꽃피우고
농업과 상업의 발달로 풍요를 누렸다. 제지술과 인쇄술이 발달했고 과거제가 본격적으로
시행되었으며, 농업 생산량이 늘어 인구가 9,000만 명에 달할 정도로 번성했다. 송나라는
이민족과 전쟁을 하는 대신 돈을 주고 평화를 살 만큼 풍요를 누렸지만, 결국 요나라,
금나라, 원나라 등에게 시달린 끝에 멸망하고 만다. 예술가이자 광인이었던 미불을 통해
문(文)의 제국 송나라를 만나 보자.

중국의 역대 황제들은 서예를 좋아했다. 청 건륭제(재위 1735~1795)와 당 태종 이세민, 송의 신종(재위 1067~1085)과 휘종(재위 1100~1125) 등은 모두 유별나다고 할 정도로 명필들의 서첩을 수집했다. 호학(好學) 군주를 자처하며 청나라의 전성기를 열었던 건륭제는 자금성에 삼희당(三希堂)이라는 서재를 두었다. 왕희지의 「난정서」를 무덤으로 끌고 들어갔던 당 태종과 달리 중국 역대 명필들의 진적을 수집해 삼희당에 보관하며 수많은 법첩을 간행해 많은 학자들이 돌려 볼 수 있게 했다.

삼희당은 건륭제가 수집한 역대 명필들의 진적들 중 가장 희귀한 세 작품, 즉 위·진·남북조 시대 삼왕씨의 서첩인 왕희지의 『쾌설시청첩』, 왕헌지의 『중추첩』, 왕순의 『백원첩』에서 그 이름을 따온 것이다. 그런데 세 가지 보배 중 두 가지, 즉 『쾌설시청첩』과 『중추첩』은 진적이 아니라 송나라 때의 서예가 미불(1051~1107)이 만든 모작이라고 보는 것이 거의 정설이다. 역대 청나라 황제 중 가장 총명했다고 전해지는 건륭제를 속여 넘긴 미불은 어떤 사람이었을까?

미치광이 미씨의 작품 수집

미불은 채양(1012~1060), 소식(1036~1101), 황정견(1045~1105)과 함께 송사대가로 불리는 송나라의 서예가이다. 어느 날 서예에 흠뻑 빠졌던 송나라 휘종이 미불을 불러 궁궐에 쓸 병풍 글씨 한 폭을 쓰게 했다. 휘종은 국정을 돌보지 않고 천금을 쏟아 골동을 수집하고 기화(奇花, 보기 드물게 신비하고 이상한 꽃)와 괴석(怪石, 괴상하게 생긴 돌)을 좋아했던 예술품 애호가였다. 어명을 받은 내관이 미불에게 줄 붓과 종이를 챙겨 오자 휘종은 자신이 쓰던 단계연을 친히 내주었다. 잠자코 휘종의 벼루를 살펴보던 미불은 먹을 갈아 글씨 한 폭을 마치더니 갑자기 벼루를 두 손으로 들어 올려 머리 위로 치켜들고 고래고래 소리를 지르기 시작했다.

1 비슷한 시기 유럽 전체 인구는 채 5,000만 명이 되지 않았다.

2 명나라·청나라 때의 궁성으로, 중국 베이징에 있다. 1407년 명나라 영락제가 축조했으며, 동서 약 760미터, 남북 약 1,000미터의 광대한 지역에 많은 건물이 높은 성벽으로 둘러싸여 있다(145쪽 참조).

3 명인과 명사의 글씨를 베껴 쓴 첩이다. 사진이나 인쇄술이 발달하기 전에는 본받을 만한 좋은 글씨를 임모하며 서첩을 만든 뒤, 소장하거나 서법을 연구하는 용도로 썼다.

4 성과 호를 함께 쓴 소동파로 더 많이 알려져 있다. 아버지 소순, 동생 소철과 함께 '삼소'로 불리며, 삼부자는 모두 '당송팔대가'로 꼽힌다.

5 미불은 송나라, 그중에서도 북송 시대 사람이다. 송나라는 960년에 조광윤이 개봉(지금의 카이펑)에 도읍하여 세운 나라인데, 1127년에 금의 침입을 받아 수도를 임안(지금의 항저우)으로 옮겼다. 수도를 옮기기 전까지를 북송, 옮긴 후부터 원나라에 망할 때까지를 남송이라고 한다.

6 단계석으로 만든 벼루를 말한다. 단계석은 중국 광동성 단시에서 나는 벼룻돌인데, 돌의 질이 단단하며 치밀하고 무겁다.

"이 벼루는 폐하께서 신에게 내리신 것으로, 이미 제가 사용했으니 다시 폐하께 드릴 수 없습니다!"

"허허허, 네가 '미치광이 미씨[米顚, 米痴]'라는 별명을 괜히 얻은 것이 아니로구나."

휘종은 웃으며 미불에게 벼루를 내주었고, 귀한 벼루를 얻은 미불은 뛸 듯이 기뻐했다. 미불은 관복에 먹물이 튀어 온몸이 새카맣게 되는 것도 모른 채 벼루를 안고 뛰는 듯 달려 집으로 돌아갔다.

미불은 당대 최고의 서예가, 화가, 골동품 감정가, 그리고 중국 역사상 가장 치명적인 위조가였다. 미불은 요즘 유행어로 말하자면 '덕후', '오타쿠(おたく)'스러운 서화·골동품 마니아였다. 그는 자신이 원하는 골동품을 얻기 위해서라면 절도, 위조, 사취, 공갈과 협박 등 어떤 짓도 서슴지 않았다.

미불에게 공갈 협박으로 골동품을 빼앗긴 사람 중에는 재상의 아들 채수도 있다. 하루는 미불이 채수와 강가에서 뱃놀이를 하는데, 채수가 미불에게 집안의 가보를 보여 주겠다며 왕희지의 서첩인 『왕략첩』을 구경시켜 주었다. 자신의 눈앞에 펼쳐진 글씨가 서성 왕희지의 진품임을 알아본 미불은 갑자기 안색을 바꿨다.

"공이 이 보물을 내게 주지 않는다면 차라리 나는 이것을 끌어안고 물에 빠져 죽겠소!"

미불은 왕희지의 글씨를 품에 안고 뱃전에 매달려 함께 죽자며 배를 흔들며 요동을 쳤다. 결국 채수는 미불의 협박에 서첩을 내주었다.

미불이 골동품을 얻는 방법은 강탈만이 아니었다. 미불은 가짜를 위조하는 데도 천부적인 재능이 있었다. 미불이 즐겨 쓰던 방법은 아무개에게 명필 아무개가 쓴 서첩이 있다는 소문을 들으면 그 서첩을

미불
뛰어난 서예가이자 화가이지만, 수많은 가짜 예술품과 골동품을 만든 것으로 악명이 높다.

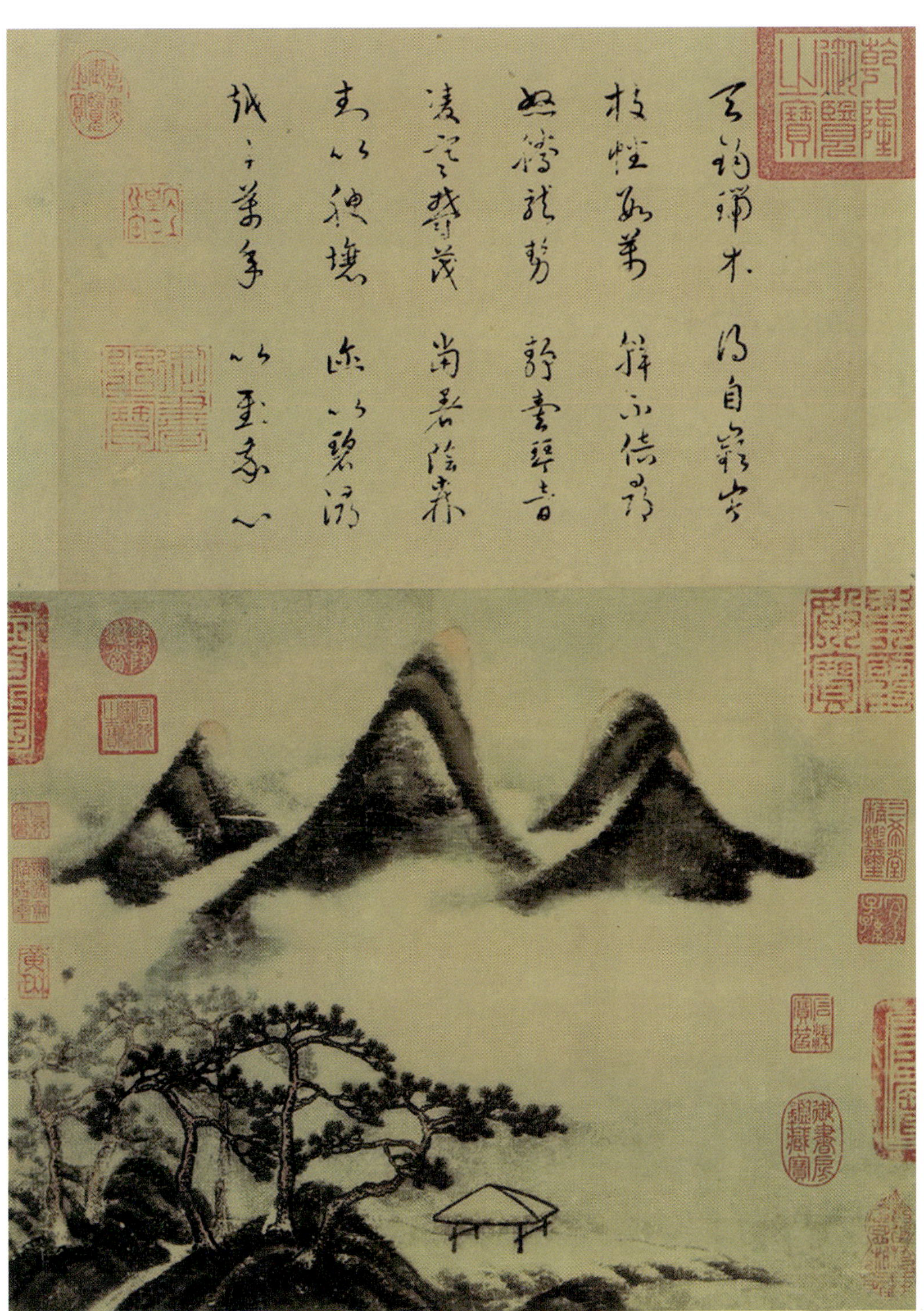

■ 미불. 「춘산서송도」
대상의 윤곽을 점을 찍듯이 붓 끝으로 쿡쿡 찍어서 표현했다.
이러한 미불의 기법을 '미줄분법' 혹은 '미점(米點)'이라고 한다.
미불은 그림과 글씨에 모두 뛰어났는데, 개성 있는 기법으로
기운이 생동하는 자연을 묘사한 산수화가 특히 유명하다. 11세기.

빌려서 감쪽같이 위조를 한 뒤 진품을 갖고 가짜를 주인에게 돌려주는 식이었다. 그 솜씨가 어찌나 뛰어났는지 물건 주인 아무도 미불이 바꿔치기한 것을 몰랐다. 미불은 보진재(寶晉齋)라는 서재를 짓고 이런 식으로 훔치고, 빼앗고, 바꿔치기한 골동품을 수집했다. 후일 미불은 수집한 명품들을 모아 『보진재첩』을 만들기도 했지만, 어떤 물건이든 미불의 손에 들어가면 그 누구도 구분할 수 없는 똑같은 물건이 하나 둘씩 더 만들어졌기 때문에 미불 외에는 누구도 어느 것이 진품이고 어느 것이 가품인지 구분할 수 없게 되었다.

미불(米芾)의 어릴 적 이름은 미불(米黻)이었다. 미불은 본래 한미한 무인 집안 출신이었지만 여섯 살에 이미 100여 편의 시를 외웠고 서화에도 능해 동리 인근에서 글씨 부탁이 들어올 정도로 뛰어난 재능을 보인 천재였다. 이런 소년 미불을 당대 최고의 서예가로 이끈 것은 그의 어머니였다. 미불의 어머니는 북송 5대 영종(재위 1063~1067)의 황후인 고씨의 유모였다. 미불은 어려서부터 어머니를 따라 왕가 비장(秘藏)의 보물과 골동품 등을 구경하며 일찌감치 감식안(사물의 가치를 구별해 알아내는 눈)을 키워 나갔다. 그리고 '젖 동기'였던 황후의 아들이 송나라 6대 신종으로 등극하자 신종의 후원으로 관리 생활을 시작했다.

문치의 나라 송나라

미불이 황제를 키운 젖어미의 아들이라 해도 골동품 위조와 사기를 일삼던 그가 관리로 명성을 쌓으며 목숨을 유지할 수 있었던 것은 어떤 일이 있더라도 문인들의 목숨을 빼앗지 않던 송나라의 독특한 숭문(崇文)·숭유(崇儒)

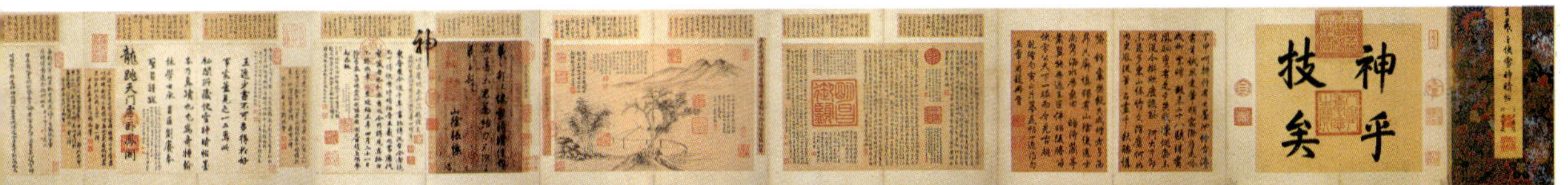

왕희지, 『쾌설시청첩』

왕희지가 아닌 미불의 작품이라는 의심을 받고 있다. 눈이 내린 뒤 벗에게 안부를 묻는 내용으로, 날아갈 듯 경쾌한 행서와 반듯한 해서를 섞어 썼다. 4세기.

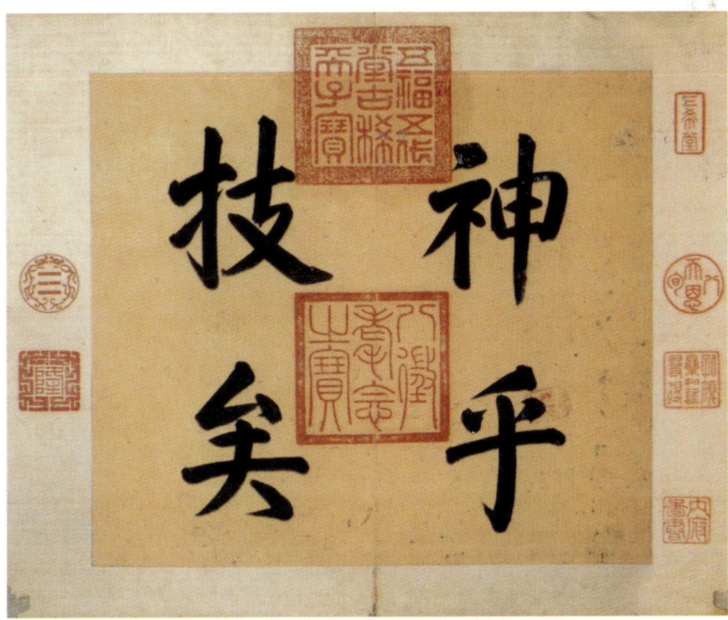

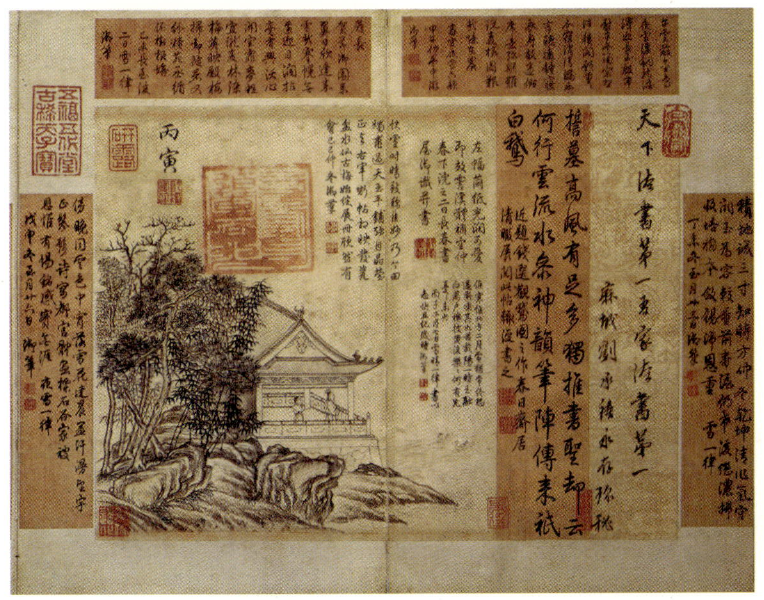

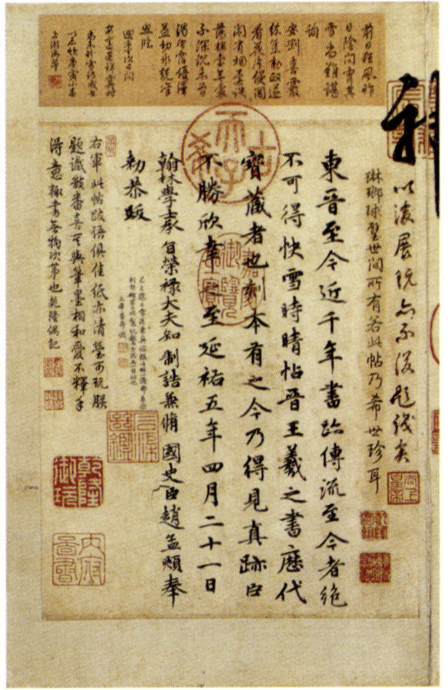

5대가 분열하던 시기를
이어 송나라를 창건하고
중국 대륙을 통일했다.

정책 때문이다.

1126년 북송이 멸망할 때 개봉(지금의 카이펑)을 점령한 금나라 군대는 송나라 궁궐의 후원에서 송 태조 조광윤(재위 960~976)의 유훈이 새겨진 비석을 찾아냈다. 등극식을 치른 역대 송나라 황제들은 홀로 이 비석 앞에서 조광윤의 유훈을 지킬 것을 맹세하는 의식을 행했다. 비석에는 '후주 왕실의 후손인 시(柴)씨들을 돌봐줄 것'과 '어떤 일이 있어도 말과 글을 이유로 사대부를 죽이지 말 것'을 당부하는 조광윤의 유훈이 적혀 있다. 결국 조광윤의 아들과 손자, 증손, 고손들이었던 송나라 황제들은 조광윤의 유훈을 끝까지 충실히 지켜서 미불 같이 흠이 있는 인재라도 '한 푼의 재주가 있다면 그 재주를 아껴 내치지 않고' 곁에 두었던 것이다.

그렇다면 조광윤은 어떤 까닭으로 비석에 글을 새기면서까지 선비들을 죽이지 말라고 한 것일까? 무(武)를 누르고 문(文)을 숭상하는 정책을 국시(國是)로 삼은 조광윤은 907년에 당나라가 멸망한 후 5대 10국의 혼란상을 몸으로 겪은 인물이었다. 조광윤은 무인들의 정치가 세상에 끼치는 나쁜 영향을 누구보다 잘 알고 있었다.

조광윤이 송나라를 개창하기까지 중국은 당 멸망 이후 54년간 후량, 후당, 후진, 후한, 후주, 오월, 민, 형남, 초. 오, 남당, 남한, 북한, 전촉, 후촉 등 모두 15개의 왕조가 성쇠를 거듭하며 중국 역사상 찾아보기 힘든 혼란상을 연출했다. 이때 중원에 자리를 잡았던 5개의 왕조와 주변에 흩어져 할거했던 10개의 왕조를 합쳐 5대 10국이라고 한다. 조광윤은 5대의 마지막인 후주의 세종(921~959)을 섬기던 군벌[7]이었다. 세종은 5대 10국을 통치하던 군주들 중에서도 명군으로 꼽히는 인물이지만 불행히도 일찍 세상을 뜨고 말았다. 세종이 세상을 떠나고 왕위를 이어받은 것은 일곱 살 난 어린 아들 공제(953~973)였다.

[7] 군사력을 바탕으로 왕실이나 정부의 통제 밖에 머물며 독자적인 정치권력을 보유한 집단이다. 한나라 말기의 동탁에서 청나라 말기의 위안스카이, 장쩌린까지 중국에는 수많은 군벌이 할거했다.

공제가 즉위한 후 북방의 요와 북한의 군대가 후주를 침범하자 후주 조정은 이를 토벌하기 위해 군대를 소집했다. 그러나 어린 임금의 즉위를 못 마땅히 여기던 군벌들은 북방으로 진군하지 않고 개봉 인근 진교역에서 술에 취해 잠들어 있던 조광윤을 깨워 억지로 곤룡포를 입히고 황제로 즉위시켰다.

못 이기듯 황위를 받아들인 조광윤은 군벌들에게 후주의 황실과 백성들을 해치지 않겠다는 약속을 받고 송나라를 열었다. 조광윤은 이 약속을 평생 지켰고, 후손들에게도 반드시 지키도록 했다. 송나라가 후주의 시씨 왕족들을 보살폈던 이야기는 소설 『수호지』에 등장하는 후주의 왕족 출신 소선풍 시진의 이야기로도 알 수 있다.

북송이 멸망한 뒤 휘종(재위 1110~1125)의 아홉 번째 아들이자 흠종(재위 1125~1127)의 동생인 조구가 강남의 임안으로 가서 남송을 세우고 고종(재위 1127~1162)으로 즉위했다. 남송은 강남의 풍부한 경제력으로 한 세기 더 생명을 연장하지만 결국 몽골에 멸망했다.

송나라의 쇠락과 멸망에 결정타를 날린 것은 휘종의 무능이었다. 휘종의 재능은 정치가 아니라 골동품과 서화, 수석에 있었다. 휘종이 미불을 좋아했던 것은 미불이 자신과 비슷한 사람이라는 것을 알아봤기 때문일지도 모른다.

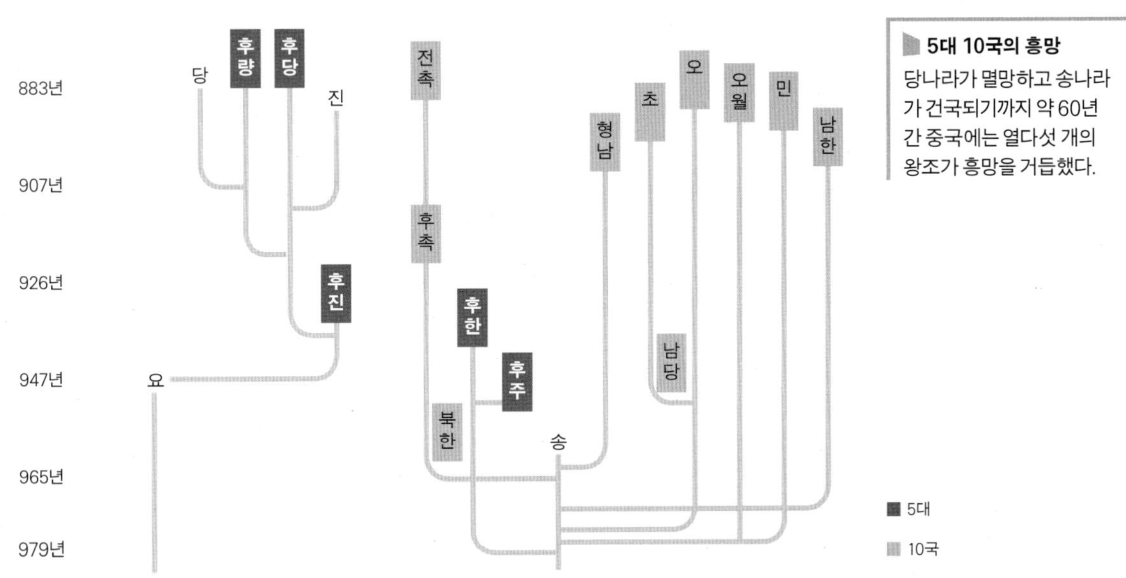

5대 10국의 흥망
당나라가 멸망하고 송나라가 건국되기까지 약 60년간 중국에는 열다섯 개의 왕조가 흥망을 거듭했다.

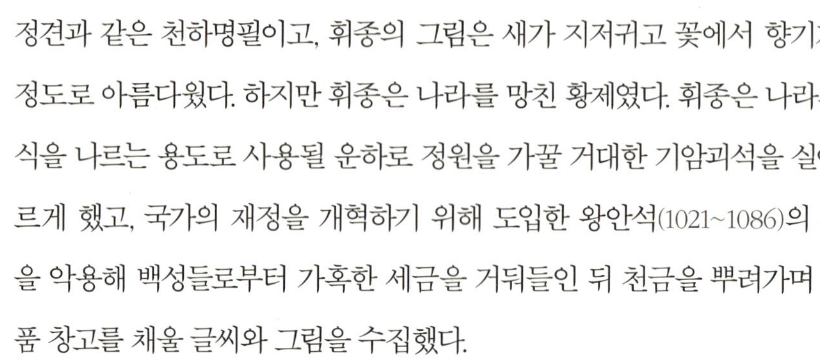

휘종의 별명은 '풍류천자(風流天子)'였다. 휘종은 소철(1039~1112)이나 황정견과 같은 천하명필이고, 휘종의 그림은 새가 지저귀고 꽃에서 향기가 날 정도로 아름다웠다. 하지만 휘종은 나라를 망친 황제였다. 휘종은 나라의 곡식을 나르는 용도로 사용될 운하로 정원을 가꿀 거대한 기암괴석을 실어 나르게 했고, 국가의 재정을 개혁하기 위해 도입한 왕안석(1021~1086)의 신법[8]을 악용해 백성들로부터 가혹한 세금을 거둬들인 뒤 천금을 뿌려가며 골동품 창고를 채울 글씨와 그림을 수집했다.

결국 송나라를 망친 것은 금나라의 황제도, 요나라의 황제도 아니었다. 휘종의 엉터리 정치에 송나라 전역에서는 민란이 끊이지 않아 국력이 쇠락하는 결정적인 원인이 되었다. 시내암(1296?~1370?)이 지은 『수호지』의 무대가 된 것도 바로 이때였다. 금나라는 휘종에게 혼덕공(昏德公, 정신이 혼란한 사람)이라는 모욕적인 호칭을 붙여 조롱했다.

소동파, 황정견 등 중국 역사상 최고의 문인들이 활동하며 문치로 흥륭했던 송나라는 그렇게 지나친 호문, 문약(文弱)으로 멸망하고 말았다.

과거 제도

과거(科擧)는 관리로 채용할 인재를 선발하기 위해 실시한 시험이다. 중국 한나라 때부터 시작되었지만 본격적으로 제도가 운용된 것은 수나라 때부터였으며, 청나라 말기까지 약 1,300여 년간 운용되었다.

송나라 때에는 십수 명에 지나지 않았던 합격자가 수백 명으로 확대되었고, 황제가 과거의 최종 시험인 전시(殿試)를 실시했다. 이는 과거 합격자와 황제 사이에 사제 관계를 형성해 정계에서 파벌이 생기는 것을 방지하고 황제에 대한 충성을 보장하기 위한 것이었다.

송나라 때 전시를 치르는 장면

장택단, 「청명상하도」
송나라 수도 개봉의 청명절 풍경을 묘사했
다. 번성했던 개봉의 풍경을 파노라마 사진
을 찍은 것처럼 고스란히 전한다. 12세기.

미켈란젤로가 교황에게 매 맞은 까닭은

르네상스의 본좌 피렌체

미켈란젤로, 「다비드」

르네상스 역사가 야콥 부르크하르트는 피렌체의 역사를 기록하며 "최고의 정치의식과 가장 위대한 부가 합쳐진 발전 방식을 피렌체의 역사에서 찾아볼 수 있다."라고 적었다. 피렌체는 치마부에와 지오토, 미켈란젤로의 도시였고 알리기에리 단테와 프란체스코 페트라르카, 조반니 보카치오의 고향이었다. 르네상스는 피렌체의 문화와 예술로 개화했고, 단테와 보카치오의 언어는 현대 이탈리아어의 근간이 되었다. 14세기 단테의 시대로부터 16세기 미켈란젤로의 시대에 이르기까지 피렌체는 서구 문명의 꽃 중의 꽃이었다.

이탈리아 피렌체의 아카데미아 미술관 앞에는 몇 시간씩 입장을 기다리는 관람객들의 긴 줄이 일 년 내내 이어진다. 미켈란젤로(1475~1564)의 「다비드」를 보기 위해 밀려드는 관람객들이다. 전 세계의 관람객들을 불러 모으는 「다비드」는 이탈리아 르네상스를 대표하는 조각상이자 조각가의 천재성이 유감없이 발휘된 걸작이다. 그리고 본래 화가라기보다는 조각가였고, 스스로도 조각가로 평가받기를 원했던 미켈란젤로에게 불멸의 명성을 안겨 준 작품이다.

피렌체의 상징이 된, 세상에서 가장 잘 생긴 조각상 「다비드」에 얽힌 이야기는 『성경』의 구약 시대로 거슬러 올라간다. 「다비드」는 「사무엘 상」 편에 등장하는 다윗(?~기원전 961)의 청년 시절을 모델로 한 것이다. 사울 왕(재위 기원전 1020~기원전 1010)의 곁에서 수금을 타며 음악과 노래로 왕의 광증(狂症)을 가라앉혀 주던 양치기 소년 다윗은 이새의 아들로, 예언자 사무엘에게 '기름부음'을 받고 장차 이스라엘의 왕이 되리라는 축복을 들은 터였다.

어느 날 이스라엘과 국경을 맞댄 블레셋족이 9척[1] 장신에 무게 600세겔[2]의 놋쇠 창을 휘두르는 거인 골리앗을 앞세워 쳐들어왔다. 사울은 급히 골리앗을 대적할 장수를 찾았다. 사울의 장수들이 모두 골리앗을 두려워하며 선뜻 앞으로 나서지 못할 때 나선 이가 바로 수금을 타던 어린 다윗이었다. 사울은 자신이 쓰던 갑옷과 투구를 벗어 다윗에게 주지만, 다윗은 사울의 무구를 사양하고 대신 양치기 시절 쓰던 지팡이와 물매, 그리고 차돌 몇 알을

[1] 1척은 약 30.3센티미터로, 9척은 270센티미터가 넘는다.

[2] 1세겔은 약 11.42그램으로, 600세겔은 6.8킬로그램이 넘는다.

들고 골리앗 앞에 나섰다. 거인 골리앗은 지팡이와 차돌을 들고 자신의 앞을 가로막은 어린 다윗을 비웃었지만, 다윗은 위축되지 않고 당당히 맞섰다.

"나는 네가 도전하는 이스라엘의 하느님, 야훼의 이름으로 네게 왔다."

피렌체 아카데미아 미술관에 전시된 미켈란젤로의 「다비드」는 바로 이 장면, 어깨에 물매를 두르고 거인 골리앗을 대적하는 다윗의 모습을 형상화한 것이다. 다윗은 물매로 차돌을 쏴 골리앗의 이마를 맞혀 쓰러뜨린 뒤 골리앗의 칼로 골리앗의 목을 베어 버렸다. 도저히 상대가 될 것 같지 않은 어린 소년이 거인을 무찌른 것이다.

꽃의 도시 피렌체의 역사

「다비드」가 피렌체의 상징이 된 까닭을 알기 위해서는 16세기 초 피렌체의 상황을 알아야 한다. '꽃의 도시' 피렌체를 세운 사람은 뜻밖에도 기원전 로마 공화정 시대의 독재관 율리우스 카이사르(기원전 100~기원전 44)였다. 카이사르는 이탈리아 곳곳에 자신이 거느리던 군단에서 퇴역한 노병(老兵)들을 위한 새로운 계획도시를 건설했는데, 아르노 강가의 언덕에 세워진 신도시의 이름은 플로렌티아(Florentia)였다. 그 어원에 꽃을 뜻하는 라틴어 'Flora'가 들어가기 때문에 오늘날 피렌체를 꽃의 도시라고 한다. 그러나 아르노 강가에 세워진 플로렌티아에서는 이탈리아의 남북을 잇는 아펜니노 산맥에서 흘러내리는 풍부한 강물을 바탕으로 직물업과 염색업이 발전했기 때문에 피렌체의 어원은 수류(水流)를 뜻하는 라틴어 'Fluere'에서 비롯된 것이기도 하다.

플로렌티아는 로마 시대에 상당한 번영을 누리며 전성기를 구가했지만, 로마 제국의 동서 분단과 북유럽에서 남하한 게르만족의 침략으로 암흑기를 겪어야 했다. 피렌체에 다시 꽃피는 봄이 찾아온 것은 신성 로마 제국의 황제 샤를마뉴(재위 768~814)가 북이탈리아를 안정적으로 통치하기 시작한

3 고대 로마에서, 기원전 510년 무렵에 왕정이 폐지된 뒤 옥타비아누스가 사실상 로마 황제에 등극하기까지 약 450년 간 '공화(共和) 제'로 로마를 통치한 기간이다. 귀족과 평민으로 구성된 원로원과 집정관, 호민관이 로마를 통치했으며, 이 시기에 로마는 이탈리아 반도에서 지중해 전역으로 세력을 확장했다. 기원전 44년에 율리우스 카이사르가 종신 독재관에 올라 사실상 공화정은 유명무실해졌고, 옥타비아누스 시대를 거치며 로마는 공화국에서 제국으로 발전했다.

8세기 무렵부터였다. 이후 피렌체는 13세기에 이르기까지 이탈리아에서 가장 빠르게 인구가 증가하며 성장하는 도시로 발전했다.

북이탈리아의 온난한 기후, 교통의 요지에 위치한 피렌체는 이후 "13세기에는 처녀처럼 수줍은 모습으로, 14세기에는 달아나는 토끼의 기세로 발전했으며, 15세기에는 '꽃의 도시'라는 이름에 걸맞는 도시가 되었다."[5]라는 경구처럼 유럽 금융업과 직물업의 중심지로 발전하며 남유럽에서 가장 번화하고 아름다운 도시가 되었다. 13세기는 시인 단테(1265~1321)가 베아트리체를 만나 사랑을 키우고 걸작 『신곡』을 완성하던 시기여서 '단테의 시대'라 부르기도 한다. 13세기에 피렌체의 인구는 이미 10만 명을 넘어섰다. 당시 피렌체보다 많은 인구를 거느렸던 도시는 전 유럽을 통틀어도 파리와 밀라노, 베

67

네치아 정도였다.[6]

피렌체를 이야기하면서 빠트릴 수 없는 메디치 가문이 피렌체 역사에 본격적으로 등장한 것은 1434년이다. 코시모 데 메디치(1389~1464)가 정적 알비치 가문과의 경쟁에서 승리하고 피렌체를 사실상 통치하기 시작한 것이다. 뛰어난 정치적 감각과 예술적 심미안을 갖고 있던 코시모 데 메디치와 그의 아들 피에로 데 메디치(1416~1469), 손자 로렌초 데 메디치(1449~1492)는 60여 년 동안 참주(僭主)[7]로 피렌체를 통치했다. 메디치 가문은 르네상스 시대의 수많은 천재 예술가들을 후원하고 유럽의 왕실들을 거미줄 같은 혼맥으로 얽으며 피렌체를 유럽 최고의 부유하고 강력한 도시 국가로 발전시켰다.

그러나 달도 차면 기우는 법, 지극한 영화를 누리던 피렌체가 그 한계에 직면한 것도 바로 이 시기였다. 직물과 금융으로 유럽 최고의 부를 쌓고, 피렌체의 은행가들이 돈을 빌려주지 않으면 왕과 황제들이 전쟁을 하지 못

미켈리노, 「『신곡』을 들고 있는 단테」
단테가 성벽 밖에서 『신곡』을 든 채 상상의 환영을 가리키고 서 있다. 『신곡』은 단테가 지은 서사시로 「지옥 편」, 「연옥 편」, 「천국 편」의 3부로 되어 있으며, 1304년 무렵부터 집필을 시작해 1321년에 완성했다. 1465년.

할 정도로 유럽의 경제를 좌지우지했지만, 피렌체는 기본적으로 도시 국가였다. 즉 피렌체는 오늘날의 이스라엘이나 싱가포르 같은 '강소국(强小國)'으로, 수많은 인구와 거대한 영토를 거느린 프랑스나 에스파냐, 독일과 같은 강대국과는 인구와 영토, 국력의 규모가 비교가 되지 않았던 것이다. 피렌체의 이러한 처지가 더욱 두드러지기 시작한 것은 유럽의 여러 나라들이 왕과 황제를 중심으로 강력한 중앙 집권 체제를 갖춘 통일 국가로 변하기 시작하면서였다.

게다가 피렌체의 번영을 극성으로 이끌었던 메디치 가문의 세 번째 참주이며 '위대한 로렌초'로 불리는 로렌초 데 메디치가 1492년, 마흔세 살의 젊은 나이로 사망했다. 거목 로렌초를 잃은 피렌체는 그간 피렌체의 부를 질시하던 프랑스, 에스파냐, 독일의 왕과 황제들의 좋은 먹잇감이 되었다. 설상가상 이탈리아 내에서도 로마 교황청과 볼로냐, 밀라노 등 그동안 피렌체의 부를 질시하던 주변의 이웃들이 피렌체를 넘보기 시작했다.

강력한 통일 국가 없이 소규모의 도시 국가와 제후령으로 나뉘어 서로 반목하던 이탈리아는 거대한 군사력을 갖춘 강대국의 놀이터와 같았다. 1498년 프랑스의 왕위에 오른 루이 12세(재위 1498~1515)는 1503년과 1513년 두 번에 걸친 이탈리아 원정에서 수많은 약탈품을 가지고 프랑스로 귀환했고, 교황령을 넓히기를 원했던 교황 율리우스 2세(1443~1513)

69

는 1506년 몸소 군대를 이끌고 페루자와 볼로냐를 정복했다. 1515년에는 프랑스의 프랑수아 1세(재위 1515~1547)가 알프스 산맥을 넘어와 밀라노를 침략했고, 1527년에는 카를 5세(재위 1519~1556)의 에스파냐 군대가 로마를 약탈했다.

피렌체가 미켈란젤로에게 피렌체 대성당에 세울 상징으로 「다비드」를 주문한 것에는 이런 배경이 있었다. 에스파냐, 프랑스, 독일, 교황청 등 강력한 군사력을 거느린 강대국들과 경쟁할 수 없었던 도시 국가 피렌체는 한때는 프랑스를 지지하고 한때는 독일, 에스파냐를 지지하는 등 주변 국가들의 눈치를 보며 고래들의 싸움에서 살아남아야 했다. 국가의 힘과 지혜를 모아 난국을 헤쳐 나갈 상징으로 독일과 프랑스처럼 거인이었던 골리앗을 무찌른 약자의 상징, 다비드를 선택한 것이다.

아름답고 역동적인 인간의 육체

미켈란젤로가 피렌체 공화국과 「다비드」의 제작을 약정하는 계약서에 서명한 것은 1501년 8월 16일, 그의 나이 스물여섯 살 때였다. 미켈란젤로는 대리석의 명산지인 카라라의 원석으로 「다비드」를 조각했다. 이 원석은 조각상의 크기에 비해 앞뒤의 폭이 지나치게 작게 채굴되어 미켈란젤로에 앞서 도나텔로(1386~1466)[8]와 그의 제자가 작업을 시도하다 포기하고 35년째 방치된 상태였다. 4미터가 넘는 대리석 덩어리를 군더더기 하나 없는 다비드의 나신으로 깎아 낸 미켈란젤로의 솜씨는 정말 기적이었다.

미켈란젤로는 평소 자신을 화가이기 전에 조각가로 자부하며 조각에 강한 자부심을 갖고 있었다. 피렌체의 인문주의자인 베네데토 바르키가 회화와 조각 중 어느 것이 더 뛰어난 예술인지를 묻자 망설임 없이 "재료를 덧붙여 나가며 완성을 하는 회화와 달리 재료를 제거해 나가면서 만드는 조각이

[8] 이탈리아 초기 르네상스의 대표적인 조각가이다. 정확하고 객관적인 사실주의에 입각한 작품을 남겼다. 작품에 「복음서기자 요한」, 「다비드」, 「수태고지」 등이 있다.

더 뛰어난 장르다."라고 했다. 과연 그는 대리석 원석의 모든 필요 없는 부분을 깔끔히 제거하고 세상에서 가장 잘생긴 사내의 모습으로 「다비드」를 조각해 냈다.

1503년 미켈란젤로의 「다비드」가 완성되자 피렌체 사람들은 흥분했다. 본래 「다비드」는 피렌체 대성당에 봉헌될 예정이었지만, 피렌체 사람들은 이 「다비드」가 성당에 봉헌되기에는 너무나 뛰어난 작품이라 생각했다. 결국 시민들이 늘 지켜볼 수 있는 시청사 앞 광장인 시뇨리아 광장 앞뜰에 놓여졌다.

4미터가 넘는 「다비드」는 원래 건물의 꼭대기에 설치할 계획으로 제작되었던 까닭에 원근법에 따라 머리와 손의 모습이 실제보다 더 크게 제작되었다. 즉 관람객들이 조각상 아래서 고개를 치켜들고 「다비드」를 올려다보았을 때 가장 이상적인 신체 비례로 보일 수 있게 조각한 것이다. 그런데 조각상이 완성되자 피렌체 시민들은 이 위대한 조각상을 조금 더 가까운 곳에, 관람하기 쉬운 곳에 놓기를 간절히 원했고, 작가의 의도보다 상당히 낮은 자리에 놓이게 되었다.

「다비드」는 300여 년 동안 시뇨리아 광장의 자리를 지키다 19세기 말 공해와 매연, 비둘기 똥을 피해 아카데미아 미술관 안쪽으로 자리를 옮겼다. 현재 시뇨리아 광장을 지키는 「다비드」는 모작이고, 원본은 보수 작업을 마친 뒤 박물관 안에서 관광객들

미켈란젤로, 「죽어가는 노예」
탐미적인 작품으로, 미켈란젤로의 재능이 잘 드러나는 조각 작품이다. 1515년.

미켈란젤로, 「최후의 심판」

미켈란젤로는 시스티나 성당의 천장 프레스코를 완성한 후, 바오로 3세의 명으로 정면에 「최후의 심판」을 완성했다. 높이 17미터, 너비 13미터의 벽화 「최후의 심판」에는 인간이 취할 수 있는 모든 모습을 한 391명의 인물들이 그려져 있다. 1541년.

을 맞이하고 있다.

이렇게 뛰어난 조각가 미켈란젤로가 성 베드로 성당의 프레스코[10] 천장화를 그릴 때에는 율리우스 2세에게 매를 맞아가며 그렸다고 한다. 미켈란젤로와 율리우스 2세는 서로 존경하고 신뢰하는 사이이면서도 충돌이 잦았다. 율리우스 2세는 미켈란젤로가 자신의 말에 말대답을 하거나 작품의 납기를 맞추지 못하거나 주제 넘는 짓을 한다는 생각이 들면 수시로 미켈란젤로를 불러다 목장(牧杖)[11]으로 늘씬하게 두드려 팼다.

율리우스 2세가 미켈란젤로를 때린 이유는 대부분 미켈란젤로의 '따박따박 말대답'과 '바른말'이었다. 한번은 미켈란젤로가 성 베드로 성당의 건축을 맡은 도나토 브라만테(1444~1514)[12]의 작업장을 둘러보다가 모래와 시멘트의 배합 비율이 틀린 것과 콘크리트에 천공이 생긴 것을 율리우스 2세에게 고해 바쳤다. 그러나 율리우스 2세는 "남의 작업장에 기웃거릴 시간에 네가 맡은 시스티나 천장화나 빨리 마치려무나!"라고 나무라며 지팡이를 휘둘렀다. 얼마 뒤 성 베드로 성당의 상당 부분이 부실 공사로 무너졌고, 미켈란젤로의 지적대로 실수가 있었던 것으로 밝혀졌다. 율리우스 2세는 미켈란젤로가 아니더라도 주변 사람들이 자신의 화를 돋우면 지팡이를 휘둘러 매를 때렸던 것으로 전해진다.

미켈란젤로가 시스티나 성당의 천장화를 완성하는 데 1508년부터 1512년까지 무려 4년여의 세월을 바쳐야 했다. 미켈란젤로는 사다리를 타고 성당 꼭대기에 설치된 비계(飛階)에 올라가 고개를 뒤로 뻣뻣이 젖힌 채 그림을 그려야 했다. 당시는 보안경 같은 장비가 없던 시절이라 마르지 않은 물감이 하루에도 몇 번씩 화가의 눈으로 떨어져 미켈란젤로는 심각한 시력 저하와 눈병에 시달렸다. 미켈란젤로는 시스티나 성당의 천장화를 누구의 도움 없이 혼자의 힘으로만 완성했다. 도제 화가들이 그림의 배경이나 바탕칠을 보조하는 것이 관례였지만, 미켈란젤로는 괴팍한 성질과 작업에 대한 강박 관념,

10 서양화의 기법 중 하나로, 먼저 회벽을 바른 뒤 회가 마르기 전에 재빨리 안료를 개어 회에 섞어 바르면 벽이 마르며 안료가 회와 함께 말라 굳는다. 벽화와 벽이 일체화되어 마른 회벽 위에 그림을 그리는 것보다 내구성이 뛰어나지만, 회가 마르기 전에 재빨리 작업을 마쳐야 한다.

11 십자가가 달린 교황의 지팡이로, 교황의 상징이자 신물이다.

12 이탈리아 건축가이다. 르네상스 건축의 고전적 양식을 완성하고 많은 종교 건축을 남겼다. 율리우스 2세에게 임명돼 바티칸 궁전의 여러 건축과 성 베드로 성당의 재건축을 주도했다.

73

미켈란젤로, 「천지창조」

시스티나 성당 천장의 가운데에 제단 쪽부터 9개 장면으로 천지창조 이야기를 전개했다.
「빛의 창조」, 「해·달·초목의 창조」, 「땅과 물을 나누다」, 「아담의 창조」, 「이브의 창조」, 「원죄와
낙원 추방」, 「노아의 번제」, 「노아의 홍수」, 「술 취한 노아」를 그렸다. 이 9개의 그림 주변에는
『구약』 성서에 나오는 예언자와 무녀를 그렸으며, 8개의 삼각형 부분에 『구약』 성서에 나오는
예수의 선조들, 그리고 사각의 모서리에 이스라엘을 구한 성인을 그렸다. 20개의 기둥 위에는
4명씩 젊은 군상을 그렸다. 1512년.

미켈란젤로, 「아담의 창조」

그림의 왼편은 아담, 오른편은 천지창조를 마치고 마지막 날 인간을 창조하는 하느님이다.
아담과 하느님의 손가락 끝이 닿으며 생명의 불꽃이 전해지는 것을 표현했다.

그리고 율리우스 2세에 대한 강한 반감으로 작업을 하는 동안 시스티나 성당에 그 누구도 발을 들여놓지 못하게 했다.

시스티나 성당의 천장화는 그림의 한 가운데에 「천지창조」를 중심으로 『구약』 성서에 나오는 7명의 예언자, 5명의 시빌레(그리스 신화에 나오는 무녀), 예수의 선조들, 그리고 이스라엘을 위난에서 구한 영웅들의 모습으로 구성되어 있다. 시스티나 성당 천장화 속 인물들의 모습에서는 화가보다 조각가로 평가 받기를 원했던 미켈란젤로의 작풍이 고스란히 드러난다. 미켈란젤로의 그림은 인물들의 모습과 손짓 하나하나가 역동적이며 그 넘실대는 움직임은 마치 살아 숨 쉬는 듯하다. 인간의 육체를 완벽하게 표현하고 손짓과 눈빛, 세세한 근육의 움직임을 이렇듯 역동적으로 표현한 작품은 미켈란젤로 외에 다른 어떤 대가에게서도 찾아볼 수 없다.

03 교황청에 들어선 아테네 학당
이탈리아 르네상스의 전성기

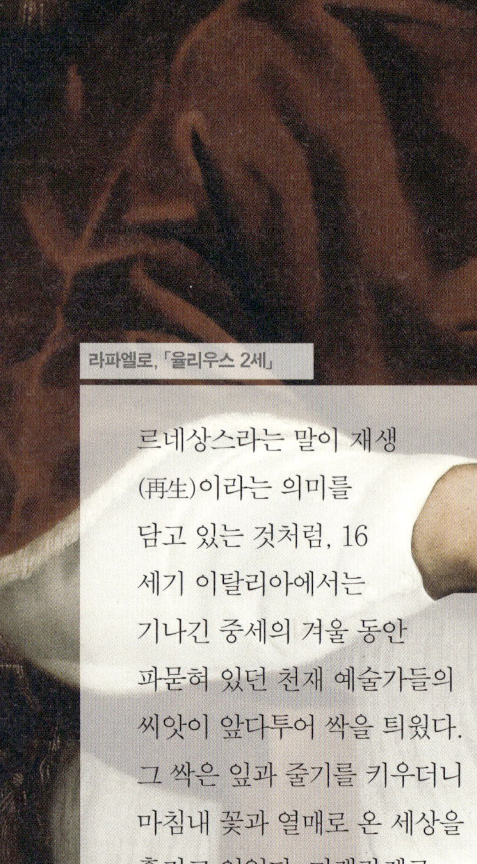

라파엘로, 「율리우스 2세」

르네상스라는 말이 재생(再生)이라는 의미를 담고 있는 것처럼, 16세기 이탈리아에서는 기나긴 중세의 겨울 동안 파묻혀 있던 천재 예술가들의 씨앗이 앞다투어 싹을 틔웠다. 그 싹은 잎과 줄기를 키우더니 마침내 꽃과 열매로 온 세상을 홀리고 있었다. 미켈란젤로, 라파엘로, 레오나르도 다빈치, 도나텔로, 프라 안젤리코, 브라만테 등 서양사를 통틀어 그토록 수많은 천재들이 그토록 짧은 기간에 집중적으로 출현한 적은 없었다. 16세기 말에서 17세기 초에 이르는 짧은 기간은 유럽사에서 결코 돌아오지 않을 꿈 같은 봄날이었다.

『르네상스 미술가 평전』의 작가 조르조 바사리(1511~1574)는 라파엘로(1483~1520)가 그린 교황 율리우스 2세의 초상화를 두고 "그림이 너무나 사실적이고 진실해 보는 사람들을 두렵게 한다. 율리우스 2세가 마치 살아 있는 듯하다."라고 적었다. 그러나 초상화 속 인물에 대한 별다른 지식이 없는 관람객이 율리우스 2세의 초상화를 볼 때는 입을 굳게 다문 수심 가득한 얼굴의 노(老)성직자가 그림의 오른편을 응시하고 있는 모습이 보일 뿐이다. 바사리는 어째서 이 초상화 속 백발노인을 그토록 두려워했을까?

그림 속 율리우스 2세가 앉아 있는 의자의 등받이 장식은 금박과 금술이 드리워진 도토리 모양이다. 도토리는 율리우스 2세의 속명(신부가 되기 전 이름)이 '줄리아노 델라 로베레(Giuliano della Rovere)'인 것을 상징하는데, 이탈리아어로 '로베레(Rovere)'는 오크(Oak), 즉 도토리가 열리는 참나무를 뜻한다. 이는 국성(國姓)이 '오얏 이(李)'였던 대한제국 황실에서 황제가 사용하는 물건을 오얏 꽃 문양으로 장식했던 것과 같다. 율리우스 2세는 반질반질 광을 낸 황금 도토리 의자에 앉아 '나는 로마 최고의 명문가 중의 하나인 로베레 가문 출신'이라는 것을 자랑스럽게 드러내고 있다. 의자의 팔걸이를 꼭 쥐고 있는 율리우스 2세의 왼손에서는 권력에 대한 강한 집착이, 흰 손수건을 부드럽게 감싸 쥐고 있는 오른손에서는 문예(文藝)에 대한 우아한 취향이, 에메랄드와 루비가 빛나는 보석 반지에서는 넘치는 부와 사치가 드러난다.

로베레 가문의 도토리 문장

로베레 가문은 이탈리아 북서부 사보나 지방에 기반을 둔 귀족 가문이다. 이탈리아 중앙 정치계로 진출해 식스토 4세(1471~1484)와 율리우스 2세, 두 명의 교황과 다섯 명의 우르비노 공작 등을 배출하며 막강한 세력을 누렸다. 가문의 마지막 상속자였던 비토리아 델라 로베레(1622-1694)가 1633년 토스카나 대공¹이었던 메디치 가문의 페르디난도 2세(1610-1670)와 결혼해 토스카나 대공부인이 되는 것으로 메디치가와 합쳐졌다. 도토리가 무성히 달린 참나무가 그려진 문장을 가문의 상징으로 사용했다.

로베레 가문 문장

1 유럽에서 소국(小國)의 군주, 또는 왕가의 황태자나 여왕의 남편을 이르는 말이다.

율리우스 2세는 웃고 즐거울 때보다는 성내고 소리를 지르던 때가 더 많은 괴팍한 성격이었다. 그래도 유독 이 그림에서 수심에 찬 표정으로 관람객의 시선을 외면하고 있다. 그 이유는 이 그림이 그려진 1511년에 프랑스와의 전쟁에서 패해 페루자를 잃었기 때문이다. 율리우스 2세는 당시 와신상담(臥薪嘗膽)[3]의 상징으로 수염을 깎지 않았다고 한다.

이탈리아의 정치적 혼란

율리우스 2세의 시대, 이탈리아는 문화적으로 르네상스의 황금기였다. 그러나 정치적으로는 황제, 왕, 교황이 지배권을 놓고 치열하게 충돌하던 난세였다. 당시 교황은 바티칸에 머물며 세계의 평화를 위해 헌신하는 '영적 지도자'가 아니라, 신의 지상 대리인인 동시에 세습이 되는 영토와 국민, 군대를 거느리며 국가를 통치하는 세속 군주와 같았다.

그중에서도 율리우스 2세는 '공포의 교황', '군인 교황'이라 불렸다. 어제는 프랑스·독일과 동맹을 맺어 베네치아를 공격하고, 오늘은 베네치아·에스파냐와 동맹을 맺고 프랑스를 공격하는 식이었다. 교회보다는 전쟁터에서 법의보다는 갑옷을 걸친 날이 더 많았던, 교황의 옷을 입은 군인, 정치가, 군주였다.

교회가 군대를 거느리고 전장을 누비며 이웃나라와 전쟁을 벌이는 '교회

2 이탈리아 테베레 강 상류에 자리 잡은 도시이다. 15세기부터 교황령이 되었고, 그림으로 한 파를 이룰 정도로 문화가 번영했다.

3 불편한 섶에 몸을 눕히고 쓸개를 맛본다는 뜻으로, 원수를 갚거나 마음먹은 일을 이루기 위해 온갖 어려움과 괴로움을 참고 견디는 것을 이르는 말이다.

4 이탈리아의 정치가이다. 가난한 대장장이의 아들로 태어나 파시스트 민병대인 '검은 셔츠 부대'를 이끌고 로마에 입성. 최연소 이탈리아 총리직에 오른 뒤 유럽 최초의 파시스트 정권을 세워 독재자가 되었다. 이디오피아 침공 등 제국주의 노선을 걸었으나 2차 세계 대전의 패배로 실각했다. 연합군의 이탈리아 상륙 후 독일로 탈출을 시도하던 중 국경 부근에서 발각돼 사살됐다.

5 이탈리아의 조각가이자 건축가이다. 교황의 총애로 성당의 조각 제작에 참여했고, 산 피에트로 성당 건축을 담당했다. 주요 작품에 「플루토와 프로세르피나」, 「아폴론과 다프테」 등이 있다.

국가'의 형태로 발전한 데에는 여러 대에 걸쳐 쌓인 교회의 재산, 그중에서도 교회 소유의 토지와 숲 등의 부동산, 즉 '영토'가 큰 역할을 했다. 본래 청빈과 자선이 신조인 교회에는 재산이 없었지만, 고대 로마에 기독교가 전래된 이후 귀족들이 교회에 꾸준히 토지를 기증했다. 교회의 토지는 알토란 같은 곡창 지대 에밀리아로마냐 지방을 중심으로 차곡차곡 쌓인 것이다.

몇 세기를 거치며 교회에 바쳐진 토지들이 '나라'로 불릴 만큼 거대한 규모로 불어나자, 교회 소유의 광대한 토지와 그 토지를 부쳐 먹는 농민들의 관할을 놓고 황제와 교황이 갈등을 빚기 시작했다. 토지와 농민들, 보다 정확히는 그들이 내는 세금이 신권(神權)에 속하느냐 아니면 속권(俗權)에 속하느냐는 문제로 충돌을 하기 시작한 것이다.

교회 소유의 토지는 면세(세금을 면제 받음) 혜택을 받았다. 세속 군주, 즉 황제에게는 면세 혜택으로 아무런 이득을 얻을 수 없었던 교회 소유의 토지가 눈엣가시 같았다. 교회에게는 황금알을 낳는 거위였지만, 세속 군주에게는 빼앗아야 하는 보물이었다.

교회의 토지를 누가 다스릴 것인가도 문제였다. 세속 귀족은 자식을 낳아 대대로 토지를 물려줄 수 있지만, 성직자들은 결혼을 할 수 없어 세습이 불가능했다. 그래서 성직자를 파견하고 임명할 수 있는 권리는 커다란 이권이었다. 성직자 임명권을 놓고 벌어진 갈등은 훗날 서임권 투쟁으로 발전한다.

서임권 투쟁

12세기에 로마 교황과 신성 로마 제국 황제가 성직 임명권인 서임권을 놓고 벌인 권력 싸움을 말한다. 성직자를 임명하는 것은 원칙적으로 가톨릭교회와 교황의 권리였다. 하지만 교황의 권위가 미치지 않는 변방은 왕과 황제 등의 세속 권력이 수도원장과 주교 등을 임명하며 이에 따른 이권을 취하는 것이 일반적이었다. 세속 군주의 주교 임명에 제동을 건 것은 교황 그레고리오 7세(1020?~1085)였다. 그레고리오 7세는 교황을 선출하고 추기경을 임명하는 일에 세속 권력이 간섭하지 못하게 했다. 그레고리오 7세와 정면으로 충돌한 것은 신성 로마 제국의 황제 하인리히 4세(재위 1057~1106)였다. 그는 한때 그레고리오 7세에게 패배해 굴욕을 맛보기도 했지만(카노사의 굴욕), 로마를 침략해 그레고리오 7세를 쫓아내기도 했다.

이탈리아 반도 중심부의 '잿밥', 즉 교회의 토지를 둘러싼 신권과 속권의 갈등이 최고조에 이를 무렵에 즉위한 교황이 율리우스 2세였다. 율리우스 2세는 1503년 알렉산데르 6세(1431~1503)의 뒤를 이어 교황의 자리에 올랐다.[7] 율리우스 2세는 이미 1471년, 스물여덟 살의 젊은 나이에 추기경의 자리에 올랐다. 그를 추기경에 임명한 것은 교황 식스토 4세였는데, 식스토 4세는 율리우스 2세의 삼촌이었다.

율리우스 2세가 교황의 자리에 오르자마자 처리한 일은 전임 교황 알렉산데르 6세가 남긴 아들, 체사레 보르자(1475?~1507)를 제거하는 것이었다. 체사레 보르자는 아버지의 권세를 믿고 호가호위(남의 권세를 빌려 위세를 부림)하던 교회군 사령관이었다.

알렉산데르 6세는 체사레 보르자에게 세습 왕국을 만들어 주려고 노력했다. 그러나 율리우스 2세는 교회를 프랑스, 독일, 베네치아 등과 경쟁하는 국가 체제로 개편하고자 했다. 알렉산데르 6세가 체사레 보르자를 위해 어떤 일도 주저하지 않았다면, 율리우스 2세는 교회를 위해서라면 그 어떤 일도 감수할 수 있었다. 율리우스 2세는 교회의 거대한 힘과 권력을 사용하는 데 주저하지 않았다. 교회는 비옥한 토지와 넘치는 부, 충성심 깊은 백성들, 그리고 '교회 국가'를 이룩하려는 의욕 충만한 교황이 있었다.

당시 이탈리아는 크게 나폴리 왕국과 밀라노 공국[8], 베네치아 공화국과 피렌체 공화국, 그리고 교황령 등으로 나뉘어져 도시 국가와 중소 규모의 왕국들이 할거하고 있었다. 1479년 에스파냐 연합 왕국이 탄생하고, 100년 전쟁[9]을 마무리한 프랑스가 정치적 안정을 찾고 강력한 중앙 집권 국가로 발전함에 따라 통일 왕국을 이룩하지 못했던 이탈리아는 강력한 주변 국가들의 좋은 먹잇감이었다. 율리우스 2세가 강대국의 틈새에서 교회 국가를 위해 선택한 것은 사랑과 기도의 힘이 아닌 총과 칼의 힘이었다.

과격하고 투쟁적인 성격이었던 율리우스 2세는 교회의 수장이 아닌 세속 도시 로마의 왕처럼 행동했다. 율리우스 2세는 로마와 가톨릭교회의 이익을 위해서라면 누구와도 손을 잡았다. 베네치아를 견제하기 위해서 프랑스, 에스파냐, 신성 로마 제국 등과 동맹을 맺었고, 성공적으로 베네치아를 누르고 교황령을 확대한 뒤에는 베네치아, 스위스, 에스파냐, 영국 등과 손을 잡고 프랑스 군대를 밀라노에서 쫓아냈다.

율리우스 2세는 로마냐 지방을 평정하고, 베네치아를 누르고, 프랑스의 루이 12세를 포함해 자신의 뜻을 따르지 않는 수많은 귀족과 왕족들을 파문하고 추방했으며, 끝내는 호시탐탐 이탈리아로 남하하려는 프랑스를 물리쳤다.

그러나 율리우스 2세의 꿈도 거기까지였다. 교황령의 정치적 안정과 독자 생존을 이룩해 냈지만, 끝내 '교회 국가 이탈리아'의 꿈을 완성하지는 못했다. 일생 동안 거친 꿈을 꾸던 율리우스 2세는 1513년 2월, 병에 걸려 몸져누운 뒤 선종했다.

15세기 말 이탈리아
당시 이탈리아는 여러 도시 국가와 중소 규모의 왕국으로 나뉘어 통일 왕국을 이루지 못한 상태였다.

연합 왕국

독립된 두 개 이상의 나라가 같은 군주를 모시는 정치 형태를 말한다. 유럽에는 수많은 연합 왕국이 존재했다. 스웨덴 연합 왕국은 1814년부터 1905년까지 존재했던 스웨덴과 노르웨이의 연합 왕국이었고, 오스트리아와 헝가리 역시 1918년까지 오스트리아 황제를 국가 원수로 섬기는 연합 왕국이었다. 벨기에가 독립하기 전의 네덜란드 연합 왕국, 아일랜드가 독립하기 전의 잉글랜드 아일랜드 연합 왕국 등이 있었다.

온 세상을 홀린 이탈리아 예술

율리우스 2세는 쉼 없이 전쟁을 벌이고 유럽의 모든 왕과 다투었지만, 그의 재능이 군사적 능력뿐만은 아니었다. 그에게는 전장을 누비는 무부(武夫)라고 하기에는 믿을 수 없을 정도로 훌륭한 예술적 안목이 있었다. 게다가 브라만테, 미켈란젤로, 라파엘로를 동시에 부릴 만큼 넘치는 재력이 있었다.

곳간에서 인심이 난다는 속담처럼 막 피어나기 시작한 이탈리아 르네상스의 꽃이 시들지 않고 자라날 수 있도록 충분한 자양분을 제공한 것은 이탈리아의 부(富)였다. 당시 이탈리아는 직물업과 상업, 은행업이 발달해 유럽 경제의 중심부 역할을 했다. 로렌초 데 메디치가 메디치 은행의 금고로 산드로 보티첼리(1445?~1510),[10] 안드레아 델 베로키오(1435~1488),[11] 레오나르도 다 빈치(1452~1519), 미켈란젤로를 길렀다. 그리고 이들이 성장한 뒤 그 재주를 마음껏 펼칠 수 있도록 최고의 환경을 제공한 것은 르네상스의 교황들이었다.

1440년에서 1520년 무렵까지 교황을 역임하며 문화와 예술의 후원에 적극적이었던 식스토 4세, 인노첸시오 8세(1432~1492), 알렉산테르 6세, 율리우스 2세, 레오 10세(1475~1521) 등은 흔히 '르네상스 교황'이라 불린다. 식스토 4세는 보티첼리에게 시스티나 성당의 「모세의 일생」, 「예수의 유혹」 등을 그리게 했고, 율리우스 2세는 미켈란젤로에게 「천지창조」를 비롯한 천장화를 주문했다. 훗날 늙은 미켈란젤로를 다시 불러 「최후의 심판」을 추가시킨 것은 바오로 3세(1468~1549)였고, 라파엘로에게 성당을 장식할 태피스트리[12]를 특별히 주문한 것은 레오 10세였다.

그러나 교황청의 금고는 화수분이 아니었다. 교황청의 금고는 거대한 규모의 성당을 신축하고 건물의 안팎을 당대 최고 예술가들의 작품으로 채우며 빠르게 바닥을 드러냈다. 결국 교황은 세금과 성직 매매, 면벌부 판매라는

10 이탈리아의 화가이다. 미묘한 곡선과 감상적인 시정(詩情)을 표현해 독자적인 화풍을 열었다. 주요 작품에 「비너스의 탄생」, 「수태고지」 등이 있다.

11 이탈리아의 화가이자 조각가, 금세공사이다. 조각과 금세공 분야에 힘을 기울였으며, 회화 활동은 1470~1480년에 했다. 그의 조각 작품은 견고하고 장중한 리듬이 느껴지면서도 공예적인 장식성이 두드러진다. 주요 작품에 「예수의 세례」(다빈치와 공동작), 「다윗」, 「성 토마스의 회의」, 「콜레오니 장군 기마상」 등이 있다.

12 다양한 색상의 씨실과 날실을 교차해 가며 문양을 만드는 직물 예술이다. 장식적 목적 외에도 테이블보, 벽걸이, 양탄자 등 생활용품에 쓰이며, 비단실, 양모, 각종 동물의 털 등을 염색해 사용한다. 따뜻하고 부드러운 표현이 특징이다. 현존하는 태피스트리 작품 중 대표적인 것은 프랑스 앙제 성당의 「묵시록」이 있다.

무리수를 두었고, 종교 개혁과 교회의 분열이라는
파국이 이어지게 된다.

르네상스 시대의 천재 화가 라파엘로가 율리
우스 2세의 눈에 띈 것은 1508년, 르네상스가 전
성기를 맞던 시절이었다. 페루자와 피렌체에서 활
동하던 라파엘로는 율리우스 2세에 의해 로마로
간 뒤 바티칸의 교황청에 「아테네 학당」 등의 프레
스코화를 남기며 큰 명성을 쌓기 시작했다. 라파
엘로는 같은 시대의 미켈란젤로, 레오나르도 다빈
치 등과 달리 상당한 미남이었고, 밝고 쾌활한 성
격에 사근사근한 태도로 교황을 비롯한 여러 고
용주들에게 큰 아낌을 받았다. 늙은 미켈란젤로에

앳된 젊은이의 모습이
다. 라파엘로는 요절했
기 때문에 수염 더부룩
한 만년의 모습으로 기억
되는 다빈치나 미켈란젤
로와는 달리 젊은 모습으
로 자화상을 남겼다. 화
가의 짧은 생애를 모르
는 사람들은 그림 속 라
파엘로의 모습에 언제나
놀라곤 한다. 1509년.

게 몽둥이를 들며 꾸짖고, 나무라고, 협박하고, 용서하고, 화해하기를 반복
하던 율리우스 2세가 자신의 초상화를 부탁한 것은 '상냥하고 우아한 태도
를 지닌, 말이 통하는' 라파엘로였다.

라파엘로의 「아테네 학당」은 라파엘로의 천재성과 재기를 여실히 드러
내는 걸작이다. 「서명의 방」 벽화 연작 중 하나로, 고대 그리스의 거의 모든
철학자와 과학자, 수학자가 등장한다. 그림의 한가운데에 나란히 선 두 사람
은 플라톤과 아리스토텔레스이다. 두 사람은 각각 자신의 저서 『티마이오
스』와 『윤리학』을 들고 세상 만물의 진리를 토론하고 있다. 계단 아래에서 턱
을 괴고 글을 쓰고 있는 사람은 헤라클레이토스(기원전 540?~기원전 480?)이
며, 계단에 비스듬히 널브러져 다른 철학자들의 토론에 끼어들지 않고 있는
사람은 알렉산드로스에게 태양 빛을 가리지 말라고 부탁했던 디오게네스
(기원전 400?~기원전 323)이다. 계단의 오른쪽 아래에서 허리를 숙이고 컴퍼스
로 기하학을 설명하는 사람은 수학자 유클리드(기원전 330?~기원전 275?)이다.

83

"자연은 미켈란젤로의 예술이 한 번 휩쓸고 지나간 뒤에, 라파엘로를 보냈다. 라파엘로 이전의 예술가들은 대부분 자신들을 기이하게 만드는 투박함과 심지어는 광기까지도 지니고 있었다. 인간을 빛나는 존재로 만드는 빛나는 덕보다는 어두운 악의 그림자가 그들의 삶 속에서 나타나곤 했다. 라파엘로의 우아함, 부지런함, 겸손함, 뛰어난 성정 등은 아무리 심각하고 어두우며 흉한 결점이라도 상쇄하고 남을 정도이다. 모두에게 사랑을 받았던 라파엘로는 화가라기보다는 황태자에 가깝게 살았다."

바사리의 라파엘로에 대한 기록은 거의 찬미에 가깝다. 그러나 라파엘로의 가장 큰 적은 그 자신이었다. 여든아홉 살까지 장수한 미켈란젤로나 여

레오나르도 다빈치

흔히 미켈란젤로, 레오나르도 다빈치, 라파엘로를 르네상스 3
대 천재 미술가라고 한다. 하지만 다빈치는 화가라는 한 가지
직업으로 한정시켜 평가하기에는 그 업적이 너무나 방대하다.
다빈치는 미술, 건축, 음악, 지질학, 생물학(의학과 해부학 포함),
시학 등 학문의 모든 분야를 섭렵하고 탁월한 성과를 남겼다.
밀라노 공작이던 스포르자 가문은 다빈치를 음악 교수로 고용
했고, 체사레 보르자는 토목에 능한 다빈치를 도시 계획 전문
가로 초빙했으며, 프랑스 왕 프랑수아 1세는 다빈치를 궁정 화
가와 운하·축성 전문가로 초빙했다. 다빈치는 평생 독신으로
살아 후손을 남기지 않았다. 주요 미술 작품은 「최후의 만찬」,
「모나리자」, 「성 안나」 등이 있다.

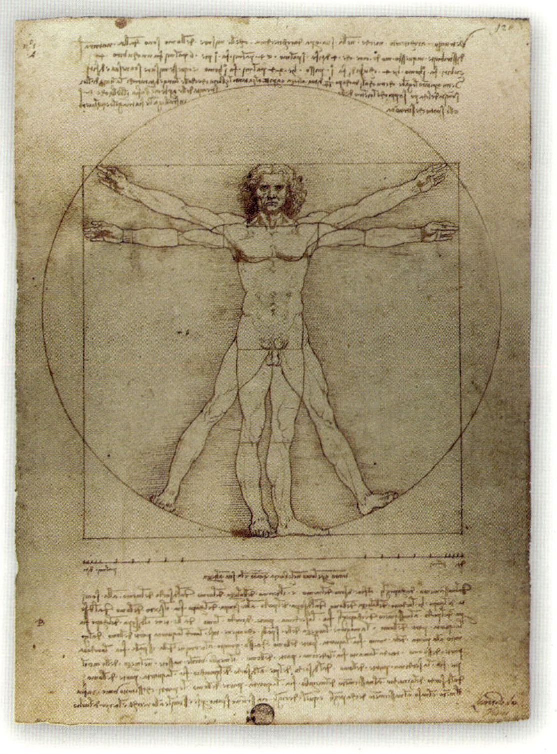

레오나르도 다빈치, 「신체도」
다빈치는 인간 신체의 구조와 수학적
비율을 깊이 연구했다. 1492년.

든 살까지 산 도나텔로, 예순아홉 살까지 산 레오나르도 다빈치에 비해 라
파엘로는 한창 젊은 나이인 서른여덟 살에 열병으로 요절하고 말았다. 라파
엘로의 장례식은 그를 아끼던 후원자들의 도움과 동료들의 애도 속에 르네
상스 시대 어떤 예술가의 장례식보다 화려하게 치러졌다. 라파엘로는 동시대
모든 사람들의 추모를 받으며 그를 총애했던 율리우스 2세가 묻힌 판테온[13]
에 묻혔다.

13 118~128년 무렵에 건축
됐으며, 다신교였던 로마의
모든 신들에게 바치는 신전
이다. 판테온이라는 이름은
그리스어로 모두를 뜻하는
'판(Pan)'과 신을 뜻하는
'테온(Theon)'이 합쳐져 만들
어졌다. 르네상스 시대에는
무덤으로 사용되었는데, 화
가 라파엘로와 카라치, 이탈
리아의 왕 빅토리오 임마누
엘레 2세, 움베르토 1세 등
이 묻혀 있다. 지금은 가톨
릭 성당으로 이용되고 있으
며 미사를 거행하거나 가톨
릭 종교 행사장으로 이용되
고 있다.

크라나흐, 루터의 초상화

십자군 운동 이후 봉건 사회에 균열이 발생하고, 상업의 발달로 부의 중심이 소수의 귀족 계층에서 다수의 평민 계층으로 이동했다. 이렇게 사회적 구조가 변하고 국민 의식이 성장해 전에는 감히 언급조차 할 수 없었던 로마 가톨릭교회의 권위가 교회의 타락과 함께 비난과 조롱거리로 전락하고 만다. 개혁의 횃불을 든 것은 독일의 수사 마르틴 루터였다. 종교 개혁은 이후 전 유럽으로 확대돼 신앙의 자유를 위한 종교 전쟁이 발발한다.

화가와 그림 소비자의 관계는 금전으로 맺어지는 공급자와 소비자인 경우가 대부분이다. 오늘날 대단한 명성을 누리는 근세 이전의 대가들은 왕이나 귀족, 고위 성직자들의 궁정에서 일하며 일생동안 봉사하는 것을 대가로 봉록과 신변의 안전을 보장받는 관계, 즉 고용인과 피고용인의 관계인 경우가 많았다. 그나마 화가들이 귀족들에게 그림을 판다기보다는 귀족들이 그림으로 충성을 보이는 화가들의 생계를 돌봐 줬다는 것이 솔직한 말일 것이다. 당시는 화가들의 사회적 직위가 다른 '직인'들의 수준과 크게 다를 것이 없어서, '신과 같은 미켈란젤로'라 불리며 추앙을 받던 천재 미켈란젤로조차도 교황 율리우스 2세에게 몽둥이로 매를 맞아가며 분통을 터트리던 시절이었다.

우정이 담긴 초상화

화가 루카스 크라나흐(1472~1553)와 종교 개혁가 마르틴 루터(1483~1546)의 우정은 회화사에서 찾아보기 힘든 미담(美談)이다. 화가와 그림 소비자의 관계가 금전이나 고용 관계를 떠나 진실한 우정으로 엮어진 것이다.

크라나흐는 독일 크로나흐 지방의 화가 집안에서 태어났다. 그의 이름

화가 길드

길드는 유럽의 여러 도시에서 상공업이 발달하기 시작한 후 조직된 직군별 조합을 말한다. 중세에는 이발사, 대장장이, 화가, 건축가 등 직업마다 엄격한 도제 제도를 통해 직업과 기술을 대물림했다. 완벽한 기술을 가진 사람을 마스터(독일어로 마이스터), 그 아래 고용인으로 일정한 기술을 습득한 사람을 직인, 처음 입문해 기술을 배우는 사람을 도제라고 했다. 모든 길드는 마스터들로 구성되었고, 마스터들은 기술을 배우는 사람들에게 자신이 속한 길드의 이름으로 기술을 인정하는 문서를 발행했다. 길드는 제품의 품질과 규격을 통일하는 데 큰 도움이 되었지만, 제품의 교육과 판매에 배타적인 권리를 갖고 있어서 자유 경쟁의 이념과 배치된다.

화가들도 길드를 형성하여 폐쇄적인 구조로 자신들의 이익을 지키며, 길드에 가입해 도제 수업을 거치지 않은 이들의 시장 진입을 막았다. 화가들의 이런 형태는 오늘날 '미술 협회' 등의 형태로 바뀌어 성공적인 이익 단체로 변신하기도 했다. 길드에 들어갈 수 있는 사람은 마이스터 자격이 있는 사람으로 제한되었고, 길드마다 수호신과 수호성인이 구분되었다.

크라나흐, 카타리나 폰 보라의 초상화(위)
루터의 아내를 그린 초상화이다. 남편 루터만큼 확신에 차 있고 당당한 모습이다. 루터의 가장 든든한 우군이었다. 1526년.

크라나흐, 루터의 부모 초상화(아래)
루터의 아버지 한스 루터와 어머니 마르가레테 린데만의 초상화이다. 고집스럽게 생긴 루터의 생김새가 아버지를 닮았음을 증명한다. 16세기.

루카스는 화가들의 수호성인이었던 성(聖) 누가에서 따온 것이고, 크라나흐는 그의 고향인 크로나흐에서 따온 것이다. 이름을 풀어 보면 '크로나흐의 화가'라는 뜻이 된다. 크라나흐 아버지의 이름은 한스 말러이다. 말러는 독일어로 '화가'다.[2] 즉 크라나흐는 '그림쟁이 한스'의 아들, '크로나흐의 그림 그리는 루카스'인 것이다.

루카스 크라나흐는 뛰어난 화가인 동시에 대단히 정력적인 활동가였다. 그는 그리스나 이탈리아의 천재들 못지않게 다방면에서 수완을 드러냈다. 크라나흐는 궁정 화가이자, 약국과 술집, 인쇄소와 공방을 거느리며 많은 부를 쌓기도 했다. 그러나 무엇보다도 크라나흐를 유명하게 만든 것은 그가 마르틴 루터의 절친한 친구로서 루터의 종교 개혁 운동에 적극적으로 동참했으며, 루터를 끝까지 지지해 루터 집안과 대를 이은 친분을 쌓았다는 것이다.

개신교의 탄생과 종교 전쟁

종교 개혁가 루터는 16세기 가톨릭 세계에 재앙이나 다름없는 사람이지만, 루터를 탄생시킨 것은 가톨릭의 부패였다. 문제의 중심에는 교황 레오 10세(1475~1521)가 있었다. 레오 10세는 메디치 가문이 배출한 세 명의 교황 중 한 명으로, 1513년 율리우스 2세의 뒤를 이어 서른일곱 살 젊은 나이에 교황으로 즉위했다. 레오 10세는 메디치가의 아들답게 도박과 사냥을 즐기며 호화스러운 생활이 몸에 뱄지만, 불행히도 그의 재정 상태는 별로 좋지 않았다.

"신이 우리에게 교황좌(座)를 주셨으니, 즐겨라!" 새로 교황이 된 레오 10세의 인생관이었다. 메디치가의 아들이 방탕한 생활을 즐기는 것은 큰 문제가 아니었지만, 젊은 교황이 방탕하다는 것은 유럽 전체의 문제였다. 설상가상 그 앞에는 전 교황 율리우스 2세가 남긴 거대한 토목 사업이 있었다. 율리우스 2세가 기둥 몇 개만 세운 채 남겨 준 성 베드로 성당을 완공하는 일이었다. 그러나 문제가 성 베드로 성당뿐이었다면 일이 쉬웠을 것이다.

레오 10세는 '르네상스'를 기치로 온 세상을 아름다운 건축물과 그림으로 채우고자 했다. 신께서 이탈리아에 천재들을 내리신 것은 그들의 재주를 마음껏 펼치도록 허락하신 것이었고, 레오 10세는 신의 뜻을 받들어 행할 유일한 지상 대리인이었다.

당시 이탈리아는 르네상스 시대를 맞아 레오나르도 다빈치, 라파엘로, 도나텔로, 미켈란젤로 등 하늘의 별처럼 빛나는 천재 예술가들이 활동하고 있었

라파엘로, 「교황 레오 10세와 추기경들」
레오 10세는 이탈리아 르네상스의 꽃을 피운 인물이지만 종교 개혁을 시작하게 한 교황이었다. 왼쪽의 인물은 레오 10세의 조카로, 훗날 교황 클레멘스 7세가 된다. 1518년.

다. 그러나 레오 10세가 신의 뜻을 좇아 천재들을 빛나게 하기 위해서는 커다란 캔버스를 제공해야 했고(프레스코화를 그리게 할 거대한 성당), 조각을 전시할 거대한 공간(궁전, 시청 등 지붕이 높은 공공건물)이 필요했다. 그리고 이 예술품들이 들어갈 성당과 궁전을 짓기 위해서는 그 건축물들이 들어설 새로운 도시 계획이 필요한 상태였다. 레오 10세는 르네상스 천재 예술가들에게 일거리를 주어 온 세상을 아름답게 만드는 원대한 꿈이 있었다. 그러나 돈이 없었다.

미켈란젤로에게도 외상을 달아 두었을 만큼 구두쇠였던 전임 교황 율리우스 2세는 레오 10세에게 금화 70만 두카트를 유산으로 남겨 주었지만,[4] 레오 10세는 취임식에만 유산의 4분의 1을 써 버릴 만큼 낭비벽이 심했다. 교황청의 금고는 곧 바닥을 드러냈다. 대외 사정도 넉넉하지 않았다. 이탈리아 반도의 지배권 문제를 놓고 프랑스와 전쟁을 치르느라 막대한 전쟁 비용을 썼고, 이슬람교도들과 십자군 전쟁을 치러야 했다. 더 이상 교황청에 돈을 빌려주는 은행이 없을 지경이 되자, 레오 10세는 비상한 방법을 동원했다. 바로 성직 판매와 면벌부 판매였다.

면벌부는 금전이나 재물을 바친 사람에게 그 죄를 면한다는 뜻으로 발행하는 증서이다. 추기경[5]과 주교[6] 자리를 팔고 면벌부를 팔아 성당을 짓고, 전쟁을 치르고, 교황의 호화스러운 생활을 유지하려는 것이었다.

레오 10세는 성 베드로 성당 건립 자금을 모금한다는 명목으로 유럽 전역에 면벌부를 사실상 '유통' 시켰다. 반응은 폭발적이었다. 사람들은 앞다퉈 면벌부를 샀고, 교황청의 금고는 곧 다시 채워지는 듯했다. 성 베드로 성당의 건립도 문제없어 보였다. 그러나 독일의 비텐베르크, 루터의 고향에서 문제가 터졌다.

루터는 원래 착실한 가톨릭 수사였다. 그는 신학박사이자 대학교수이자 교회 신학의 수호자로써 면벌부가 옳지 않다는 것을 누구보다도 잘 알고 있

---

4 두카트 금화는 베네치아 공화국 등에 의해 제조되었고, 19세기까지 유럽에서 널리 통용되었다. 1두카트 당 98.6퍼센트 순도에 무게는 약 3.4909그램이었다. 2011년 7월 금 시세로 단순히 계산하면, 70만 두카트의 가치는 약 1,295억의 어마어마한 금액이다.

5 로마 가톨릭교회에서 교황 다음가는 성직이다. 교회 행정과 교황 선출에 관여한다.

6 한 교구를 관할하는 교직이다. 대주교의 아래이고 사제의 위이다.

었다. 루터를 자극한 것은 수사 테첼과 추기경 알브레히트였다.

알브레히트는 스물세 살의 나이에 주교가 되고 스물여덟 살에는 추기경이 된 입지전적인 인물이다. 그는 독일 교회 전체의 최고 실력자가 되는 것이 꿈이었다. 그러기 위해서는 교황의 환심을 사고 자신의 정치적 야심을 뒷받침할 만한 재력이 필수였다. 그가 노린 것은 면벌부의 독점 판매권이었다. 알브레히트는 돈이 떨어진 레오 10세를 알현하고 자신의 교구 내에서 면벌부를 독점 판매할 권리를 2만 9,000굴덴을 바치고 얻었다. 레오 10세는 더 큰 돈을 원했지만 당장 한 푼이 아쉬웠기 때문에 어쩔 수 없었다. 알브레히트는 교황에게 판매권을 얻은 후 수사 테첼을 고용했다. 테첼은 뛰어난 언변으로 청중을 끌어 모으던 유명한 설교사였다.

테첼이 루터의 교구 비텐베르크 인근에 나타난 것은 1517년이었다. 테첼은, "금화가 '땡그랑' 소리를 내며 헌금함에 떨어지는 순간 그대의 영혼은 연옥[7]을 벗어나 하늘나라로 올라가리라."라는 설교로 사람들을 불러 모았다. 유명한 설교사를 보고 면벌부를 사기 위해 신도들은 구름처럼 몰려들었다.

테첼은 비텐베르크에 들어올 수 없었지만 국경 너머에서 비텐베르크의 시민들을 호객했다. 루터 교구의 신도들은 앞다퉈 테첼의 설교소

「95개조 반박문」
루터는 이 글을 통해 가톨릭의 부정과 비리를 조목조목 비판했다. 1517년 인쇄본.

로 달려갔다. 루터는 더 이상 참을 수 없었다. 사실 루터는 곤란한 처지였다. 테첼의 면벌부를 산 신도들이 "나는 죄 사함을 받았다."라며 교회에 나오지도, 고해성사를 하지도 않았던 것이다. 참다못한 루터는 1517년 10월 31일 밤에 「95개조 반박문」을 비텐베르크 교회의 문에 내걸었다.

루터가 내건 반박문은 교회의 면벌부 판매를 비난하는 내용이었다. "만일 교황이 면벌부 설교자들의 행상 행위를 알고 있다면, 그는 자신의 어린 양들의 가죽과 살로 성 베드로 성당을 건축하느니 차라리 대성당을 태워 재로 만드는 것을 더 좋아할 것이다."라며 레오 10세와 알브레흐트, 테첼에게 선전 포고를 했다.

반응은 놀라웠다. 루터의 「95개조 반박문」은 당시 보급되기 시작한 구텐베르크의 인쇄술[8]에 힘입어 날개 돋힌 듯 팔려 나갔다. 레오 10세는 루터에게 서신을 통해 주장을 포기할 것을 종용했지만, 루터는 굴복하지 않았다. 결국 레오 10세는 루터를 이단 재판에 회부하기 위해 로마로 소환하려 했다. 이를 막은 것은 로마 교황청의 면벌부 판매를 못마땅해 하던 프리드리히 선제후[9]였다. 로마 교황청은 수차례에 걸쳐 루터를 회유하고 협박했지만 루터는 주장을 취소하지 않았다. 결국 레오 10세는 1520년 루터를 파문하는 교서를 반포했다. 루터가 로마 교황청에 의해 정식으로 이단으로 선고되는 순간이었다.

루터의 문제는 이제 로마 교황청과 수사의 대립이 아니라 독일과 이탈리아, 유럽 전체의 문제가 되었다. 루터는 보름스[10] 제국 의회에 출석해 당당히 자신의 주장을 펼쳤다. 독실한 가톨릭 신자로 로마와 협력하려 했던 신성 로마 제국의 카를 5세 역시 루터의 안전을 보호했다. 그러나 루터의 신분은 불안했다. 그를 눈엣가시처럼 여기는 사람들에 의해 언제 목숨을 잃게 될지 모르는

바르트부르크 성
루터는 보름스 협약 이후 이곳에서 신분을 숨기고 은신 생활을 하며 「성경」을 독일어로 번역했다. 11세기.

> **루터가 번역한 독일어 『성경』**
> 라틴어로만 되어 있던 성서를 독일어로 번역해 민중들도 쉽게 성서를 읽을 수 있게 되었다. 왼쪽은 1534년, 오른쪽은 1581년에 간행되었다.

일이었다. 보름스를 벗어난 루터는 이후 자신의 신분을 숨기고 수염을 기른 채 '기사 융커 게오르크' 행세를 하며 10개월간 은신 생활을 했다.

이 기간 동안 루터는 그의 최대 업적 중 하나로 평가받는 『성경』의 독일어 번역 작업에 들어갔다. 마르틴 루터는 "독일의 나이팅게일들이 로마의 방울새들만큼 아름답게 노래 부를 수 있다는 것을 보여 주겠다."라며 번역 작업을 시작했다. 루터가 『성경』을 독일어로 번역한 것은 우리나라 세종 대왕의 한글 반포와 마찬가지의 대작업으로, 독일의 기독교인들을 로마 교회의 속박에서 해방시키는 일이었다. 독일 종교 개혁 이전에 사용된 성서는 모두 라틴어로 된 『성경』이어서 교육을 받지 못한 민중들은 성서를 읽을 수 없었다. 성직자들은 이를 악용하여 『성경』의 내용을 자신의 입맛대로 강독하는 일도 잦았다. 그러나 루터가 독일어로 성서를 번역하면서 독일어를 읽고 말

10 독일 남서부에 있다. 보름스 시는 역사적으로 신권과 속권이 충돌할 때마다 단골로 등장한다. 보름스에서는 1122년에 황제의 성직자 임명권을 인정하는 '보름스 협약'을 맺었고, 1521년에는 작센 선제후 프리드리히 3세가 카를 5세에게 루터의 신변 안전을 보장받고 제국 의회를 소집했다. 이후 30년 전쟁을 겪으며 신·구교군에 의해 혹독히 파괴되는 아픔을 겪기도 했다.

93

1572년 8월 프랑스에서 가톨릭교와 위그노(신교도) 사이에 벌어진 종교 전쟁에서 위그노들이 학살된 사건을 그렸다. 이 사건으로 수천 명의 위그노들이 목숨을 잃었다고 한다. 16세기.

11 개신교를 신교(新敎)라고 하는 것에 반해, 로마 가톨릭교와 그리스 정교회를 구교(舊敎)라고 한다.

12 대표적인 종교 전쟁으로 네덜란드 독립 전쟁, 프랑스의 위그노 전쟁, 30년 전쟁이 있다. 그러나 당시 사회는 정치와 종교가 완전히 분리되지 않았기 때문에 표면상 종교 대립의 양상을 띠지만 정치적 문제가 깊이 결부되었다.

할 줄 아는 사람이면 누구나 『성경』을 읽을 수 있게 되었다. 이제는 그 해독을 위해 교회의 권위에 기댈 필요도 없어졌다. 그리고 루터의 성서 번역은 독일어 문법이 통일되는 계기가 되기도 했다.

루터의 개혁 이후 종교 개혁은 영국 국교회의 성립(3부 1장 참조)과 영국의 존 위클리프(1320~1384), 보헤미아의 얀 후스(1372~1415), 스위스의 장 칼뱅(1509~1564)의 개혁으로 이어졌다. 1555년 아우크스부르크 화의를 통해 독일에서 루터파 교회가 공인되었다. 그리고 교황의 지배를 받지 않고 개인의 신앙과 성서를 중시하는 개신교(신교)[11]가 성립했다. 개신교는 교세가 확장되면서 가톨릭과 대립이 격화되었고, 결국 종교 전쟁으로 폭발했다. 유럽에서는 신교도와 구교도의 대립으로 한 세기에 걸쳐 종교 전쟁[12]이 일어났다.

30년 전쟁(1618~1648)은 유럽에서 일어난 최초의 국제 전쟁이자 최후의 종교 전쟁이었다. 30년 전쟁은 신성 로마 제국이 자리하고 있던 북유럽을 중심으로 루터의 의견에 동조해 가톨릭교회에서 이탈한 세력과 에스파냐를 위시한 남유럽 가톨릭 세력 간의 충돌이었다. 그러나 각 나라들의 이해관계가 얽히면서 왕가와 왕가, 강대국과 강대국의 충돌로 점차 변질되었다. 프랑스는 가톨릭 국가였음에도 합스부르크 왕가의 세력을 억제하기 위해 개신교 연합군의 일원이었던 네덜란드를 지원하며 합스부르크, 에스파냐와 전쟁을 벌였다. 이후 전쟁의 양상은 종교와 상관없이 유럽의 왕가들과 열국들의 이해관계에 따라 진행되었다.

모든 나라가 모든 나라와 충돌했던 30년간 계속된 전쟁을 끝낸 것은 베스트팔렌 조약이었다. 종교적 신열(神熱)로 시작한 전쟁이 끝나기까지 정확히 한 세대가 걸렸다. 30년 전쟁은 유럽의 지도와 종교, 문화를 크게 변화시

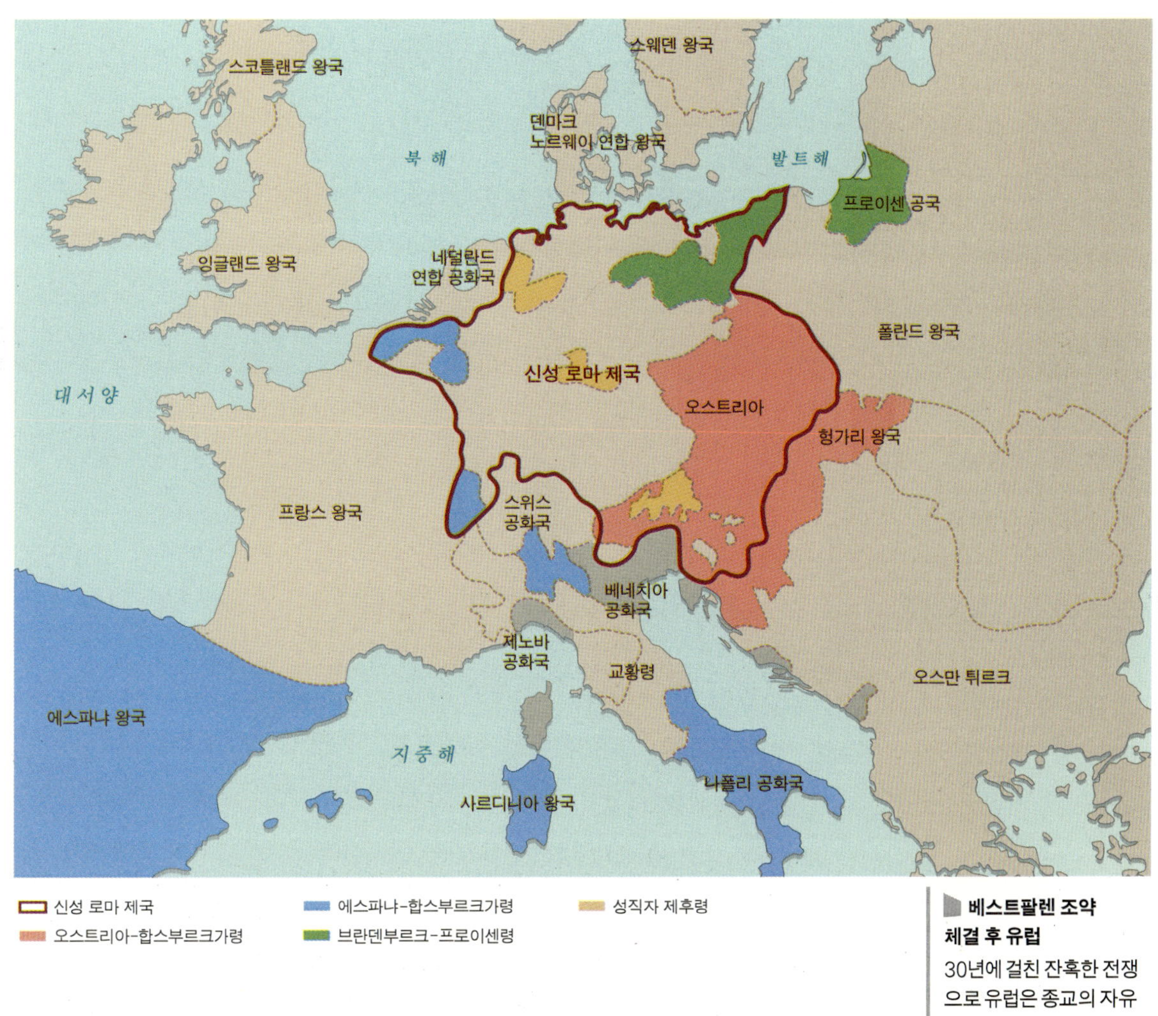

켰다. 전쟁에 지친 유럽은 종교의 자유를 받아들여 개신교 국가들의 존재를 인정했고, 네덜란드와 스위스도 독립을 이뤘다. 신성 로마 제국의 제후들은 각자 영토 안에서 개신교와 가톨릭 중 자신이 원하는 종교를 결정할 수 있게 되었고, 개신교와 성공회, 가톨릭 등은 모두 세속법 앞에 평등하게 섰다.

카를 5세가 주걱턱이 된 내력

합스부르크 왕가의 전성기

티치아노, 「카를 5세의 초상」

신성 로마 제국의 황제 카를 5세는 가장 넓은 영토와 가장 많은 인구를 거느린 세계 제국의 황제였다. 그러나 달도 차면 기우는 법, 카를 5세와 함께 극성(極盛)에 이르렀던 제국도 과도한 팽창 끝에 서서히 쇠퇴하기 시작한다. 카를 5세는 제국의 성세와 세계 지배의 판도를 유지하기 위해 평생 동분서주했지만, 결국 신성 로마 제국을 에스파냐와 독일, 둘로 나누어 동생과 아들에게 물려주고 쓸쓸히 퇴위하고 만다.

유복한 집안에서 태어난 사람을 뜻하는 '은 숟가락을 물고 태어났다(Born with a silver spoon in his/her mouth)'는 표현이 있다. 베첼리오 티치아노(1488~1576)가 그린 카를 5세의 초상화를 보자. 카를 5세의 입에 은 숟가락이 물려있지는 않지만, 카를 5세는 역사상 가장 커다란 은 숟가락을 물고 태어난 사람이었다.

합스부르크 왕조는 1차 세계 대전으로 오스트리아-헝가리 제국이 멸망하기까지 600여 년간 지속되며 수많은 왕과 제후들을 배출했던 유럽 최대의 벌열(閥閱, 나라에 공이 많고 벼슬 경력이 많은 집안)이었다. 그중 카를 5세는 1520년, 할아버지 막시밀리안 1세(재위 1493~1519)의 뒤를 이어 왕위에 올랐다. 카를 5세는 스무 살 젊은 나이로 합스부르크의 성세가 정점을 찍던 때 왕위에 올라 세계의 절반을 상속 받았다.

당시 얽히고설킨 오스트리아-합스부르크 제국의 정략결혼은 이미 정평이 난 상태였다. 유럽의 다른 국가들은 "다른 이들에게는 전쟁을 시키고, 오스트리아여, 너는 행복한 결혼을 해라."라고 빈정댔다. 이러한 정략결혼의 최대 수혜자가 바로 카를 5세였다.

합스부르크 왕가의 시작

최대 벌열 합스부르크 왕가와 티치아노

카를 5세는 신성 로마 제국의 황제였던 할아버지로부터 현재의 독일과 오스트리아 지방에 이르는 합스부르크 왕가의 영토를 물려받았고, 할머니인 마리아 데 부르고뉴로부터 결혼하면서 지참금으로 가지고 왔던 플랑드르와 프랑크 공국, 그리고 부르고뉴를 물려받았다. 이에 질세라 카를 5세의 에스파냐 외가, 외할아버지 페르난도 2세(재위 1474~1516)와 외할머니 이사벨 1세(재위 1474~1504)는 카스티야-아라곤 연합 왕국과 나폴리, 밀라노, 시칠리아, 사르데냐 등의 이탈리아 영토와 아메리카와 아프리카의 해외 영토를 물려주었다. 봉토와 함께 에스파냐의 왕위 또한 물려주어서, 카를 5세는 신성 로마 제국의 황제이자 에스파냐의 왕이 되었다. 이 외에도 그는 오스트리아의 대공, 부르고뉴·룩셈부르크·브라반트의 공작, 플랑드르·홀란드의 백작, 나폴리·아라곤·카스티유의 왕이었다.

카를 5세의 영토는 넓었다. 서쪽으로는 이베리아 반도에서 동쪽으로는 보헤미아(지금의 루마니아), 트란실바니아(지금의 헝가리)에 이르기까지, 북쪽으로는 플랑드르 지방(지금의 네덜란드, 벨기에 지역)에서 남쪽으로는 이탈리아 반도의 지중해까지, 게다가 콜럼버스(1451~1506)가 발견한 신대륙과 심지어는 태평양의 필리핀조차 카를 5세의 영토였다. 신대륙과 유럽과 아프리카와 아시아, 카를 5세는 실로 '해가 지지 않는 나라'의 주인이었다.

카를 5세의 영토와 신민들이 워낙 다양하고 넓은 지역에 퍼져 있었기에 카를 5세의 백성들은 왕을 저마다 다른 이름으로 불렀다. 독일어를 쓰는 신성 로마 제국의 백성들은 카를(Karl)이라고 불렀지만, 카를 5세의 고향인 플랑드르의 백성들은 카렐(Karel)이라고 불렀다.[1] 왕의 외가인 이베리아 반도에서는 카를로스(Carlos), 카를 5세의 이모인 캐서린 데 아라곤(1485~1536)이 출가한 영국에서는 사돈총각 찰스(Charles)라고 불렀다. 이탈리아 반도의

합스부르크 왕가의 여름 궁전이었다. 합스부르크의 겨울 궁전은 호프부르크 궁전인데, 합스부르크 왕가는 겨울에는 따뜻한 호프부르크에서, 여름에는 시원한 쇤브룬에서 제국을 통치했다. 쇤브룬은 아름다운 샘, 우물이라는 뜻이다. 마리아 테레지아, 마리 앙투아네트가 모두 이 궁전에서 살았고, 부르봉 왕가의 베르사유 궁전에 비견되는 호화스러운 궁전이다. 1700년 무렵.

남쪽 나폴리에서는 카를로(Carlo), 합스부르크의 숙적 부르봉 왕가는 샤를(Charles)이라고 불렀다.

카를 5세가 가장 사랑한 화가가 베네치아의 위대한 화가, 티치아노였다. 카를 5세가 왕 중의 왕이었다면, 티치아노는 화가들 중 '별 가운데 있는 태양'이었다. 카를 5세는 베네치아와 북이탈리아를 중심으로 활동하던 티치아노를 궁정으로 초대해 궁정 화가의 직위와 연금, 백작의 작위를 주며 우대했

베네치아 10인 위원회의 서기를 지낸 유력자 니콜로 아우엘리오의 주문을 받아 그린 그림이다. 왼쪽의 여인은 아우엘리오의 신부 라우라 바가로또이며, 바가로또는 젊은 미망인으로 아우엘리오와 재혼을 앞둔 참이었다. 신부 옆에 에로스와 아프로디테가 결혼을 축복하고 있다. 1516년.

99

카를 5세의 턱은 지금의
의사들이 보면 신음을 토
할 정도로 심한 주걱턱이
었다. 합스부르크 왕가는
근친혼으로 인해 많은 기
형아와 저능아가 태어났
고, 이는 제국 몰락의 한
원인이 되었다. 1548년.

3 카를 5세 또한 사촌 누
이인 포르투갈의 이사벨
라와 결혼해 펠리페 2세를
낳았다.

4 현대 네덜란드어의 전신
으로, 15세기 네덜란드 지방
에서 사용되던 고어이다.

다. 티치아노는 카를 5세 덕분에 로마 교황들(레오 10세, 바오로 3세)의 곁을 벗어나 독일, 스페인, 플랑드르와 이탈리아의 궁정에 머물렀다. 티치아노는 신성 로마 제국 황제의 온갖 영욕을 붓으로 기록해 후세에 남길 수 있었던 행운아였다.

티치아노의 그림 속 카를 5세는 전형적인 합스부르크 왕자의 모습이다. 티치아노는 카를 5세의 모습을 더하거나 빼지 않고 사실 그대로 그렸다. 당시 합스부르크 왕가는 가문의 지위와 재산을 지키기 위해 친척 간에 정략결혼을 했다. 이러한 합스부르크의 폐습 때문에 후손들은 툭 튀어나온 주걱턱과 콧잔등이 불룩 솟은 매부리코를 가문의 상징처럼 물려받았다. 사촌과 사촌이 결혼하고 숙부와 질녀가 결혼하는 근친혼은 후대로 갈수록 심해져 합스부르크의 턱과 코는 날로 흉해졌는데, 불행히도 카를 5세의 코와 턱 또한 예외는 아니었다.[3] 아랫입술이 윗입술을 덮을 정도로 턱이 어긋나서 카를 5세는 음식을 제대로 씹을 수 없었고, 입을 다물지도 못해 입 안으로 파리가 드나들기도 했다. 카를 5세는 나이가 들면서 턱수염으로 애써 턱을 가렸지만, 티치아노는 카를 5세의 턱을 사실 그대로 그렸다.

세상의 절반을 가진 카를 5세

카를 5세를 괴롭힌 것은 턱과 코뿐만이 아니었다. 가장 큰 문제는 카를 5세가 통치가 불가능할 정도로 지나치게 넓은 영토를 물려받았다는 것이다. 게다가 카를 5세는 신성 로마 제국의 황제인 동시에 에스파냐의 왕 카를로스 1세였지만, 에스파냐어를 할 줄 몰랐다. 플랑드르 지방의 겐트에서 태어나고 자란 카를 5세의 모국어는 플랑드르어와 프랑스어였던 것이다.[4] 흔히 '교양인' 카를 5세는 5개 국어를 할 줄 알았다고 전해지지만 그것은 먼 훗날의

일이고, 왕이 되자마자 가정교사를 두고 독일어와 이탈리아어, 에스파냐어를
배웠다.

지나치게 넓은 영토, 저마다 다른 언어로 이야기하는 다양한 민족……:
카를 5세는 어떻게든 왕국을 이끌어 가기 위해 노력했다. 그러나 그의 고민
거리는 이미 능력을 벗어난 것이었다.

가장 큰 불만은 에스파냐에서 쏟아져 나왔다. 에스파냐는 신대륙의 식
민지로부터 막대한 금과 은을 들여왔지만, 이 금과 은은 카를 5세의 제국 경
영, 보다 정확하게는 신성 로마 제국을 유지하는 데 사용되었다. 에스파냐는
금과 은이 쏟아져 들어와도 별다른 이득을 보지 못한 채 물가만 폭등할 뿐
이었고, 국민들의 삶을 고달프게 할 뿐이었다. 이러한 에스파냐 내부의 불만
은 1516년 '코무네로스의 반란'으로 불거졌다. 카를 5세는 에스파냐 귀족들
과 농민들의 저항을 탄압과 매수로 무마하려 했으나 에스파냐의 주요 도시
들이 자치 조직인 '코무니다드'를 만들어 반란을 일으킨 것이다. 이들은 카
를 5세의 에스파냐 왕위를 부인하고 외국 상인들의 추방과 세금 거부 등을

101

주장했으나, 5년여의 전쟁 끝에 진압됐다.

카를 5세는 치세 내내 내우외환에 시달려야 했는데, 가장 큰 숙적은 제국의 동부에 있는 오스만 튀르크였다. 오스만 튀르크는 사실 신성 로마 제국만이 아니라 유럽 전체의 위협이었지만, 그 책임을 오롯이 도맡은 것은 카를 5세였다. 오스만 튀르크는 지중해 동부 연안을 장악해 이탈리아 반도의 합스부르크 영토와 지중해 무역을 위협했고, 1529년에는 유럽으로 진군하여 합스부르크의 본향인 오스트리아의 빈을 포위했다.

설상가상 카를 5세는 내부의 적과도 싸워야 했다. 1536년에는 숙적 프랑스가 오스만 튀르크와 동맹을 맺어 카를 5세의 뒤통수를 쳤다. 그뿐만이 아니었다. 카를 5세는 왕위에 오른 뒤 곳곳에 흩어져 있던 영토를 중앙 집권적인 체제로 바꾸기 위해 노력했는데, 이를 위해 종교를 선택했다. 그러나 카를 5세의 가톨릭 동화 정책에 개신교도들이 맹렬히 저항했다. 루터의 종교 개혁 이후 개신교로 돌아섰던 북독일의 개신교 제후들은 오스만 튀르크와의 전쟁 비용을 내지 않았고, 내심 오스만 튀르크가 카를 5세와 가톨릭교회의 힘을 소진시켜 주기를 바랐다.

카를 5세의 일생은 고달팠다. 세상의 절반이 그의 것이었지만, 그는 전쟁터에서 젊음을 소모해야 했다. 플랑드르 지역에서는 개신교도들이 카를 5세의 정책에 맹렬히 저항했고, 독일에서는 농민 전쟁이 일어났다. 제국 동쪽에서는 오스만 튀르크가 제국의 존립을 위협했지만, 제국의 서쪽에서는 왜 신대륙의 금과 은을 대륙의 동쪽에서 벌어지는 오스만 튀르크와 전쟁하는 데

써야 하냐는 볼멘소리가 터져 나왔다. 유럽 한복판에서는 프랑스가 카를 5세가 하는 일이라면 무엇이든 어깃장을 놓았고, 카를 5세는 그 누구보다 독실한 가톨릭교도였음에도 프랑스와 동맹을 맺은 교황 클레멘스 7세(1478~1534)에게 군대를 보내 로마를 파괴해야 했다.

결국 카를 5세는 완전히 지쳐 버렸다. 통풍에 시달렸고, 신경 쇠약에 걸렸다. 경건한 가톨릭교도로 유럽의 다른 제후들처럼 폭식과 황음(荒淫)을 즐기지 않았지만, 신대륙과 유럽, 아프리카와 아시아를 경영하면서 누구보다 빨리 늙어 버렸다. 카를 5세는 1556년 퇴위를 결정했다.

카를 5세가 내린 결정은 제국을 둘로 나누는 것이었다. 외가에서 물려받은 에스파냐의 통치권은 아들 펠리페 2세(재위 1556~1598)[5]에게 주었고, 친가에서 물려받은 신성 로마 제국의 통치권은 남동생인 페르디난트 1세(재위 1556~1564)[6]에게 주었다. 그리고 카를 5세는 모든 왕궁을 버리고 1557년 2월 에스파냐의 유스테 수도원으로 들어가 은거를 시작했다. 그러나 삶의 불꽃을 모두 태워 버린 카를 5세에게 남아 있는 날은 많지 않았다. 그는 1558년에 심한 통풍으로 고생하다 사망했다.[7]

[5] 에스파냐의 최고 전성기를 이끌었다. 가톨릭 신자로 이슬람교도의 반란을 탄압하고 레판토 해전에서 오스만 튀르크 군을 격파했다. 회화 등 미술품을 보호해 에스파냐 문화의 황금시대를 이룩했다.

[6] 터키군이 빈을 포위했을 때 이를 격퇴하고 화친을 맺었다. 자신은 가톨릭교를 지지했으나 주민들의 신앙 문제는 개입하지 않는 태도로 종교 개혁의 분쟁을 해결했다.

[7] 피곤하고 지친 카를 5세의 초상화를 그린 티치아노는 역설적으로 아흔아홉 살까지 장수를 누렸다. 평균 수명이 30대를 넘지 않던 당시로서는 기적이었다. 티치아노는 흑사병으로 목숨을 잃었는데, 사망 당시 그의 공식 직위는 황금박차 기사단의 기사이자 신성 로마 제국의 백작이었다.

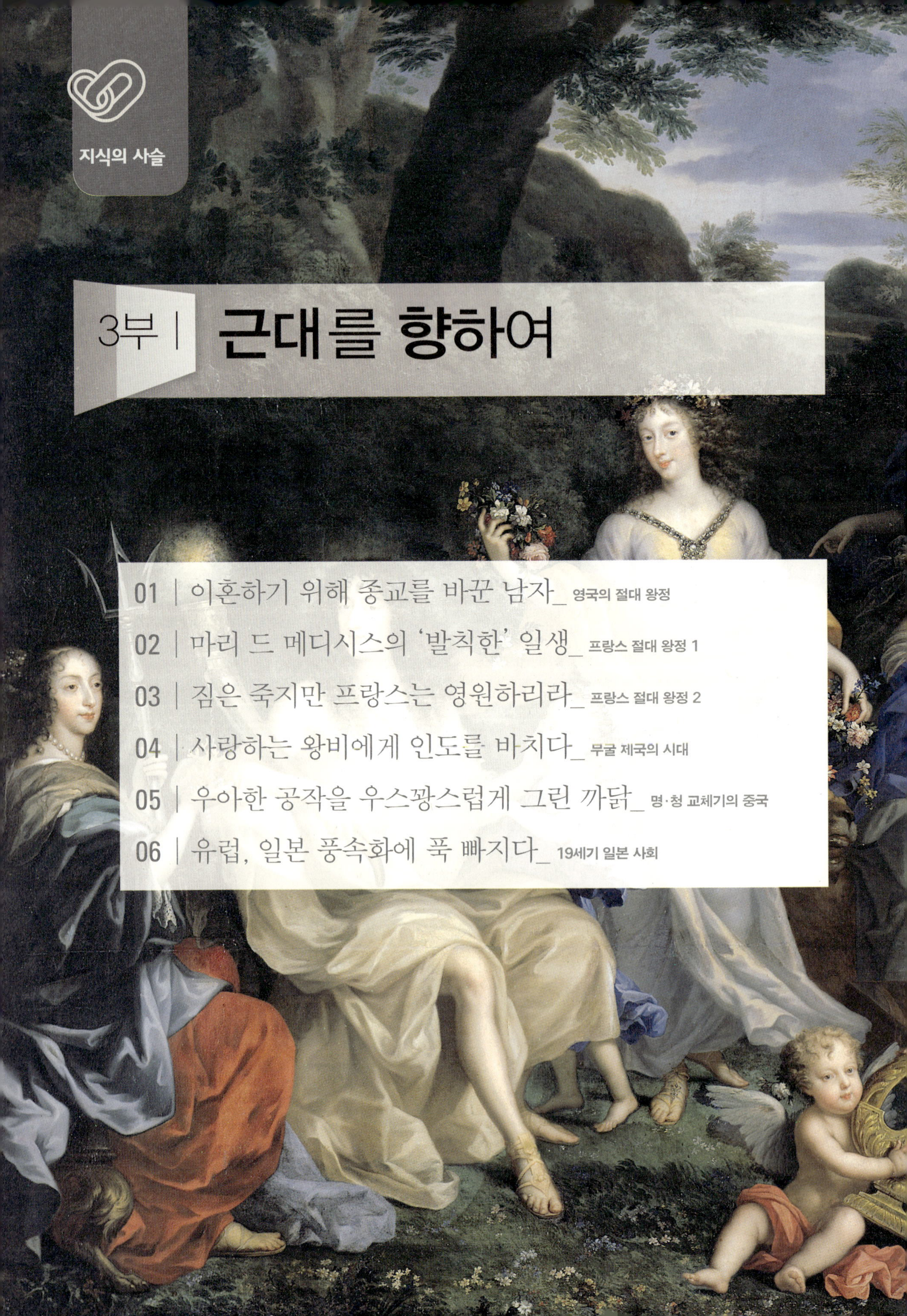

3부 | 근대를 향하여

종교 개혁 이후 유럽에서는 권력의 무게 중심이 신에서 인간으로, 신권(神權)에서 왕권(王權)으로 넘어갔다. 신의 위대함과 그 창조물의 아름다움을 표현하던 회화는 교회를 떠나 왕궁을 기웃거리며 왕과 귀족, 권신들의 영광을 칭송하기 시작했다. 루벤스와 리고는 마리 드 메디시스와 루이 14세의 모습을 성모(聖母)와 성자(聖子)처럼 그렸고, 백성들이 그 앞에서 머리를 조아리고 감탄한 것은 루벤스의 예술이 아닌 부르봉 왕가의 권위 때문이었다. 아시아에서는 만주족이 부패한 명나라를 대신해 청나라를 건국했고, 일본은 조심스럽게 자신의 존재를 알리고 있었다.

그림 | 노크레, 「루이 14세의 가족」

홀바인, 「헨리 8세」

영국은 20세기가 되어 미국에게 세계 패권 국가의 왕관을 물려주었지만, 19세기 전성기 때에는 말 그대로 '해가 지지 않는 나라'였다. 유럽의 변방, 해협 너머의 작은 섬나라 영국이 전세계 바다를 호령하는 해양 국가로 성장할 수 있는 초석을 놓은 것은 17세기 튜더 왕조의 마지막 지배자 엘리자베스 여왕(엘리자베스 1세)이었다. 헨리 8세의 막내딸이던 엘리자베스 여왕은 아버지로부터 물려받은 결단력과 강인함으로 에스파냐를 격파하며 영국을 유럽 열강의 반열에 올려놓았다. 엘리자베스 여왕이 무찌른 에스파냐의 왕 펠리페 2세는 헨리 8세의 사위, 바로 형부였다. 요지경 같은 튜더 왕조의 가정사를 들여다보자.

지나치게 풍채 좋은 그림 속 아저씨는 1540년 무렵의 헨리 8세(재위 1509 ~1547)이다. 화가 소(小) 한스 홀바인(1497~1543)이 영국 왕실의 주문을 받고 제작한 일곱 점의 헨리 8세 초상화 중 하나다.

영국 역사를 통틀어 헨리 8세만큼 끊임없이 화제에 오르는 인물은 없다. 인터넷 서점 '아마존닷컴'에서 'Henry Ⅷ' 또는 'Henry 8'로 검색해 보면 무려 8,000여 건의 검색 결과가 나온다. 헨리 8세와 여섯 명의 부인들, 헨리 8세의 자녀들, 헨리 8세의 연애편지, 헨리 8세와 종교 개혁, 헨리 8세의 숨겨진 여인들, 헨리 8세 최후의 날들, 폭군 헨리 8세……. 500년의 세월이 지난 뒤에도 책, 음악, 영화, 뮤지컬, 연극, 드라마에 등장할 정도로 도무지 인기가 식을 줄 모르는 헨리 8세, 이 정도면 영국 왕조사 불세출의 슈퍼스타다.

어용 화가가 그린 헨리 8세의 초상화

소 한스 홀바인은 아버지 대(大) 한스 홀바인(1460~1534), 형 암브로시우스 홀바인(1494~1519)과 함께 독일과 스위스를 중심으로 활동하던 화가였다. 북유럽에서 활발한 활동을 하던 홀바인은 종교 개혁 이후 교회의 장식이 금지되면서 일자리를 잃었고 신변의 위협을 느꼈다. 홀바인은 데시데리위스 에라스뮈스(1466~1536)[2]와 토마스 모어(1478~1535)[3] 등의 도움을 받아 영국으로 탈출해 당시 예술의 후원자를 자처하던 헨리 8세의 어용(御用) 화가로 일했다.

에라스뮈스와 토마스 모어의 도움으로 영국에 가기는 했지만, 대륙에서 혈혈단신 건너온 홀바인을 살린 것은 그의 재주를 알아본 헨리 8세였다. 에라스뮈스는 1509년 영국 런던에 있는 토마스 모어의 집에 머물며 『우신예찬』[4]을 집필했는데, 홀바인은 『우신예찬』에 자원해서 삽화를 그렸다. 홀바인이 『우신예찬』에 그려 넣은 82점의 삽화는 작가와 독자 모두를 만족시켰

『유토피아』 초판

107

에라스뮈스를 마치 화두를 탐구하는 불교의 선승(禪僧)처럼 그렸다. 홀바인은 에라스뮈스의 초상을 여러 장 그렸다. 1523년.

고, 『우신예찬』이 전 유럽의 베스트셀러가 되면서 홀바인의 명성도 커졌다. 이후 홀바인은 에라스뮈스의 초상화를 그리기도 했지만, 어쩐 일인지 에라스뮈스는 자신보다 서른두 살이나 어린 홀바인을 그리 탐탁하게 여기지 않았다고 한다. 게다가 1532년에 홀바인이 에라스뮈스의 추천서를 들고 토마스 모어를 찾아 갔을 때, 토마스 모어는 헨리 8세의 눈 밖에 나 대법관직에서 사임한 뒤였다. 3년 뒤 토마스 모어는 대역죄로 사형에 처해졌다.

그림 속의 헨리 8세는 무척이나 당당한 모습이다. 정면을 바라보는 시선은 더할 나위 없이 위압적이다. 헨리 8세가 걸치고 있는 비단과 모피, 차고 있는 보석과 단검, 터질 듯 부풀어 오른 두 볼과 통통하게 살이 오른 두 손은 그의 고귀한 신분과 특유의 '남자다움'을 숨김없이 드러내고 있다. 헨리 8세의 얼굴 양 옆에 적힌 라틴어 문장은 '그의 나이 49세에'라는 뜻으로, 이 그림이 그려질 당시 헨리 8세는 다섯 번째 부인 캐서린 하워드(1525~1542)와 결혼한 상태였다.

왕의 결혼과 영국의 종교 개혁

헨리 8세는 평생 여섯 번 결혼했다. 그중 두 명의 부인을 단두대로 보냈으며, 두 번째 부인과 결혼하기 위해서는 가톨릭을 버리고 국왕을 수장으로 하는 영국 국교회(영국 성공회)를 만들었다. 그의 자식들 중 아들 한 명과 딸 두 명이 왕위에 올랐다. 헨리 8세는 이혼에 반대했던 가톨릭교도와 신교도를 무자비하게 박해했고, 37년의 치세 동안 약 7만여 명을 사형에 처했다. 영

5 영국의 소설가이다. 가진 자에 대한 풍자와 인간 생활의 애환을 그렸다. 주요 작품에 『올리버 트위스트』, 『크리스마스 캐럴』 등이 있다.

국의 소설가 찰스 디킨스(1812~1870)[5]는 이런 헨리 8세를 '브리타니아 역사의 선혈 낭자한 흉터'라고 불렀다.

헨리 8세는 헨리 7세(재위 1485~1509)의 아들이며, 튜더 왕조의 두 번째 군주였다. 튜더 왕조는 1483년 장미 전쟁에서 승리한 헨리 튜더가 헨리 7세로 즉위함으로써 시작됐고, 잉글랜드 왕국과 아일랜드 왕국을 다스린 다섯 명의 국왕을 배출했다. 튜더 왕조의 마지막 국왕이었던 엘리자베스 1세(재위 1588~1603)가 사망하자 헨리 7세의 피가 흐르는 스코틀랜드의 제임스 6세가 잉글랜드의 제임스 1세(재위 1603~1625)로 즉위했다.

헨리 8세는 1491년 헨리 7세의 차남으로 태어났다. 차남은 성직자가 되는 당시의 전통에 따라, 헨리 8세는 왕위보다는 성직으로 진출하여 주홍색 법의의 주교가 될 운명이었다.

착실히 성직자가 될 준비를 하고 있던 헨리의 운명이 꼬인 것은 형 아서가 결핵으로 요절해 국왕 자리를 물려받았기 때문이다. 왕세자 아서는 생전에 아버지 헨리 7세의 뜻에 따라 에스파냐의 왕녀인 캐서린 데 아라곤과 결혼한 상태였는데, 헨리 8세는 남편을 잃은 형수이자 전 왕세자비인 캐서린

장미 전쟁

1455년에서 1485년까지 영국의 두 가문이 벌인 왕위 쟁탈전이다. 랭커스터가는 붉은 장미를, 요크가는 흰 장미를 문장으로 삼아 장미 전쟁이라는 이름이 붙었다. 랭커스터가의 헨리 튜더가 요크가의 리처드 3세(재위 1483~1485)를 무찌르는 것으로 30여 년에 걸친 전쟁이 끝났다. 이 전쟁으로 많은 귀족과 기사의 세력이 꺾이고 왕권이 강화되었다.

헨리 튜더는 헨리 7세로 등극한 뒤, 둘로 나뉜 영국의 분열을 치유한다는 의미로 랭카스터 가문의 붉은 장미 문장과 요크 가문의 하얀 장미 문장을 합쳐 붉은 꽃잎 속에 하얀 꽃잎이 들어간 붉고 하얀 장미를 튜더가의 문장으로 사용했다. 헨리 7세의 어머니는 랭카스터 가문 출신의 마가렛 뷰포트였고, 부인 엘리자베스 요크(1466~1503)는 요크 가문 출신이었다.

장미 문장(왼쪽부터 랭카스터가, 요크가, 튜더가)

과 억지 결혼을 해야 했다. 캐서린과 결혼할 당시 헨리 8세의 나이는 열여덟 살이었다. 그렇게 헨리 8세는 여섯 살 연상의 형수와 결혼했고, 형수와 함께 왕위를 물려받았다.

젊은 시절의 헨리 8세는 학문과 예술을 사랑하는 인물이었다. 유럽의 군주들 중 최고로 매력적인 군주임을 자랑했고, 뛰어난 테니스 선수이자 작곡을 하고 시를 쓰는 음악가 겸 시인이었다. 또한 가톨릭 박해를 상상조차 할 수 없을 정도로 착실한 가톨릭 신자였다. 루터의 종교 개혁이 영국에 상륙하자 루터의 모든 저술을 영국 내에서 금서로 만들고, 가톨릭을 옹호하는 「7성사(聖事)의 변증」이라는 글을 발표해 교황 레오 10세로부터 '신앙의 수호자'라는 칭호를 얻었다.

그러나 헨리 8세의 궁정에 어두운 그림자는 드리워져 있었다. 무엇보다 사랑 없이 정략으로 맺어진 헨리 8세와 캐서린의 결혼이 문제였다. 헨리 8세는 왕위를 물려줄 사내아이를 원했다. 캐서린은 3남 2녀를 낳았지만, 훗날 메

메리 1세

헨리 8세의 큰 딸 메리 1세(재위 1553~1558)의 별명은 '블러디 메리(Bloody Mary, 피의 메리)'이다. 메리 1세에게 이렇게 유혈 낭자한 별명이 붙은 까닭은 그녀가 재위 기간 동안 로마 가톨릭의 복고를 선언하며 개신교와 영국 국교회를 혹독하게 탄압했기 때문이다.

메리 1세는 엘리자베스 1세가 태어나기까지 오랜 기간 동안 헨리 8세의 외동딸로 사랑을 받았으나, 헨리 8세가 캐서린과 이혼하면서 버림을 받았다. 공주 자격과 왕위 계승권까지 박탈당하고, 에드워드 6세(재위 1547~1553)의 치하에서도 가톨릭 신앙을 포기하지 않아 수난을 당했다.

에드워드 6세가 열다섯 살의 나이에 폐결핵으로 요절하자, 메리 1세는 튜더 왕조의 네 번째 왕으로 즉위했다. 그리고 로마 가톨릭으로 복귀를 선언하며 성공회 성직자들과 개신교 신자들을 처형했는데, 확인되는 고위직들의 숫자만 300명이 넘는다.

가톨릭 신앙의 수호자를 자처했던 메리 1세는 에스파냐의 펠리페 2세를 선택했지만, 이로 인해 영국인들의 민심을 잃고 말았다. 당시 영국인들은 메리가 가톨릭 국가인 에스파냐 왕자와 결혼하는 것에 대단히 부정적이었는데, 이로 인해 전국에서 민중 봉기가 일어날 정도였다. 그러나 메리 1세는 모든 반란과 반대를 무자비하게 진압하고 1554년 펠리페 2세와 결혼했다. 당시 메리의 나이 서른여덟 살, 펠리페의 나이는 스물일곱 살이었다. 1556년에 펠리페는 에스파냐로 귀국해 국왕의 자리에 오르고 1년 반 후에 런던으로 돌아왔지만, 겨우 3개월만 머무른 뒤 에스파냐로 돌아가 메리 1세를 영영 버렸다. 메리는 펠리페 2세와의 사이에서 아이를 낳지 못했다.

메리는 이복 여동생인 엘리자베스를 평생 동안 미워했다. 재위 기간 내내 엘리자베스를 하녀처럼 부리며 구박했다. 그리고 죽기 전날, 후계자로 여동생을 지명했다.

리 1세가 되는 딸 메리 하나만 남고 모두 어린 나이에 사망했다. 캐서린의 나이가 마흔을 넘고 더 이상 사내아이를 기대하기 힘들어지자 헨리 8세는 이혼을 결심했다.

헨리 8세는 당시 교황 클레멘스 7세에게 이혼을 받아줄 것을 청원했다. 하지만 캐서린의 친정은 강대국 에스파냐였다. 그녀는 신성 로마 제국의 황제이자 합스부르크가의 수장이었던 카를 5세의 이모였다. 신성 로마 제국의 눈치를 보던 교황 클레멘트 7세는 헨리 8세의 이혼 청원을 받아주지 않았다.

그러나 헨리 8세는 '왕국의 후사를 잇기 위하여' 캐서린을 내쫓고 앤 볼린(?~1536)과 비밀 결혼식을 올렸다. 교황은 불같이 노해 헨리 8세를 파문했지만, 헨리 8세는 아랑곳하지 않고 앤 볼린을 영국의 정식 왕비로 선포하더니 자신과 앤의 결혼을 무효라고 주장하는 사람은 누구든지 반역죄로 다스려 사형에 처할 것이라는 포고령을 발표했다.

헨리 8세는 이혼을 허락하지 않고 자신을 파문한 로마 가톨릭에 반감을 숨기지 않았다. 1534년 '성직임명법'을 제정해 영국의 모든 고위 성직자에 대한 임명권을 국왕이 가지도록 했고, 곧바로 '수장령'을 발표해 '잉글랜드 국왕만이 잉글랜드 교회의 유일한 우두머리'라고 선언하기에 이르렀다. 교황을 수장으로 하는 로마 가톨릭이 영국에서 금지되는 순간이었다. 헨리 8세가 새로 포고한 법령을 거부하는 사람은 반역법에 따라 대역죄로 처벌되었고, 영국의 교회는 공식적으로 로마 가톨릭과 단절되었다. 신권(神權)과 왕권(王權)이 모두 헨리 8세의 발아래 무릎을 꿇게 된 것이다.

그러나 그토록 간절히 원해서 이뤄진 헨리 8세와 앤 볼린의 결혼 생활 역시 평탄하지 않았다. 헨리 8세는 수많은 여성들과 끊임없이 추문을 일으켰고, 앤 볼린은 1533년 훗날 엘리자베스 1세가 되는 엘리자베스 공주를 낳았지만 사산과 유산을 되풀이할 뿐 헨리 8세가 그토록 원하던 아들을 낳지 못했다. 헨리 8세는 캐서린이 왕자를 낳지 못한다는 이유로 그녀를 내쳤지만, 계비 앤 역시 왕자를 낳지 못했던 것이다. 이제 남은 것은 헨리 8세의 광기뿐이었다.

1536년 앤이 또다시 사내아이를 사산하자 헨리 8세는 '캐서린과 이혼하고 앤과 혼인했던 것은 마법에 홀린 것'이었다고 선언했다. 앤은 간통과 반역죄로 런던탑[6]에 투옥되었고, 그해 5월 19일 참수되었다. 온 영국은 경악했다. 헨리 8세는 곧바로 제인 시무어(1507?~1537)와 재혼했다. 세 번째 왕비 제인은 헨리 8세가 그토록 원하던 아들을 낳았다. 후일 에드워드 6세가 되는 에드워드 왕자였다. 그러나 제인은 심한 산통으로 고생하다가 산욕열로 1537년 사망했다.

헨리 8세는 또다시 독일 클리브스 공국의 안네 폰 클리브스(1515~1557)와 재혼했다. 이 때 중요한 역할을 한 것이 홀바인이었다. 그 당시에는 초상화가 증명사진의 역할도 했는데, 헨리 8세는 홀바인이 그린 안네 폰 클리브스

홀바인, 「클리브스의 앤」
실물보다 너무 예쁘게(?) 그린 안네 폰 클리브스의 초상화이다. 안네 폰 클리브스가 헨리 8세에게 이혼 당했을 때 그녀의 나이는 스물다섯 살이었다. 이혼 후 안네는 고향으로 돌아가지 않고 영국에 머물렀는데, 헨리 8세는 이혼에 순순히 동의해 준 그녀에게 '왕의 사랑받는 여동생'이라는 칭호를 주었다. 마흔한 살까지 살았고, 웨스트민스터 대성당에 묻혔다. 1539년 무렵.

의 초상화를 보고 그녀와 결혼을 결심했던 것이다. 그러나 안네가 영국에 도착해 헨리 8세를 대면한 순간 헨리 8세는 엄청나게 실망했다. 안네의 실물은 초상화와 달리 매부리코에 천연두로 심한 곰보였던 것이다. 헨리 8세는 결혼한 지 6개월 만에 그녀가 너무 못생겼고 처음부터 그녀를 사랑하지 않았다는 이유로 이혼을 했다. 그러나 일은 거기서 끝나지 않았다. 이 결혼을 주선

113

한 사람은 헨리 8세의 충복 토머스 크롬웰(1485~1540)이었다. 크롬웰은 헨리 8세가 앤 볼린과 이혼할 때도 앞장을 섰고 헨리 8세가 수장령을 반포해 수도원의 재산을 국유화하고 가톨릭을 박해하는 데도 큰 역할을 했지만, 못생긴 안네 폰 클리브스를 왕비로 추천했다는 이유로 헨리 8세의 눈 밖에 나 실각했다. 그리고 헨리 8세가 안네 폰 클리브스와 이혼한 11일 뒤에 참수형으로 처형됐다. 추녀를 미녀로 그린 홀바인도 간담이 서늘했겠지만, 홀바인의 재주를 아낀 헨리 8세는 주범(?) 크롬웰을 처형하는 것으로 더 이상 홀바

엘리자베스 1세

주카로, 「엘리자베스 1세」

헨리 8세의 막내딸 엘리자베스는 엘리자베스 1세로 왕위에 올랐다. 튜더 왕조의 마지막 여왕이자 44년간의 긴 재위 기간 동안 유럽의 변방이었던 영국이 훗날 세계 최대의 제국으로 발전할 수 있는 초석을 놓은 현명한 군주였다.

아버지의 탓이었을까. 엘리자베스 1세는 평생 결혼을 하지 않고 독신으로 지내 '처녀 여왕'이라 불렸다. 엘리자베스는 거듭되는 국혼(國婚) 강권을 언제나 "짐은 잉글랜드와 결혼했다."라는 말로 물리쳤다.

엘리자베스 1세는 즉위 전 이복 언니 블러디 메리의 감시 아래 목숨을 부지하기에 급급했지만, 블러디 메리의 죽음 이후 국민들의 환영 속에 왕위에 올랐다. 그리고 블러디 메리의 가톨릭 복고 정책을 폐지하고 성공회를 다시 국교로 인정했으며, 수장령을 의회에 통과시켜 로마 가톨릭의 간섭을 배재했다. 엘리자베스 1세는 '구빈(救貧)세'를 신설해 극빈층을 구호했고 1년에 두 번 영국을 순시하며 국민들의 여론을 들었다. 헨리 8세와 블러디 메리의 광기에 시달리던 영국 국민들은 이런 엘리자베스를 사랑하지 않을 수 없었다.

엘리자베스 1세는 형부였던 펠리페 2세의 에스파냐와 대립했다. 해적 출신 프랜시스 드레이크(1545?~1596)에게 신대륙으로부터 실어오는 에스파냐의 귀금속을 약탈하게 했고, 네덜란드 독립 전쟁에서도 에스파냐가 아닌 네덜란드를 지원했다. 결국 펠리페 2세는 엘리자베스의 잉글랜드에 선전 포고를 했지만, 엘리자베스는 펠리페 2세의 무적 함대 '아르마다'를 무찔러 왕위와 영국의 독립을 지켜냈다. 해전에서의 참패 이후 에스파냐는 이전의 영광을 회복하지 못하고 결국 쇠락의 길로 빠졌다. 그리고 에스파냐의 쇠락을 틈타 급부상한 나라가 바로 엘리자베스의 영국이었다.

엘리자베스의 재위 기간 동안 영국은 예술, 문화적으로도 상당히 발전했는데, 영국이 자랑하는 문호 윌리엄 셰익스피어(1564~1616)[7]와 철학자 프랜시스 베이컨(1561~1626)이 모두 당시의 인물이다. 이 기간에 영국은 신대륙 아메리카에 식민지를 개척했고, 동인도 회사를 만들어 아시아의 부를 흡수하기 위해 노력했다. 에스파냐를 무찌르고, 대서양과 인도양을 넘어 신대륙과 인도를 잇는 판도를 개척한 것은 훗날 영국이 세계 제국으로 발전하는 초석이 되었다.

[7] 영국의 문호로, 최고의 극작가이며 시인이다. 오늘날 37편의 희곡과 150여 편의 소네트(정형시의 한 형태)가 전해지며, 대표 작품에 『햄릿』, 『멕베스』, 『로미오와 줄리엣』, 『베니스의 상인』 등이 있다. 셰익스피어의 활약으로 영어는 슬픔과 사랑을 노래하는 '문학적인 언어'로 발전해 유럽 변방의 2등 언어라는 비아냥을 탈피했다.

인의 죄를 묻지 않았다.

그리고 같은 달에 캐서린 하워드와 다섯 번째 결혼을 했다. 캐서린 하워드는 두 번째 왕비였던 앤 볼린의 외사촌이었다. 헨리 8세는 다섯 번째 새 왕비를 좋아했다. 그러나 캐서린에게는 헨리 8세와 결혼하기 전부터 사귀던 연인이 있었고, 왕비의 불륜은 헨리 8세의 귀에도 들어갔다. 헨리 8세는 불같이 노했고, 캐서린 하워드는 간통죄로 1542년 처형됐다. 참수된 다섯 번째 왕비의 나이는 열여덟 살이었다.

이혼, 참수, 사별, 이혼, 참수……. 헨리 8세에게는 더 이상 거칠 것이 없었다. 헨리 8세는 1543년에 캐서린 파(1512~1548)[8]와 재혼했고, 재혼 후 4년 만에 쉰여섯 살의 나이로 사망했다. 헨리 8세의 광기는 그렇게 끝났다. 헨리 8세가 사망한 후 10년 동안 그의 자녀 세 명이 연달아 왕위에 올랐다. 에드워드 6세와 피의 여왕 메리 1세, 그리고 영국의 성세를 연 엘리자베스 1세였다. 그러나 이들 세 명은 모두 후손을 남기지 못했고, 튜더 왕조는 그렇게 막을 내렸다.

02 마리 드 메디시스의 '발칙한' 일생

프랑스 절대 왕정 1

루벤스, 「마리 드 메디시스의 마르세이유 항 도착」

종교 개혁과 반종교 개혁이 충돌하던 격동의 시대, 수동적인 역할을 탈피해 역사의 한 가운데 서서 시대의 주인공이 되고자 했던 마리 드 메디시스의 삶은 화가 루벤스의 작품으로 불멸의 것이 되었다. 그녀의 삶은 청나라의 멸망을 앞당겼던 서태후나 당나라의 황후 출신으로 12년간 황제 자리에 올랐던 측천무후에 비교되기도 한다. 그러나 부정적인 평가와 달리 그녀는 앙리 4세의 왕후나 루이 13세의 어머니가 아닌, 마리 드 메디시스, 자기 인생의 주인공이었다.

피렌체의 메디치가는 유럽에서 최고로 부유한 재력 가문이었다. 메디치 은행을 배경으로 막대한 부를 쌓은 뒤 유럽의 수많은 유력 가문과 혼인을 거듭하며 세력을 팽창시켰다. 엄청난 규모의 지참금을 들고 오는 메디치가의 신부들은 유럽의 귀족들에게 언제나 환영 받는 존재였다. 메디치가는 정략결혼을 바탕으로 영국, 프랑스, 에스파냐, 독일 왕실과 쉽게 인척 관계를 맺었고, 그렇게 돈으로 산 권력을 바탕으로 유럽 귀족 사회의 최상류층으로 진입했다.

15세기 이후 메디치가는 세 명의 교황과[1] 셀 수 없이 많은 왕후장상(제왕·제후·장수·재상)을 배출하며 전성기를 누렸다. 메디치의 수많은 딸들이 왕비가 되었고, 수많은 외손자들이 왕과 왕자, 황제와 대공이 되었다. 마리 드 메디시스(1573~1642)는 선대의 카트린 드 메디시스(1519~1589)[2]에 이어 두 번째로 프랑스로 출가해 왕비가 된 메디치 가문의 여인이었다.

프랑스 왕비가 된 메디치가 여인

왼쪽의 그림은 화가 페테르 루벤스(1577~1640)가 프랑스의 왕비 마리 드 메디시스[3]의 생애를 그린 「마리 드 메디시스의 생애」 연작 중 하나로, 마리 드 메디시스가 마르세이유 항에 내리는 장면을 그린 것이다. 루벤스의 마리 드 메디시스 시리즈는 그림 한 장의 크기가 가로 3.9미터, 세로 2.9미터에 이르는 초대형 연작 그림들로, 모두 24장으로 이루어져 있다. 마리 드 메디시스 시리즈는 현재 프랑스 루브르 박물관의 '메디치 갤러리'를 통째로 채우고 있다.

그림 속 마리 드 메디시스는 프랑스 땅에 강림하는 여신의 모습이다. 좌우에서 그녀를 호위하고 있는 두 명의 여성은 메디치가의 먼 친척인 만토바 대공부인과 토스카나 대공부인이다. 메디치가의 지체 높은 부인들이 장차

[1] 레오 10세, 클레멘스 7세, 레오 11세.

[2] 프랑스 앙리 2세의 왕비이며, 차남 샤를 9세가 즉위하는 것을 계기로 실권을 장악했다. 신구 양 교도의 충돌을 부채질하거나 조정하며 종교 전쟁 중에서도 왕권을 신장하는 데 진력했다.

[3] 이탈리아어로 '마리아 데 메디치'라 발음한다.

프랑스의 축복이자 재앙이 될 마리 드 메디시스의 프랑스 초행길을 동행하고 있다. 마리가 타고 온 배에는 메디치가를 상징하는 붉고 푸른 여섯 개의 공으로 장식된 문장이 선명하다. 그리고 마리를 반기는 것은 프랑스 부르봉 왕가의 백합 문장이 그려진 망토를 입은 부르봉의 기사이다. 마리의 입항을 기뻐하는 것은 사람들만이 아니다. 하늘에서는 천사가 도착을 알리는 나팔을 불고, 바다에서는 바다의 신 포세이돈과 트리톤, 세이렌이 춤을 추며 마리의 입항을 축하한다. 하늘과 땅과 바다, 이쯤 되면 온 우주가 마리 드 메디시스의 프랑스 도착을 환영하는 셈이다.

마리 드 메디시스가 프랑스 마르세이유에 입항한 날짜는 1600년 11월 3일이지만, 마리는 10월 5일에 이미 앙리 4세(재위 1589~1610)와 혼인을 치른 상태였다. 당시 귀족들의 관습은 참으로 이해하기 어려운데, 앙리 4세는 '공무가 바쁘다'는 이유로 결혼식에 참석하지 않았다. 신랑이 참석하지 않은 결혼식은 피렌체 추기경의 집전으로 피렌체 대성당에서 열렸다. 신부의 삼촌 토스카나 대공 페르디난드가 앙리 4세를 대신해 마리 드 메디시스의 손에 반지를 끼워 주는, '신랑 대리'가 입회하는 대단히 어색한 방식으로 진행되었다.

아랫입술을 쭉 내밀고 있는 페르디난드 대공의 모습에서 콧대 높은 프랑스 국왕을 사위로 맞는 메디치가의 불편한 심기가 역력하다. 이 그림은 결혼식이 열린지 20여 년 후에 그려졌지만, 결혼식이 열릴 때 루벤스는 이탈리아에서 유학 중이어서 이 결혼식을 실제로 구경했다. 루벤스

루벤스, 「마리 드 메디시스와 앙리 4세의 대리 결혼식」
당대 최고 귀족의 결혼식이었던 만큼 등장인물들이 지극히 화려하다. 집전을 맡은 추기경, 신부의 들러리를 선 토스카나 대공녀와 마리의 여동생, 그리고 대리 신랑의 들러리는 이 결혼의 중매인이었던 실러리의 후작이다. 루벤스는 그림 속 한 자리를 차지하는 것으로 자신을 이들과 동격으로 여겼다. 1621~1625년.

는 당시의 분위기를 증언하는 의미에서 마리 드 메디시스의 뒤편에서 십자가를 들고 빼꼼히 고개를 내민 채 그림의 정면을 바라보는 젊은 복사(미사 때에 사제를 도와 시중드는 사람)의 모습으로 자신의 얼굴을 그려 넣었다. 성이 난 숙부와 무표정한 신부, 생뚱맞은 표정의 복사 루벤스, 마리 드 메디시스는 이런 우스운 결혼식을 치루고 프랑스 왕비 신분으로 마르세이유에 입항한 것이다.

마리 드 메디시스는 토스카나 대공의 딸이자 신성 로마 제국의 황제 페르디난트 1세의 외손녀였다. 메디치가의 막강한 재력과 신성 로마 제국 황제의 외손녀라는 신분은 앙리 4세에게 구미가 당기는 것이었다. 당시 두 번째 왕비와 이혼한 후 홀아비였던 앙리 4세는 이런 정략적인 목적으로 당시 스물일곱 살이던 마리 드 메데시스와 얼굴도 보지 않고 결혼식을, 그것도 대리로 올려 버렸다.

애시당초 애정 없이 돈과 권력이 만난 정략결혼이었다. 앙리 4세는 마리 드 메디시스에게 관심을 보이지 않았고, 설상가상 메디치가의 신부는 프랑스어를 한 마디도 할 줄 몰랐다. 겉돌기만 하던 이 부실한 부부 관계는 1610년, 앙리 4세가 가톨릭 광신도에게 암살을 당하는 것으로 허무하게 끝나고 말았다.

루벤스, 「앙리 4세의 죽음과 마리 드 메디시스의 섭정 선언」
그림의 왼편에는 앙리 4세가 붉은 옷을 입은 제우스와 푸른 옷을 입은 크로노스에 의해 천상으로 인도되고 있다. 제우스는 올림푸스의 주신으로 상징인 번개를 들고 있고, 농업을 관장하는 신 크로노스는 상징인 낫을 들고 있다. 검은 옷을 입은 마리는 프랑스의 주권을 인도받고 있다. 1621~1625년.

119

서른일곱 살의 나이에 청상과부가 된 마리 드 메디시스는 거칠 것이 없었다. 앙리 4세를 이어 장남 루이 13세(재위 1610~1643)가 왕위에 올랐다. 마리는 겨우 아홉 살인 루이 13세를 대신해 섭정(군주를 대신해 나라를 다스리는 사람) 자리에 등극했다. 마리는 그동안 자신이 받았던 모든 부당한 대접을 분풀이하듯 프랑스에 재앙을 내리기 시작했다.

앙리 4세는 성실한 남편이 아니었을지언정 프랑스 왕조사에서 손꼽히는 성군이었다. 앙리 4세는 종교 개혁 이후 끝없이 이어지던 프랑스 내부의 신교(위그노)와 구교 간의 종교 전쟁을 마무리하고, 신교도들에게 신앙의 자유를 부여하는 칙령(낭트 칙령)을 반포해 국민들의 화합과 결속을 도모했다. 별명이 '선량왕'이었을 정도로 백성들에게 인기가 많았던 앙리 4세는 현명한 재상 막시밀리앵 드 베튄 쉴리(1560~1641)를 기용해 농민들의 세금 부담을 줄이는 대신 귀족들에게 더 많은 세금을 부과했고, 오랜 전쟁으로 파산지경이었던 프랑스의 재정을 재건하며 신교도들이 주를 이뤘던 상공업자들을 지원했다. 앙리 4세가 마리 드 메디시스와 사랑 없는 결혼을 한 것도 종교 전쟁으로 바닥이 난 프랑스의 국고를 채우기 위한 목적이었다.

앙리 4세는 "하느님께서 허락하신다면, 나는 왕국의 모든 국민들로 하여금 매주 일요일마다 닭고기를 먹게 하겠다."라는 말을 남길 정도로 백성들의 살림살이에 많은 관심을 보였다. 그러나 앙리 4세 치세의 모든 것을 무로 돌리고 프랑스를 가톨릭 천하로 만들겠다는 것이 어린 왕을 대신해 프랑스

낭트 칙령

1598년 앙리 4세가 프랑스의 신구교도간 종교 분쟁을 수습하기 위해 발표한 신앙에 관한 칙령이다. 공직 임용과 재산권 행사 등에서 차별받던 신교도에게 종교의 자유를 허락하고 가톨릭교도와 '비교적' 동등하거나 최소한의 방어권 행사가 가능한 법률적 장치를 마련해 프랑스를 내전 상태로 이끌었던 위그노 전쟁을 마무리 지었다. 그러나 1685년 앙리 4세의 손자인 루이 14세는 퐁텐블로 칙령을 반포해 낭트 칙령을 폐지했고, 이에 불안을 느낀 개신교 교도들의 대부분이 프랑스를 탈출해 프랑스의 쇠퇴가 가속화되었다. 프랑스는 신교도들이 상업과 공업 등 산업의 핵심을 담당하고 있었기 때문에 이들의 이탈로 세금이 줄어들었고, 이는 훗날 프랑스 혁명[4]의 원인이 되었다.

의 섭정이 된 마리 드 메디시스의 생각이었다.

마리 드 메디시스는 섭정 집권 후 앙리 3세(재위 1574~1589) 시절의 신료들을 축출하고 이탈리아 출신의 관료들을 발탁해 앙리 4세의 모든 정책을 뒤집었다. 완고한 가톨릭 신자였던 그녀는 프랑스의 종교 갈등을 부추겼는데, 이런 정책은 귀족 계층과 평민 계층뿐만 아니라 아들 루이 13세에게까지도 반감을 사 공공연히 어머니의 정책에 반발하는 지경에 이르렀다.

이때 등장한 인물이 아르망 리슐리외(1585~1642) 추기경이었다. 마리 드 메디시스는 정치적 야심이 많던 주교 리슐리외를 정계로 끌어들였다. 훗날 알렉상드르 뒤마(1802~1870)[5]의 소설 『삼총사』[6]에 악역으로 등장하는 리슐리외는 어머니의 폭주에 반항하는 루이 13세와 섭정 마리 드 메디시스 간에 중요한 중재자 역할을 했다. 자신을 발탁한 어머니보다는 아들을, 추기경 신분임에도 가톨릭보다는 프랑스를 우선시하는 정책으로 프랑스 역사의 중심을 잡았다.

리슐리외는 30년 전쟁에서 스위스와 스웨덴 등 개신교 편에 섰다. 프랑스의 국익을 위해 같은 가톨릭 세력인 합스부르크 왕조에 대항한 것이다. 왕권에 위험이 되는 인물이라면 신구교도를 막론하고 무자비하게 처단해 프랑스의 안정을 도모했다. 이후 프랑스보다 에스파냐를, 부르봉보다 합스부르크를 우선했던 마리 드 메디시스를 블루아 성에 유폐시키고 그녀의 권력을 빼앗아 루이 13세에게 돌려준 것 역시 리슐리외였다. 그러나 마리 드 메디시스는 블루아 성에서 탈출해 셋째 아들을 앞세워 반란군을 결성해 루이 13세에 대항했다. 반란을 분쇄한 뒤 모후인 마리 드 메디시스를 처형하겠다고 펄펄 뛰는 루이 13세를 달래 그녀의 목숨을 구명한 것 역시 리슐리외였다.

마리 드 메디시스가 루벤스에게 뤽상부르 궁전을 장식할 그림을 주문한 것도 이 무렵이었다. 아들에게 권력을 빼앗기고 뒷자리로 물러난 후 자신의 생애에 일어난 사건들을 그린 연작과 남편 앙리 4세의 군대를 그린 연작

5 19세기 프랑스의 극작가이자 소설가로, 대(大)뒤마라고도 한다. 주요 작품에 소설 『삼총사』, 『몽테크리스토 백작』 등이 있다.

6 1844년 출간되었다. 루이 13세 시대를 배경으로 쾌남아 달타냥이 삼총사 아토스, 포르토스, 아라미스와 한 편이 되어 리슐리외 재상의 권세와 음모에 대항하는 이야기이다. 출간 이후 책과 영화, 드라마 등 수많은 작품이 제작되었다. 사진은 『삼총사』 초판에 실린 그림이다.

『삼총사』 초판

뤽상부르 궁전
파리 뤽상부르 공원의 북쪽 구석에 있으며, 현재는 프랑스 의회의 상원 건물로 쓰이고 있다. 마리 드 메디시스가 설계와 건축을 감독했으며, 이탈리아 풍의 호화스러운 궁전다. 17세기.

을 주문했는데, 마리 드 메디시스는 생전에 첫 번째 연작의 완성만을 볼 수 있었다. 루벤스가 「마리 드 메디시스 생애」 시리즈를 3년여의 구상과 스케치 작업 뒤에 완성하고 두 번째 시리즈에 착수할 무렵, 마리 드 메디시스는 리슐리외의 실각을 도모하는 음모를 꾸미다 발각되었다. 이 때문에 마리 드 메디시스는 왕의 생모임에도 1631년 프랑스에서 추방돼 브뤼셀로 망명했고, 결국 1642년에 독일 쾰른에서 쓸쓸히 사망했다.

천상을 그린 화가

바로크 시대를 대표하는 화가인 루벤스는 활달하고 정력적인 성격으로 화가이자 인문학자, 외교관이자 미술품 수집가를 자처하며 프랑스, 영국, 독일 등 유럽의 거의 모든 왕실을 출입하는 화려한 삶을 살았다. 독일에서 태어났으며 루벤스의 아버지가 칼뱅주의자[7]였던 까닭에 유년 시절에는 가족 전체가 신교 탄압을 피해 여러 곳을 전전하는 불안한 생활을 했다. 그러나 아버지가 사망한 후 루벤스의 어머니는 어린 루벤스를 라틴어를 가르치는 가톨릭 계열의 학교에 입학시켰고, 루벤스는 가톨릭 신앙에 열중해 '반종교

[7] 칼뱅주의는 개혁주의 신학자 칼뱅에게서 비롯된 신교 신앙을 말한다. 칼뱅은 종교 개혁가들 중 후대에 가장 큰 영향을 미쳤다. 오늘날 장로교를 비롯한 많은 기독교 계파가 칼뱅주의에 뿌리를 두고 있다. '오직 성경, 오직 예수, 오직 은혜, 오직 믿음, 오직 주께 영광'을 근본이념으로 한다.

[8] 이탈리아 초기 바로크의 화가이다. 종교화에 사실 묘사를 도입하고 빛과 그림자의 대비를 잘 표현했다. 작품에 「바쿠스」, 「예수의 죽음」 등이 있다.

[9] 네덜란드의 화가이다. 화려한 붓놀림과 풍부한 색채가 특징이며 인물의 내면 묘사에 뛰어났다. 작품에 「오벨리스크가 있는 풍경」, 「야간 순찰」, 「탕자의 귀향」 등이 있다.

바로크 시대

바로크는 원래 '찌그러진 진주'를 뜻한다. 16세기 유럽을 지배한 고전주의 르네상스 뒤에 나타난 양식으로 모멸적인 뜻을 담고 있으나, 19세기 중엽 독일 미술사가들에 의해 부정적 평가는 사라졌다. 바로크 양식은 르네상스 이후 17~18세기에 루벤스, 카라바조(1573~1610)[8], 렘브란트(1606~1669)[9] 등의 거장들에 의해 전성기를 맞았다. 당시 반종교 개혁의 유력한 수단으로 가톨릭 국가를 중심으로 크게 유행했다. 오늘날 바로크라는 단어는 17~18세기에 특정된 미술 양식을 설명하는 용어가 아닌 당시 문화 전반의 양식을 설명한다. 같은 시기 활동한 바로크 양식의 음악가로는 클라우디오 몬테베르디(1567~1643), 게오르크 필리프 텔레만(1681~1767), 요한 제바스티안 바흐(1685~1750), 게오르크 헨델(1685~1759) 등이 유명하다.

이 감동적인 그림에는 예수를 중심으로 모두 아홉 사람이 등장한다. 사다리 위에서는 두 명의 일꾼이 손과 이빨로 예수를 감싼 천을 조심스럽게 땅으로 내리고 있다. 붉은 옷을 입은 성 요한은 한 발을 사다리에 걸친 채 시신을 두 손으로 받치고 있고, 금발의 막달라 마리아가 예수의 왼발을 감싸 안는 사이 성모 마리아는 예수의 오른팔을 향해 손을 뻗고 있다. 수염이 덥수룩한 인물은 요셉으로, 오른쪽 니고데모와 시선을 나란히 하며 시신을 살피고 있다. 발밑에는 성 요셉의 형제인 클로파스의 아내, 즉 또 다른 마리아이다. 미켈란젤로의 회화와 조각을 떠올리게 하는 걸작이다. 17세기.

개혁적'인 화풍을 일생동안 굳게 지켰다.

루벤스는 『성경』의 주제나 신화, 역사, 그리고 당대 인물들의 초상화를 많이 남겼다. 그러나 무엇보다도 루벤스를 루벤스답게 만든 것은 "내 열정은 지상의 잡상(雜想)이 아닌 천상으로부터 비롯된 것이다."라고 말한 그 위대한 예술적 반동성(反動性)이었다. 루벤스의 시선은 언제나 자신보다 높은 곳, 자신이 닿아야 할 곳, 자신이 마땅히 속해야 할 곳, 인간보다는 인신(人神)과 영웅들을 향해 있었다.

루벤스의 수많은 작품들 중 일본과 우리나라의 어린이들을 통곡하게 만들었던 그림이 있다. 안트베르펜[10] 성당의 벽면에 전시된 삼면화 「십자가에서 내려지는 예수」이다. 1975년 방영된 일본의 만화영화 「플란다스의 개」[11]의 마지막 장면에서 주인공 네로와 파트라슈는 이 그림 앞에서 얼어 죽었다. 이 그림은 처형 후 십자가에서 내려지는 예수의 처진 몸을 휘감는 흰 천과 그 시신을 받아드는 붉은 옷의 요한의 모습으로 그 강렬한 대비만큼이나 큰 감동을 주는 명작이다.

10 안트베르펜은 벨기에의 수도 브뤼셀에서 북쪽으로 약 40킬로미터 떨어진 곳에 있다. 브뤼셀 다음으로 인구가 많은 대도시이며, 벨기에 제일의 무역항이다. 16세기에는 유럽의 무역과 금융의 중심지였다.

11 영국의 여류 작가 위다가 1872년에 지은 아동문학 작품이 원작이다.

123

03 짐은 죽지만 프랑스는 영원하리라

리고, 「루이 14세」

유럽 한복판의 넓은 평야와 많은 인구를 거느린 프랑스는 지난 역사에서 단 한 번도 유럽 강대국의 위치를 잃지 않았다. 프랑스(France)라는 이름은 로마 제국 멸망 후 로마 가톨릭교회로 개종한 프랑크족에서 비롯된 것이다.

그래서 프랑스는 '교회의 맏딸'이라는 별명으로 불리기도 한다. 그런 프랑스의 왕이었던 루이 14세는 절대 왕정을 펼치며 17세기 프랑스의 전성기를 연 위대한 국왕이었다.

'짐은 곧 국가'라는 말을 남긴 루이 14세는 17세기 프랑스의 전성기를 이끈 국왕이다. 다섯 살에 왕위에 올라 일흔일곱 살로 세상을 떠날 때까지 72년 간 프랑스를 다스린, 가장 오랫동안 프랑스를 통치한 최장수 국왕 기록의 보유자이기도 하다.

초상화 속 루이 14세는 '태양왕'이라는 별칭답게 그야말로 우주의 중심에서 세상을 굽어보는 듯한 모습이다. 푸른 바탕에 부르봉의 문장인 금빛 백합 무늬를 선명하게 수놓은 대례복으로 치장하고 있다. 이 유명한 초상화는 당시 유럽 상류층의 초상화를 도맡다시피 한 화가 이야생트 리고(1659~1743)가 그린 것이다.

이야생트 리고는 에스파냐 카탈루냐 출신으로 파리를 중심으로 활동했다. 왕족, 은행가, 귀족, 성직자 등 부유층 고객만을 상대하며 부와 명예를 누렸던 17세기 바로크 시대의 거장이었다. 당대의 세력가들 중 그에게 초상화를 부탁했던 사람들보다 부탁하지 않았던 사람을 세는 것이 빠를 정도로 리고는 대단한 인기를 끌며 수많은 작품을 남겼다.

귀족들의 증명사진

리고는 엄청났던 보수만큼이나 완벽한 작업으로도 유명한 화가였다. 루벤스, 티치아노, 안토니 반 다이크(1599~1641)[1] 등의 화풍을 치밀하게 연구해 자신만의 양식을 완성하고, 증명사진에 가까울 정도의 정밀한 초상화 작품을 남겼다. 리고는 오늘날 17세기 유럽 복식사를 연구하는 학자들에게 가장 환영 받는 화가이기도 하다.

그러나 평생 그림 한 장 팔지 못해 삼순구식(三旬九食, 30일 동안 아홉 끼니밖에 먹지 못함)했던 빈센트 반 고흐(1853~1890)[2], 앙리 루소(1844~1910)[3] 같은 화가들이 오늘날 누리는 명성에 비하면 보통 사람들에게 리고는 거의 잊혀

1 영국에서 찰스 1세의 궁정 화가로 활약하며 초상화를 그려 루벤스에 이어 17세기 플랑드르 최대의 초상화가로 불린다. 추기경 벤티보료 및 플랑드르의 저명한 미술 애호가와 문인들의 초상을 그리고, 여러 성당과 수도회에 성화를 그렸다. 작품에 「자화상」, 「찰스 1세의 초상」 등이 있다.

2 네덜란드의 화가이다. 인상파의 영향을 받아 독특한 화풍을 확립해 20세기 야수파에 큰 영향을 주었다. 작품에 「별이 빛나는 밤」, 「해바라기」, 「자화상」 등이 있다.

3 프랑스의 화가이다. 사실과 환상을 교차시켜 열대의 풍물을 주제로 풍경화와 인물화를 그렸다. 작품에 「원시림」, 「잠자는 집시」, 「시인과 그 여신」 등이 있다.

진 화가나 다름없다. 기법으로나 양식으로나 당대 최고 수준의 작품을 제작했던 리고의 작품들이 박물관의 참조용을 제외하면 큰 주목을 끌지 못하는 이유는, 전해지는 작품의 수가 너무 많다는 것이다. 그리고 리고가 왕족과 귀족, 고위 성직자들의 초상화 같은 '돈이 되는' 작품에만 주력했던 탓에 오늘날의 관객들이 원하는 '시대정신'을 갖춘 작품이 드문 탓이다.

어쨌거나 리고의 명성을 최고로 끌어올리며 그에게 부와 명예를 안겨줬던 이가 바로 루이 14세였다. 루이 14세의 베르사유 궁전에 리고가 그린 루이 14세의 대형 초상화가 걸리자, 리고의 초상화는 귀족들 사이에서 대단한 열풍을 일으켰다. 루이 14세의 궁중 예절을 숭상하며 어떻게 하면 루이 14세처럼 될 수 있을까를 고민했던 프랑스의 귀족들은 곧 너도나도 '태양왕 전하의 어진(御眞)을 그린 어용 화가' 리고에게 초상화를 부탁했다. 리고의 작업실에 얼굴을 내미는 것이 유행이자 상류층 인사 누구나 갖춰야 할 필수 덕목처럼 여겨지게 된 것이다.

그림 속 루이 14세의 모습은 놀랍도록 사실적이다. 예순을 넘긴 나이에도 붉은 색이 선명한 굽 높은 하이힐에 달라붙는 타이즈로 한껏 멋을 부렸고, 치렁치렁한 검은색 곱슬머리 가발로 젊음을 과시하며 허리에 찬 황금 보

루이 14세의 치아

그림을 자세히 살펴보면 루이 14세의 입과 뺨이 유난히 홀쭉한 것을 알 수 있다. 나이가 들어 볼살이 쳐지긴 했지만, 사실에 충실했던 리고가 루이 14세의 얼굴을 이렇게 그린 것은 다 까닭이 있을 것이다.

루이 14세의 입이 홀쭉한 것은 치아가 하나도 없기 때문이다. 루이 14세는 젊은 시절에 의사의 잘못된 진단과 처방으로 생니를 전부 발치했는데, 이는 이빨이 만병의 근원이라는 당시의 잘못된 의학적 소견에 따른 것이었다. 당시의 평균 수명을 생각하면 루이 14세의 장수가 대단한 것이다. 그러나 루이 14세는 '돌팔이' 치과 의사의 엉터리 발치로 아래턱이 두 조각으로 갈라졌고, 입천장의 뼈가 부서져 평생 식사 때마다 고생을 했다. 루이 14세는 식사를 할 때마다 입천장에서 코로 음식물이 뿜어져 나오는 대단히 곤란한 풍경을 연출했는데, 베르사유 궁전의 귀족들 사이에서는 왕의 식사 시중을 들며 루이 14세의 코로 흘러나오는 음식물을 닦아 주는 것이 대단한 영예였다고 한다.

루이 14세는 자신의 건강과 장수가 올바른 의사를 만나 젊은 시절에 이를 몽땅 뽑은 덕이라고 굳게 믿었다고 한다. 그가 만약 좋은 치과 의사를 만났더라면 성한 치아와 멀쩡한 입천장으로 온 우주를 다스리는 '은하왕'이 되었을지도 모르는 일이다.

검과 왕홀로[4] 더할 나위 없는 태양왕의 위엄을 드러낸다. 그러나 신처럼 그려진 루이 14세의 재위 기간 동안 프랑스는 결코 태평성대가 아닌, 온갖 우환과 반란과 전쟁이 되풀이되던 혼란의 시기였다.

신이 준 권력, 태양왕 루이 14세

루이 14세는 왕권신수설을 신봉하며 자신을 '지상에서의 하느님의 대리인이자 화신'이라 주장했다. 명재상들의 도움을 받으며 프랑스를 유럽의 최강국으로 끌어올린 군주였다. 다섯 살에 왕위에 올랐던 루이 14세는 루이 16세(재위 1774~1792)까지 이어지는 부르봉 왕가의 절대 왕정기를 이끈 대표적인 군주였지만, 집권 초기부터 절대 군주는 아니었다.

루이 14세는 루이 13세가 결혼한 지 23년 만에 대단히 귀한 늦둥이로 태어났다. 너무 늦은 나이에 후사를 얻은 루이 13세는 루이 14세가 성년이 될 때까지 왕위를 지키지 못했고, 루이 14세는 1643년 다섯 살의 어린 나이

4 홀(笏)이라고 하며, 고대 이집트와 메소포타미아 이래 서구에서 왕의 권위와 통치의 상징으로 사용한 지팡이이다. 『성경』의 모세가 이집트로부터 유대 민족을 탈출시킬 때 권위의 상징으로 사용한 목자의 지팡이를 기원으로 보는 견해도 있다. 보주(寶珠), 십자가, 칼과 함께 왕의 권위를 드러내는 상징물이었다.

에 왕위를 물려받았다.

다섯 살의 어린 왕이 성년이 될 때까지 국정을 맡은 것은 모후 안 도트리슈(1601~1666)와 그녀가 총애하던 이탈리아 출신의 재상 쥘 마자랭(1602~1661)이었다. 어린 왕을 얕잡아 본 프랑스의 귀족들은 에스파냐 출신의 모후와 이탈리아 출신의 재상이 프랑스의 국정을 농단한다며 루이 14세의 왕실을 인정하지 않으려 했고, 중앙 권력이 약해진 틈을 타 지방 귀족들은 하루가 멀다 하고 반란을 일으켰다. 이 때 일어났던 귀족들의 반란이 '프롱드의 난'이다. 귀족들은 한때 승기를 잡아 왕실을 파리에서 쫓아내고 어린 루이 14세를 퇴위시키는 듯 보였으나, 에스파냐와 도트리슈의 지원을 받는 왕족 콩데 공에 의해 진압되었다. 결국 프롱드의 난은 5년여 동안의 지루한 공방 끝에 간신히 왕당파[5]의 승리로 마무리되었다.

어린 시절 어머니와 함께 파리를 떠나 피난을 다니며 동가식서가숙(東家食西家宿)[6]으로 성장한 루이 14세는 성년이 되자 반란을 밥 먹듯 일삼는 지방 귀족들을 어떻게 복속시킬지 궁리했다. 루이 14세가 택한 방법은 지방의 귀족들을 모두 파리로 불러 올려 연금과 작위를 하사하고 자신의 곁에 두는 회유책이었다. 작위와 연금을 준다는 말에 파리로 상경한 귀족들은 꿀단지에 빠진 파리처럼 궁정 생활의 화려함과 사치스러움, 권력과 작위, 연금, 국왕 하사금에 빠져들었다. 루이 14세의 치세 중반 이후 내정이 안정기를 맞자 귀족들은 세력 기반이었던 지방을 떠나 파리의 궁정에 기거하며 루이 14세에

■ 베르사유 궁전

바로크 양식의 대궁전으로 건물 자체는 물론 내부 장식과 진귀한 소장품들, 궁전 뒤로 펼쳐진 광대한 정원까지 장엄함과 화려함의 극치를 보여 준다. 2만 명이 50년이 넘는 대공사 끝에 완성되었다. 1789년 프랑스 혁명 때 파괴되었다가 복구돼 지금은 관광지로 사랑받고 있다. 17세기.

■ 베르사유 궁전 안 거울의 방

베르사유의 수많은 볼거리 중 단연 압권이다. 길이 73미터, 너비 10미터, 높이 12미터의 대형 공간으로 루이 14세의 접견실로 사용되었다.[8] 17세기.

129

게 충성 경쟁을 펼쳤다. 루이 14세는 귀족들에게 사치스런 생활을 즐기게 하면서 그들의 재력을 탕진시켰고, 빈털터리가 된 귀족들을 어르고 달래며 회유했다. 루이 14세의 이러한 정책은 유럽 전역으로 퍼져나가 많은 국가들이 루이 14세의 방식을 답습했다.

루이 14세는 당대 유럽의 왕들 중에서 가장 부유하고 사치스러운 국왕이었다. 루이 14세는 파리 교외에 새 궁전을 지으라고 명령했는데, 바로 오늘날 전 세계 관광객들을 끌어 모으는 베르사유 궁전이다. 사치와 향락의 극을 달렸던 베르사유 궁전은 귀족들의 이성을 마비시켰다.

왕과 귀족들의 궁정 생활은 화려하기 그지없었지만, 이러한 화려한 생활을 유지하느라 귀족들의 금고는 바닥을 드러냈다. 빈털터리이가 된 귀족들은 반란은 언감생심, 루이 14세의 하사금만 쳐다보는 처지가 되었다.

그러나 루이 14세의 금고 또한 사정이 좋지 않았다. 루이 14세는 72년의 재위 기간 중 31년을 전쟁으로 보냈다. 한 전쟁이 끝나기 전에 또 다른 전쟁을 벌였다. 영국과 식민지 전쟁을 하는 사이 왕위 계승 전쟁을 벌이는 등, 루이 14세는 프랑스의 영광을 위해서라는 목적으로 쉼 없이 실익이 없는 전쟁을 거듭했다.

전쟁 수행에 필요한 자금을 충당할 곳은 결국 세금뿐이었다. 민중들은 '프랑스의 영광을 위해서'라는 미명 아래 수탈당했다. 게다가 루이 14세는 종교의 자유까지 억압했다. 하나의 국가에는 하나의 종교만이 옳다며 프랑스 교회를 로마 가톨릭으로 통일하는 것이 당연하다고 생각했다. 루이 14세는 1685년 낭트 칙령을 폐지하고 공식적으로 신교를 탄압했다. 이로써 프랑스 내

루이 14세의 책상
베르사유 궁전 안에 있는, 루이 14세가 쓰던 책상이다. 베르사유 궁전을 장식하던 가구 대부분은 프랑스 혁명과 나폴레옹 시대를 거치며 약탈되거나 파괴되었지만, 일부가 남아 화려한 바로크 풍 장식 가구의 아름다움을 자랑한다. 17세기.

신교도 약 25만 명이 종교의 자유를 인정하는 네덜란드와 북유럽, 영국 등으로 망명 또는 피난을 떠났다. 이들은 대부분 숙련된 기술자이거나 유대인 은행업자, 상공업에 종사하는 사람들이었다. 국가에 세금을 낼 중산층이 증발한 것이다.

1715년, 루이 14세는 증손자인 루이 15세(재위 1715~1774)에게 "너는 이웃 국가들과의 전쟁 대신 평화를 유지하도록 힘써라. 내가 밟은 길을 따르지 말라. 국민들의 고통을 덜어 주는 정치를 펼치고, 내가 행하지 못한 모든 일을 이루어라. 짐은 이제 죽는다. 그러나 프랑스는 영원하리라."라는 유언을 남기고 세상을 떠났다.

04 사랑하는 왕비에게 인도를 바치다

무굴 제국의 시대

인도는 불가사의한 나라다. 네 개의 거대 종교가 발원한 곳이고, 인구 11억(2005년 기준)의
세계 최대 민주주의 국가이다. 헌법이 인정하는 18개의 공용어, 10만 명 이상의 인구가 사용
중인 216개의 소수 언어, 10만 명 이하의 인구가 사용 중인 3,000가지 이상의 소수 언어 등
다양한 인종과 문화로 구성된 세계 최고의 문화적·인종적 용광로다. 인도는 20세기 중반
영국의 식민지로부터 독립한 이래 제3세계의 맹주를 자처했고, 폭발적인 인구 증가와
역동적인 성장력을 발판으로 중국을 견제하며 아시아의 2강을 형성하고 있다.

파리의 에펠탑, 뉴욕의 자유의 여신상, 이집트의 피라미드처럼 인도의 타지마할은 인도를 상징하는 국가적 상징물이다. 타지마할은 무굴 제국의 다섯 번째 황제 샤 자한(재위 1628~1657)이 부인 뭄타즈 마할(?~1631)의 영묘로 건축했다. 뭄타즈 마할이 세상을 떠난 지 6개월 후 건설하기 시작해 완공하기까지 22년이 걸린 거대한 건축물이다. 1983년 유네스코는 타지마할을 세계 문화 유산으로 선정하며, "무슬림 예술의 보석이며 인류가 보편적으로 감탄할 수 있는 걸작이다."라고 평가했다.

샤 자한은 사랑하는 부인의 영묘를 완공하기 위해 제국 전역과 페르시아, 중앙아시아에서 인부와 기술자들을 불러 모았다. 동원된 인부들의 숫자는 22년 동안 연인원 20만 명, 코끼리 1,000마리였다. 영묘의 안팎은 최고급 대리석과 보석으로 치장했다. 소요된 총 건축 비용은 당시 화폐 기준으로 3,000만 루피[1]가 넘었다.

오늘날 타지마할은 인도를 세계에 알리는 최고의 관광 상품이 되었지만, 당시 무굴 제국의 백성들에게는 마른하늘에서 떨어진 날벼락 같은 것이었다. 무굴 제국의 백성들은 무려 20년이 넘는 공사 기간 동안 천문학적인

세포이 항쟁

1857년 5월 10일, 영국 동인도 회사에 소속된 용병들을 중심으로 일어난 반영 운동이다. 세포이[2]는 병사를 뜻하는 페르시아어이다. 영국 동인도 회사는 이슬람교도와 힌두교도를 중심으로 인도 현지의 용병 부대를 구성했다. 이들은 항쟁 당시 약 20만 명에 달하는 대부대였다.

사건의 발단은 용병들이 사용하는 소총의 탄약통 교체 문제였다. 영국군은 신식 탄약통을 개발해 용병들에게 지급했는데, 비가 잦은 인도의 기후를 고려해 탄약통 겉면에 동물성 지방으로 방수 처리를 한 것이 문제였다. 용병들 사이에 이 처리 물질이 소와 돼지의 기름으로 만들었다는 소문이 돈 것이다. 소를 신성시하는 힌두교 용병과 돼지를 금기로 삼는 이슬람교 용병들 모두가 기독교도인 영국인들이 자신들의 종교를 모욕하기 위해 일부러 보급한 것으로 생각해 크게 반발했다. 결국 세포이들은 새 탄약통 수령 명령을 거부했고, 명령 불복종으로 부대가 해산되고 불명예 제대를 한 세포이들을 중심으로 항쟁은 전국적으로 확산되었다.

인도에 대한 종교적 몰이해로 촉발된 세포이 항쟁은 독립운동의 성격을 띠며 전국적인 규모로 확대되었지만, 결국 1858년 영국군에 의해 잔인하게 진압되었다. 세포이 항쟁은 기나긴 인도 독립운동사의 시작인 동시에 영국이 동인도 회사를 해체하고 인도를 영국령 인도 제국으로 편입해 직접 통치에 나서게 된 계기이기도 했다.

빅토리아 여왕

『천일야화』 표지
1908년에 출간된『천일
야화』의 표지이다.

비용과 부역을 감당해야 했고, 홀아비 황제 샤 자한의 지극한 아내 사랑을 원망해야 했다.

무굴 제국은 1526년 1대 바부르(재위 1526~1530)가 나라를 세운 이래 19세기에 영국에게 인도의 지배권을 잃고 멸망하기까지 20대 332년 동안 인도 대륙을 통치한 정복 왕조이다. 1858년 세포이 항쟁의 실패로 무굴 제국의 마지막 황제 바하두르 샤 2세(재위 1837~1857)가 폐위된 뒤 인도 대륙은 영국의 식민지로 전락했고, 1877년 주인이 없어진 인도 황제의 왕관을 차지한 것은 영국의 빅토리아 여왕(재위 1837~1901)[3]이었다.

영국의 빅토리아 여왕이 인도 황제의 왕관을 쓰기까지, 유럽 제국주의의 물결이 페르시아를 넘어 인도와 중국, 아시아 전역으로 확산되는 데에는 유럽인들이 품고 있던 동방에 대한 막연한 동경, 인도와 중국의 황제들이 누린다는 전설적인 부에 대한 소문, 탐험가들이 전하는 모험담 등이 큰 몫을 했다. 특히 유럽에 '인도 붐'이 부는 데 큰 역할을 한 것은 민간에서 유행하던 모험 소설이었다. 무굴 제국을 유럽에 알리는 데 큰 공헌을 한 것은 프랑스의 모험 소설 작가들이었다.

앙투안 갈랑(1646~1715)은 1704년 시리아와 동부 지중해 연안을 여행하며 채집한 야담을 번안해『천일야화』12권을 출간했다. 앙투안 갈랑은 루이 16세의 아랍어 통역사를 지낸 아버지 덕에 어려서부터 아시아의 서쪽 지역(터키, 이란, 이라크, 시리아, 이스라엘 등)과 아랍의 문물에 밝았다. 비슷한 시기에 프랑수아 드라크루아(1653~1713)는 서아시아(아프가니스탄, 이란, 사우디아라비아, 파키스탄 등)와 페르시아, 인도 지역의 민담을 각색해『천일일화』5권을 1710년 출판했다.『천일일화』는 시리아, 페르시아, 터키 등에서 외교관으로 근무했던 경험을 살려 만들었는데, 당대의 베스트셀러가 되며 유럽인들의 시선을 동쪽으로 돌리는 데 큰 역할을 했다.

가깝게는 시리아, 터키에서 멀리는 페르시아, 인도, 중국을 종횡으로 누비는 흥미진진한 모험 소설들 속에서 무굴 제국의 황제들은 '믿을 수 없을 정도로 거대한 부를 누리는 인도의 왕'으로 등장하며 유럽 사람들의 호기심을 자극했다. 그중에서도 가장 많은 이야깃거리를 제공한 사람은 바로 '붉은 성 디와니 카스의 성주', '에메랄드와 루비, 사파이어를 자갈처럼 밟고 다니며 금과 다이아몬드로 만든 공작좌(孔雀坐)에 앉아 인도를 다스린다는 전설적인 왕', 타지마할의 주인 뭄타즈 마할의 남편이자 무굴 제국의 5대 황제 샤자한이었다.

인도의 이슬람 정복 왕조

무굴 제국의 1대 황제 바부르는 1483년 인도가 아닌 투르키스탄의 소국 페르가나에서 태어났다. 바부르는 부계가 티무르 제국을 세운 1대 황제 티무르(재위 1369~1405)와 이어지고, 모계는 원나라를 세운 칭기즈 칸(재위 1206~1227)과 닿는다고 주장했다. 오늘날 아프가니스탄 지역의 카불에서 거병한 바부르는 1526년 델리 전투에서 북인도를 다스리던 로디 왕조의 마지막 왕 이브라힘(1489~1526)을 격파하고 무굴 제국을 세웠다.

무굴 제국 이전 인도의 역사는 기원전 3000년 무렵까지 거슬러 올라간다. 20세기 초 모헨조다로와 하라파 유적지에 대한 발굴 조사가 이뤄지며 세상에 알려지게 된 인도 문명은 이집트, 메소포타미아의 고대 문명과 어깨를 나란히 하는 찬란한 고대 문명이었다.

기원전 2000년 무렵 청동기 중심의 문화는 아리아인의 철기, 유목 문화가 유입되며 소멸됐다. 이때 철기를 사용하는 아리아인과 청동기를 사용하

4 '절름발이 티무르'라고 불리던 티무르 빈 타라게이 발라스가 세운 중앙아시아의 수니파 무슬림 정복 왕조이다. 오늘날의 이란과 아프가니스탄, 파키스탄 전역과 이라크, 이란, 남부 러시아 지역을 다스렸다.

5 금, 요에 이어 한족의 송나라를 멸망시키고 중국 전역, 나아가 유라시아 대륙의 거의 대부분을 복속시킨 몽골족의 정복 왕조이다. 1271년 칭기즈 칸의 손자인 쿠빌라이 칸이 대칸(황제)으로 즉위한 뒤 1368년 주원장이 난징에서 황제로 즉위해 명나라를 세우기까지 약 100여 년간 중국을 지배했다.

6 1451년에 아프간 파슈툰족의 한 갈래인 로디족이 세운 수니파 무슬림 왕조이다. 1526년에 무굴 제국의 바부르에 의해 멸망했다.

7 '죽음의 언덕'이라는 의미로, 하라파 유적과 함께 인도 문명권에서 가장 규모가 큰 유적이다. 파키스탄의 펀자브 지방에 있다. 벽돌집, 도로, 하수도가 잘 정비돼 있고, 제례용으로 보이는 큰 욕탕이 있다.

8 파키스탄 펀자브 지방에 있다. 서쪽에 성채(城砦), 동쪽에 넓은 시가지가 있다.

아잔타 석굴

인도 서부의 고대 불교 석굴로, 29개의 석굴군이다. 기원전부터 7세기 힌두교에 밀려 불교가 쇠퇴하던 무렵까지 인도 불교 문화의 모든 역사를 고스란히 담고 있다. 1819년 4월 인도에 주둔하던 영국군 대위가 발견했다. 유네스코 세계 문화 유산으로 지정되어 보호되고 있다. 기원전 1세기~7세기.

8 기원전후 무렵부터 5세기 무렵에 파키스탄 페샤와르 지방에서 만들어진 그리스·로마풍의 불교 미술이다. 간다라 불상은 생김새가 서양 사람 같고, 얼굴의 생김새가 인간적이고 개성적이며 옷의 모양도 자연스럽다. 이 지역에 알렉산드로스 대왕이 침입하고 그리스인 등이 진출해 그 문화가 옮겨진 것으로 보인다.

던 토착민 간의 지배 관계에서 카스트 제도가 탄생했다.

이후 인도는 수많은 왕조들이 흥망을 거듭하다가 기원전 273년 마우리아 왕조의 3대 아소카 왕에 의해 통일을 이뤘다. 그는 불교를 장려하고 불교의 가르침을 정치 이념으로 삼아 인도 전역에 불교를 확산시켰다. 그러나 아소카 왕 이후 마우리아 왕조는 급속히 쇠퇴했고, 이란 계통의 쿠샨 왕조가 서북 인도를 침입하여 분열된 인도를 다시 통일했다. 쿠샨 왕조의 카니슈카 왕은 불교의 보호와 포교에 힘을 썼고, 쿠샨 왕조의 간다라 미술[8]은 중앙아시아의 비단길을 따라 중국, 우리나라, 일본에 전파되었다.

쿠샨 왕조를 이은 굽타 왕조 시대에 이르러서는 불교가 쇠퇴하고 힌두교가 융성했지만 8세기에 이슬람교를 믿는 세력이 인도의 서북 지역(지금의 파키스탄, 아프가니스탄 지역)을 중심으로 남진하며 힌두교 세력과 일진일퇴를 계속했다. 인도 전역을 통일하는 무굴 제국이 세워진 것은 1526년 바부르에

카스트 제도

브라만, 크샤트리아, 바이샤, 수드라의 네 개 신분으로 구분되는 인도의 사회 제도이다. 인도 정부는 이 제도를 철폐하기 위해 계속 노력하고 있지만 오늘날까지도 인도 사회에서 카스트 제도에 의한 신분적 차별이 계속되고 있다. 브라만 계층은 성직자, 학자 등이 주 구성원인 최상위 신분 계층을, 크샤트리아는 왕족과 군인, 바이샤는 농민과 상인, 그리고 수드라는 광대와 하인 등을 구성한다. 수드라는 소위 '불가촉천민(접촉할 수 없는 천민)'으로 혹독한 사회적 차별을 받고 있다. 인도의 카스트 제도는 사회 계층을 크게 네 개로 나누는 것 외에도 다시 각 신분을 수많은 계층으로 구분해 심각한 사회적 폐해를 유발하고 있다. 카스트 제도는 오늘날 인도 사회의 발전을 가로막는 가장 큰 장애 요소이다.

의해서였다.

무굴 제국을 창업한 바부르는 왕조의 개창자로는 드물게 낭만적이며 문학을 좋아하는 군주였다. 바부르는 직접 시를 쓰기도 했다. 무굴 제국은 인도를 침략한 이민족 타종교의 정복 왕조로, 소수의 이슬람 지배 계층이 다수의 힌두 피지배 계층을 다스리는 불평등한 구조였다. 이런 불안정한 구조를 잘 알고 있었던 바부르는 2대 후마윤(재위 1530~1540, 1555~1556)에게 무굴 제국의 앞날을 부탁하는 유훈을 남겼다.

"일체의 종교적 선입견을 품지 마라. 모든 백성들의 종교적 감성과 의례를 주의 깊게 살펴 공정하게 대하라. 토착민들의 마음을 사로잡으려면 소를 죽이지 마라. 어떤 사원도 파괴하지 말고, 제국 내의 평화를 위해 백성을 공정하게 대하라. 이슬람은 폭정과 박해라는 칼보다는 사랑과 애정으로 전파된 것이다. 시아파와 수니파의 대립 또한 피하라. 다양한 계절이 있는 것처럼 백성들도 다양한 성향이 있다는 것을 명심하라."

그러나 불행히도 무굴 제국의 황제 중 바부르의 유훈을 제대로 지킨 이

137

는 드물었다. 힌두교를 믿는 토착 인도인과 이슬람교를 믿는 무굴 제국 지배층 간의 갈등은 후대로 내려갈수록 악화되었고, 끝내 무굴 제국 쇠망의 원인이 되었다. 2대 후마윤이 계단에서 실족사 한 뒤 왕위에 오른 3대 악바르(재위 1556~1605)는 할아버지 바부르의 유훈을 충실히 따른 단 한 명의 후손이자 제국을 번영의 초석 위에 올려놓은 명군이었다.

훗날 '대제'라는 호칭으로 불리게 되는 3대 악바르는 왕위에 오른 뒤 힌두교와 이슬람교의 차별을 철폐하고 신분에 관계없이 우수한 인재를 등용해 무굴 제국의 판도를 인도 전역으로 확대했다. 힌두와 이슬람의 화해를 위해 힌두교도 공주를 왕비로 맞고, 힌두교를 믿는 토착 인도인들을 포용해 인도 북부의 대부분을 제국에 편입시켰다. 악바르는 이슬람교로 개종하지 않은 이교도에 대해 부과하던 세금(인두세)을 폐지하고, "신은 자비롭고 의로우며 모든 것을 사랑하므로 카스트, 종교에 구애되지 않고 모든 인민을 관용과 자비로 대한다."라는 정책으로 인도의 통합을 위해 노력했다. 악바르는 심

인도에서 발생한 종교

인도는 힌두교, 불교, 자이나교, 시크교 등 네 개의 거대 종교가 발원한 곳이다. 힌두교는 아리아인들이 인도로 유입되며 아리아인들의 다신교 신앙(브라마니즘)과 인도 토착민의 종교를 절충해 탄생했다. 기독교, 이슬람교에 이어 세계에서 세 번째로 신도가 많은 종교이다. 인도 독립 과정에서 이슬람 세력이 동파키스탄(오늘날의 방글라데시)과 서파키스탄으로 분리된 까닭에 인도는 인구의 약 85퍼센트가 힌두교 신자이다. 인도인들의 모든 생활 의례, 전통, 문화, 관습이 힌두교와 불가분의 관계에 있다. 힌두교는 특정한 교조나 지도자가 없는 다신교 신앙으로, 기독교의 예수나 불교의 부처, 이슬람교의 무함마드조차 신앙의 한 대상으로 받아들인다.

불교는 기원전 6세기 무렵 고타마 싯다르타(기원전 563?~기원전 483?)에 의해 창시된 종교이다. 시대를 거치며 소승 불교와 대승 불교로 분화되었고, 소승 불교는 주로 남아시아를 중심으로 대승 불교는 중국, 한국, 일본 등 북방으로 확산되었다. 연기와 사성제, 팔정도 등을 교리로 주장하며 수행을 통해 궁극적인 깨달음을 얻는 것을 목표로 한다.

자이나교는 불교와 같은 시대에 창시된 종교이다. 교조 마하비라(기원전 448?~기원전 376?)는 서른 살 무렵에 출가하여 13년의 고행 끝에 크게 깨달아 자이나교를 세웠다. 힌두교와 달리 창조신의 존재를 믿지 않으며, 어떤 살생도 하지 않는 것을 교리의 핵심으로 한다.

시크교는 힌두교적 요소와 이슬람교적 요소가 결합한 인도의 토착 종교이다. 15세기 말 펀자브 지역에서 나나크(1469~1538)가 창설했고, 오늘날까지도 펀자브 지방을 중심 세력으로 하고 있다. 시크교라는 이름은 시크교의 종교적 지도자를 구루, 그 신자를 시크라고 부르던 것에서 유래되었다. 카스트 제도를 부정해 인간 평등을 주장하며, 신에 대한 사랑과 선행을 교리로 한다.

지어 기독교 선교를 허락할 정도로 개방적인 군주였다.

악바르 대제 시절 최전성기를 누렸던 무굴 제국을 이어 받은 것은 그 아들 4대 자항기르(1605~1627)와 5대 샤 자한이었다. 이들은 악바르만큼 위대하지는 않았지만, 동서고금의 어떤 왕들보다도 사랑이 넘쳤다. 자항기르와 샤 자한은 모두 이란 사파비드 왕조의 딸들을 신부로 맞았다. 이 중 자항기르의 왕비인 누르자한(1577~1645)은 정무에 싫증이 난 남편을 대신해 사실상 16세기 인도를 다스린 여제였다. 누르자한을 지극히 사랑했던 자항기르는 국정의 모든 것을 왕비에게 맡기고 일절 관여하지 않았다. 당시 무굴 제국의 화폐에는 자항기르와 누르자한의 이름이 나란히 새겨져 있었다. 이 화폐는 인도와 교역을 하던 유럽으로 전해져 인도를 다스리는 여제의 이름을 유럽인들이 모두 알고 있을 정도였다.

사랑하는 왕비의 영원한 집

무굴 제국의 5대 황제가 된 샤 자한은 아버지 자항기르가 혀를 내두를 정도로 아내를 지극히 사랑했다. 샤 자한의 치세는 선대 황제들이 벌여 놓은 일을 수성하기만 하면 되는 태평기였다. 인도 내의 적들은 모두 사라졌고, 아직 유럽 제국주의의 물결은 인도를 침략하지 않았다. 샤 자한은 뭄타즈 마할을 마음껏 사랑했다.

뭄타즈 마할의 원래 이름은 아르주만드 바노 베감이다. 샤 자한은 뭄타즈 마할과 단 한시도 떨어져 지내지 않았다. 전쟁터를 떠돌건 궁전에서 연회를 베풀건 샤 자한은 늘 그녀를 곁에 두었다. 뭄타즈 마할은 20년의 결혼 기간 동안 열네 명의 아이를 출산했고, 마지막 아이를 낳던 중 산욕열로 사망했다. 당시 샤 자한은 데칸 지역의 반란을 진압하기 위해 출정 중이었고, 뭄타즈 마할은 샤 자한과 동행 중이었다. 뭄타즈 마할이 죽자 샤 자한은 식음을 전폐하며 슬퍼했다.

샤 자한은 곧 뭄타즈 마할의 거대한 영묘(靈廟)를 지을 것을 명령했다. 무굴 제국의 모든 돈과 기술, 인력을 쏟아 부어 왕비의 영묘를 건설하기 시작한 것이다. 뭄타즈 마할의 영묘인 타지마할은 1632년 착공돼 연 인원 2만 명이 동원되는 대 역사 끝에 22년의 공사 기간을 마치고 1649년에 완공됐다.

타지마할은 건물의 주변 어느 곳에서 보아도 같은 모습으로 보이도록 설계되었다. 그리고 힌두 양식과 이슬람 양식이 완벽하게 조화된 놀라운 조형미를 자랑한다.

살아생전의 영화가 아닌 사후의 음택(陰宅, 무덤)을 위해 이 정도의 시간과 공을 들였으니 왕비를 잃었던 상실감이 참 대단했던 모양이다. 샤 자한은 말년에 아들 아우랑제브(1618~1707)에 의해 아그라 성에 유폐되어 쓸쓸히

타지마할 외관
순백의 대리석으로 치장된 타지마할의 화려한 외관은 세월에도 빛바래지 않는 샤 자한의 지극한 사랑을 웅변하는 듯하다. 1649년.

타지마할 내부
건물의 사면에 뚫린 화려한
장식 창문 사이로 태양광이
들어와 타지마할 내부를 옮겨
다니며 시시각각 빛과 그림자
의 마술을 만든다. 1649년.

죽음을 맞이했는데, 성의 창문 밖으로 타지마할의 모습을 지켜보며 세상을
떠났다고 한다.

자항기르와 샤 자한은 모두 무굴 제국의 영토를 확장시키고 제국의 재
정을 풍요롭게 만든 군주들이었지만, 오늘날 그들을 기억하게 하는 것은 왕
비에 대한 지극한 사랑이다.

우아한 공작을 우스꽝스럽게 그린 까닭

명·청 교체기의 중국

팔대산인, 「공작죽석도」

명 태조 주원장은 북방의 몽골족이 세운 원나라를 북으로 몰아내고 한족의 왕조인 명나라를 건국했다. 그러나 276년 후 명나라를 멸망시킨 것은 한족들이 새외(塞外)의 오랑캐라 부르며 멸시했던 만주족이었다. 둥지가 떨어지면 그 알이 가장 먼저 상하는 것처럼 명나라의 왕족들 중 일부는 청나라에 투항해 목숨을 애걸하고, 일부는 산야로 숨어 세상의 눈을 피해 연명했다. 전 왕조의 왕자로 태어나 고단한 삶을 이어가야 했던 팔대산인은 붓끝으로 세상을 희롱하며 자신이 겪은 고초를 예술로 승화시켰다.

孔雀名花雨竹屛

아름다운 공작새, 우죽(雨竹)으로 만든 병풍

竹梢强半墨生成

대나무를 억지로 쪼개면 먹이 생기네.

如何了得論三耳

어떻게 이해해야 삼이(三耳)를 말할 수 있을까?

恰是逢春生二更

봄을 맞기 위해 이경(二更)까지 앉아 있구나.

모란꽃과 대나무 가지가 드리워진 돌담 아래 공작새 한 쌍이 눈을 동그랗게 뜬 우스꽝스러운 모습으로 앉아 있다. 본래 공작은 대단히 화려하고 아름다운 새이건만 그림 속 공작은 도무지 아름답다는 느낌이 들지 않는다. 데굴데굴 눈을 굴리는 모습은 차라리 만화 주인공이 어울릴 것 같다. 솔직히 어딘가 한참 모자라 보인다. 도대체 이 공작은 왜 이렇게 우스꽝스럽게 생긴 것일까?

이 그림은 명말 청초의 화가 팔대산인(1625~1705)이 청나라의 관리 송락에게 그려준 것으로, 동양 최초의 풍자화로 꼽히는 「공작죽석도」이다. 그림에 얽힌 이야기는 이렇다. 송락은 시·서·화에 능해 스스로를 소동파(蘇東坡)에 빗대어 서파(西坡)라고 부를 정도로 문학과 예술을 대단히 좋아하는 정치가

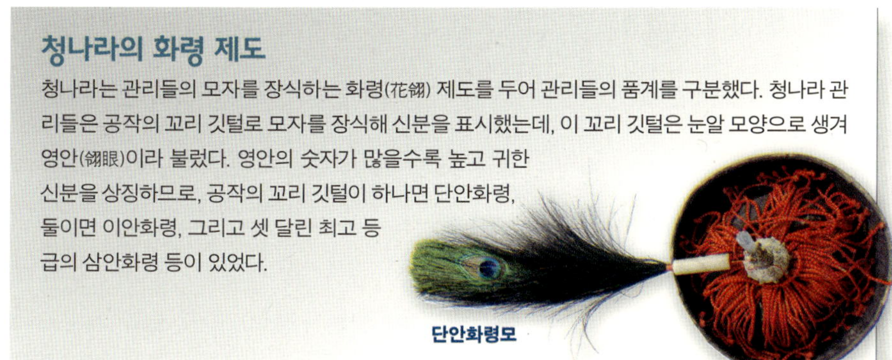

청나라의 화령 제도

청나라는 관리들의 모자를 장식하는 화령(花翎) 제도를 두어 관리들의 품계를 구분했다. 청나라 관리들은 공작의 꼬리 깃털로 모자를 장식해 신분을 표시했는데, 이 꼬리 깃털은 눈알 모양으로 생겨 영안(翎眼)이라 불렸다. 영안의 숫자가 많을수록 높고 귀한 신분을 상징하므로, 공작의 꼬리 깃털이 하나면 단안화령, 둘이면 이안화령, 그리고 셋 달린 최고 등급의 삼안화령 등이 있었다.

143

였다. 그는 평소에 당대의 이름 높은 화가인 팔대산인을 흠모해 그의 그림을 수집하며 화가와의 교류를 간절히 원했다. 하지만 팔대산인은 명나라를 배반하고 청나라의 관리가 된 송락과 사귈 생각이 없었다. 거듭된 팔대산인의 거절에도 송락이 수차 사람을 보내어 그림 한 장을 간청하자, 팔대산인이 송락에게 비웃듯 그려준 그림이 바로 이 「공작죽석도」였다.

명의 멸망과 청의 건국

「공작죽석도」는 그림이며 화찬(그림의 여백에 써넣은 찬사의 글)이 모두 송락을 비웃는 내용이다. 송락은 평소 후원에 놓아기르던 공작 한 쌍과 우죽 병풍을 보물로 소중하게 여겼다. 팔대산인은 그가 애지중지하는 공작을 화려한 깃털은 간데없고 덜렁 꽁지깃 세 개만 남은 모습으로 그려 청나라 대신들이 쓰던 깃털 세 개 달린 관모인 삼안화령모를 희화화했다. 또한 송락의 병풍은 우죽이라 부르는 귀한 대나무로 만든 값비싼 골동품이었다. 우죽은 순임금의 부인이 흘린 눈물이 그 줄기에 묻은 뒤 물방울무늬가 생겼다고 해 붙여진 이름이다. 그 대나무 병풍을 쪼개다니! 설상가상 삼이는 공자의 9대 손인 공부가 편찬했다는 『공총자』에 나오는 말로, 보통 사람은 귀가 둘이지만 귀가 셋이라 주인의 말을 더 잘 들을 수 있었던 장삼이라는 노비를 비웃는 말이다. 팔대산인은 송락이 애지중지하는 아름다운 공작을 추물로 그리고 소중한 병풍을 쪼개며, 청나라 관리를 주인에게 아부하던 귀 세 개 달린 노비에 빗대어 청나라 조정에 투항한 그를 욕한 것이다.

팔대산인이 살았던 17세기의 중국은 난세였다. 명나라 마지막 황제 숭정제(재위 1628~1644)는 대단히 무능한 사람이었다. 숭정제는 15대 천계제(재위 1620~1627)의 동생으로 명나라 16대 황제로 즉위한 뒤 천계제 시절 전횡을 일삼던 환관 위충현(?~1627)을 사형시키고 명신 서광계(1562~1633)를 등용했으나 본래 의심이 많아 신하들 누구도 믿지 못했다. 재위 17년간 숭정제에 의해 살해당한 신하는 총독(総督) 7명, 순무(巡撫) 11명 등 고위직만 수십 명이 넘었다. 청나라 군대에 맞서 요충지 산해관[2] 방어를 맡고 있던 명장 원숭환(1584~1630)을 의심해 처형한 일은 결국 명나라 멸망의 직접적인 원인이 되었다.

천계제와 숭정제 시절을 거치며 명나라의 국력은 이미 기울어져 있었다. 황제의 무능을 틈타 세력을 잡은 환관들이 전횡했고, 간신들의 사리사욕으로 조정은 이미 부패할 대로 부패한 상태였다. 게다가 해마다 계속되는 가뭄과 홍수로 전국에서 유민이 발생했고, 학정에 시달린 농민들은 반란을 일으켜 조정에 항거했다. 이렇게 안으로 곪아가던 명나라에 치명타를 날린 것은 만주의 여진족이었다.

1616년 송화강(지금의 쑹화 강) 유역에 후금을 세운 만주족 출신의 누르하치(재위 1616~1626)는 7년 후 수도를 심양(지금의 선양)으로 옮긴 뒤 1636년 국호를 청이라 했다. 새로운 국호 청(清)은 '맑음'을 뜻하는 것으로 명(明)

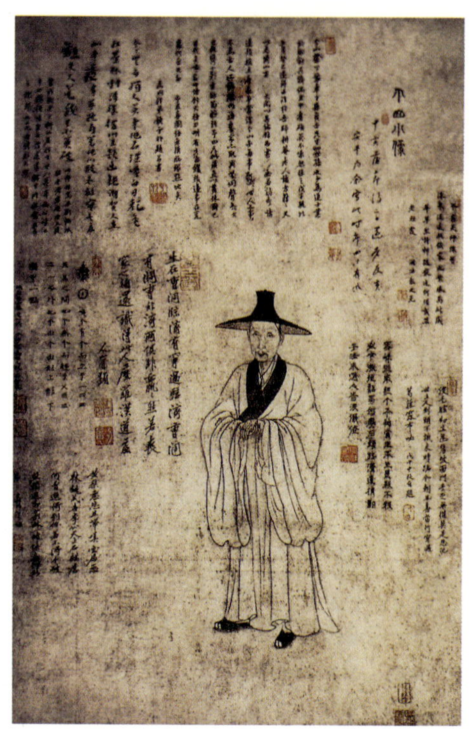

팔대산인

망국의 왕자 주탑은 새로 들어선 청나라의 천하에서 폐포파립과 팔대산인이라는 알듯 모를 듯한 이름으로 자신을 숨겨야 했다.

의 '밝음'에 대응하는 의미였다. 이후 청은 줄곧 명의 변경 지방을 침략해 명의 국력을 소진시켰다. 내우외환에 시달리던 명나라는 결국 1644년 북경(지금의 베이징)으로 들이닥친 이자성(1606~1645)[3]의 반란군에 자금성을 내주었다. 숭정제는 궁궐 뒤 산으로 도망쳐 처첩과 딸들을 살해한 후 스스로 목을 매었다.

떠돌아다니는 황족 청년

팔대산인은 이 혼란의 시기에 태어난 명나라의 유민 화가였다. 팔대산인의 본명은 주탑으로, 원래 남창(지금의 난창)에서 살던 명나라의 황족이었다. 팔대산인은 황족 출신이었음에도 신분의 혜택을 누리지 않고 평민 출신들과 마찬가지로 과거에 응시해 제생(諸生)[4]이 될 만큼 학문적 소양과 시·서·화에 재능이 있는 젊은이였다. 그러나 팔대산인이 스무 살이 되던 해 명나라가 멸망하고 청나라가 세워졌다. 팔대산인은 촉망받는 전도양양한 왕족에서 나락으로 떨어졌다.

멸망한 명나라의 황족, 게다가 총명하고 재주 많은 젊은이는 새로 들어선 청나라 조정에게는 눈엣가시 같은 존재였다. 주탑은 청나라 조정의 감시를 피해 남창 근처의 봉신산으로 들어가 5년간 숨어 지내며 목숨을 부지하

청 태조 누르하치

만주족의 한 부족인 건주여진의 추장으로 청나라를 세웠다. 1616년 누르하치는 천명이라는 연호를 사용, 자신을 칸(몽골 고원에 세워진 여러 유목 국가 군주의 칭호)으로 선언하고 국호를 후금으로 정해 12세기 여진 왕조를 계승했음을 선포했다. 1618년 자신의 아버지와 할아버지를 죽게 한 책임 등을 묻는 「칠대한(七大恨)」을 선언하고 명을 침략했다.

누르하치

팔대산인, 「팔팔조도」
그림과 글씨, 낙관에서 팔대산인의 고단한
처지와 고집이 엿보인다. 17세기.

다가 스물세 살 되던 해에 신분을 속인 채 승려가 되었다. 이후 주탑은 천하를 떠돌며 한때는 승려 행세를 하고 한때는 도교의 도사 노릇을 하며 신분을 숨기고 평생을 살았다. 청나라 조정의 눈길을 피하기 위해 때로는 미친 척을 했는데, 말년에 이르러서는 거의 폐인이 될 정도로 피폐한 삶을 살았다.

팔대산인은 명나라 황족이라는 사실을 숨기기 위해서라도 본래 이름인 주탑을 쓸 수 없었다. 주탑이 산 속의 절로 숨어들었을 무렵 불경 『팔대인각경』[5]을 읽고 느끼는 바가 있어 이후 늘 경전을 지니고 다니며 스스로 팔대산인이라고 불렀다. 원문이 산스크리트어[6]로 된 『팔대인각경』의 첫 번째 글자는 숫자 팔(8)을 의미하며 한문으로 음차하면 '아서탑(阿西耷)'이 되기 때문에, 이는 본명 탑(耷)을 교묘히 가리는 의미이기도 했다.

팔대산인은 아무도 돌보지 않는 가운데 쓸쓸히 최후를 맞았고, 함께 숨어 지내던 그의 일족이 시신과 글씨와 그림을 남몰래 수습했다. 팔대산인의 그림은 수묵산수화[7](산과 물이 어우러진 자연의 아름다움을 그린 그림), 영모화(새나 짐승을 그린 그림), 초충도(풀과 풀벌레를 그린 그림), 어조화(물고기와 새를 그린 그림)가 주류를 이룬다. 그의 그림을 보면 방문에 '벙어리 아(啞)'자를 써 놓고 벙어리 행세를 하고, 하루 종일 웃고 울기만 하는 기행으로 목숨을 부지해야 했던 기구한 운명이 읽힌다. 남몰래 돌려 봐야 했던 팔대산인의 화첩이 떳떳이 세상에 드러난 것은 청의 천하가 끝난 뒤였다.

앞 장의 그림은 팔대산인의 「팔팔조도」다. 그림 속 팔팔조(구관조의 일종)는 눈을 감고 고개를 숙인 채 낮잠을 자는 듯하다. 그러나 팔팔조의 이런 모습은 청나라의 태양을 보지 않겠다는 팔대산인의 고집과 외로

148

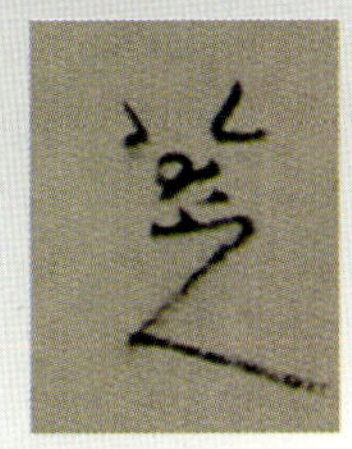 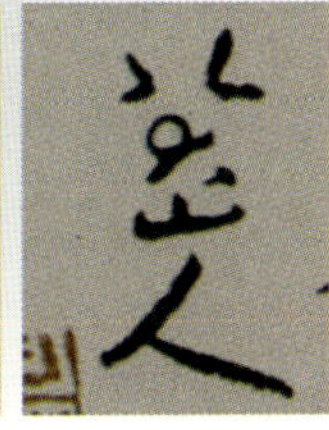 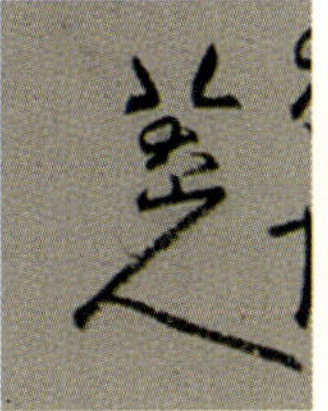 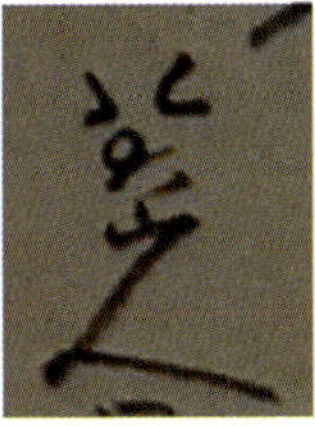 

8 붓을 휘두른다는 뜻으로, 글씨를 쓰거나 그림을 그리는 것을 말한다.

9 글씨나 그림에 작가가 자신의 이름이나 호를 쓰고 도장을 찍는 것을 말한다.

10 한자의 자획을 풀어서 나누는 것을 말한다. 예를 들면 '李'자를 분해하여 '木子'라고 하는 것이다.

운 처지를 대변한다. 더욱이 팔대산인은 이 그림에 '황죽원화 팔대산인(黃竹園畵 八大山人)'이라고 쓰고 황죽원이라는 낙관을 찍었다. 초서체로 흘려 쓴 '八大山人(팔대산인)'이라는 글자는 언뜻 '哭之(곡지)'라고 읽히고 또 '笑之(소지)'라고도 읽힌다. 이것은 멸망한 명나라를 위해 울고 새로 등장한 청나라를 비웃는다는 뜻인 동시에, 웃을 수도 울 수도 없는 울고 웃고를 반복하는 자신의 고단한 처지를 표현한 것이다. 팔대산인은 그림을 통해 명말청초의 비극적 상황을 비타협과 비협조로 저항한 것이다.

유럽, 일본 풍속화에 푹 빠지다

19세기 일본 사회

모네, 「기모노를 입고 있는 여인」

지구를 한 바퀴 돌아 유럽에 일본의 존재를 알린 것은 풍속화 우키요에였다. 21세기의 한류처럼 19세기 유럽에는 일본 열풍이 불었다. 인쇄술과 사진술이 발달하기 전까지 우키요에는 일본의 풍경과 일상을 세상 밖으로 알린 대표적인 문화 상품이었다. 우키요에는 상업적 판매를 목적으로 제작된 대중적인 목판화였던 까닭에 저렴한 가격으로 대량 생산이 가능했다. 우키요에의 충실한 수집가들 중에는 클로드 모네와 빈센트 반 고흐 같은 화가들도 있었다.

화려한 기모노를 입고 웃고 있는 여인의 모습이 행복해 보인다. 금발의 미녀는 최신 일본 유행에 푹 빠진 듯 새빨간 비단 기모노가 마음에 드는 모양이다. 붉은 기모노에 수놓아진 일본 무사는 금방이라도 칼을 뽑아 휘두를 듯 눈을 부라리며 여인의 뒤태를 장식한다. 새빨간 비단 기모노, 손에 쥐고 있는 쥘부채(접었다 폈다 하게 만들어진 부채), 벽면을 장식하고 있는 부채 그림 속에 그려진 게이샤, 물고기와 새우, 학…… 그녀를 둘러싸고 있는 모든 것이 이국적인 일본풍이다. 일본 물건에 둘러싸여 더할 나위 없이 행복하게 웃고 있는 여인, 이 여인은 도대체 누구일까? 그녀는 바로 카미유 모네, 19세기 인상파 화가 클로드 모네(1840~1926)의 부인이다.

클로드 모네는 프랑스의 화가이다. 1874년에 개최된 1회 인상파 전람회를 통해 그의 이름과 인상주의가 세상에 알려졌다. 19세기 후반 프랑스를 중심으로 일어난 사조인 '인상주의'는 전시회에 출품된 모네의 작품 「인상, 해돋이」에서 비롯되었다. 모네는 전통적인 주제에서 벗어나 일상에서 그림의 대상을 찾고 광선에 따라 수시로 변화하는 빛과 색의 조화에 노력했다. '인상주의'라는 용어는 미술 비평가 르로이에 의해 처음 사용되었고 모네를 비난하기 위해 쓰였다. 그러나 모네 이후 폴 고갱(1848~1903)[1]과 반 고흐, 폴 세잔(1839~1906)[2] 등에 의해 후기인상주의로 발전하며 큰 인기를 끌었다.

에도 바쿠후와 함께 탄생한 우키요에

일본이 서구에 본격적으로 알려지기 시작한 것은 19세기 개항 이후이다. 1853년 흑선(黑船, 쿠로후네)을 몰고 온 미국의 동인도 함대 사령관 페리 제독에 의해 강제 개항을 한 이후, 일본은 미국을 비롯해 영국, 러시아, 네덜란드, 프랑스 등 유럽 각국과 차례로 통상 조약을 체결했다. 이후 19세기 후반을 거치며 서구와 일본 사이의 교류는 과거 바쿠후의 통제와 감시 하에 포르

[1] 프랑스의 후기 인상파 화가이다. 남태평양 타히티 섬으로 가 원주민의 생활과 섬의 풍경을 많이 그렸다. 작품에 「타히티의 여인들」, 「우리는 어디서 와서 어디로 가는가」 등이 있다.

[2] 프랑스의 화가이다. 자연의 모든 형태를 원기둥, 구, 원뿔로 해석했다. 피카소와 브라크 같은 입체파 화가들에게 영향을 끼쳐 '근대 회화의 아버지'로 불린다. 작품에 「생트 빅투아르 산」, 「빨간 조끼의 소년」 등이 있다.

1876년 파리 만국 박람회

파리 만국 박람회 개회식 풍경이다. 당시 박람회는 큰 관심을 불러일으키며 많은 인파를 모았다.

투갈, 네덜란드 상인들과 소규모로 이루어지던 시절과는 비교할 수 없을 정도로 빠르게 증가했다. 일본에는 각종 서구 문명의 이기들이 쏟아져 들어왔고, 유럽에서는 일본의 기모노, 풍속화, 도자기 같은 특산물 열풍이 일었다.

유럽에 불기 시작한 일본풍 유행에 기름을 부은 것은 1867년 파리 만국 박람회였다. 당시 일본은 만국 박람회를 자신들을 세계에 소개할 좋은 기회로 보고 화가들에게 일본을 소개하는 100여 점의 그림을 특별히 그리게 해 일본관에 전시했다. 일본이 출품한 병풍, 걸개그림(건물의 벽 등에 걸 수 있도록 그린 그림), 판화집, 두루마리 화권, 도자기 등은 이국적인 소재와 특이한 표현 기법으로 박람회 내내 관람객들의 커다란 관심을 불러일으켰다. 이 때 일본이 출품했던 작품들은 박람회가 끝난 후에 현지인들의 손에 들어가 유럽에 남았다. 이 물건들은 이후 호사가들 사이에서 진귀한 수집품이 되어 유럽에 일본풍 유행을 일으켰다.

일본관의 출품작들 중 관람객들 사이에서 가장 큰 인기를 끌었던 것은 우키요에라고 불리던 일본의 풍속화였다. 민간에서 우키요에[浮世繪] 또는 에도에[江戶繪]라고 불리던 일본의 풍속화는 그 이름에 '뜬구름 같이 덧없는 이 한세상 웃고 떠들며 즐겁게나 살아 보자, 뜬구름 같은 세상을 그린

> **바쿠후**
>
> 원래 바쿠후[幕府]라는 말은 전쟁터에서 군대를 지휘하는 장수들이 모여 작전을 짜고 회의를 하는 임시 막사를 뜻하지만, 일본에서는 대장군의 진영, 정사를 돌보는 정청의 뜻으로 사용되었다. 미나모토노 요리토모(1147~1199)가 쇼군이 되어 이끌던 군대의 사령부 막사가 정치 기관으로 변질되면서 바쿠후는 그가 이끄는 정권의 정청을 말하게 되었다.
>
> 원래 쇼군의 지위는 천황 아래였으나 쇼군이 군사력으로 정권 전체를 장악하면서 천황은 교토의 상징적인 존재로 남았고, 쇼군이 실질적 통치권자로 부상했다. 가마쿠라 바쿠후, 무로마치 바쿠후, 에도 바쿠후 등이 있고, 보통 '바쿠후 정권'이라고 하면 도쿠가와 이에야스의 후계자들이 이끌던 에도 정권을 뜻한다.
>
> 에도 바쿠후는 1603년 도쿠가와 이에야스(1534~1616)가 쇼군에 임명되어 바쿠후를 개설한 이후 15대 쇼군 도쿠가와 요시노부(1837~1913)가 정권을 천황에게 돌려주기까지 일본의 중앙 정부 역할을 하며 300여 년간 실질적으로 일본을 지배했다.

도슈사이 샤라쿠, 「다케무라 사다노신을 연기하는 이치카와 에비조」

가부키 배우의 극중 연기를 최대한 과장해 그 캐릭터를 충실하게 표현했다. 가부키는 무대 위에서 관객들을 대상으로 공연한다. 배우는 과장되고 인상적인 몸짓으로 연기를 펼치는데, 배우의 극중 역할을 표현하고 연기를 돕기 위해 분장은 필수다. 1794년.

우타가와 히로시게, 「명소 에도 100경 중 오하시 다리의 소나기」

히로시게는 우키요에 화가들 중 특히 풍경화로 명성을 얻었다. 히로시게는 에도 출신으로, 「도토(東都, 에도의 다른 이름) 명소」, 「명소 에도 백경(名所江戸百景, 에도의 백 가지 유명한 풍경)」 연작 등 에도의 경관과 풍물을 소개하는 우키요에로 큰 인기를 끌었다. 1857년.

가츠시 호쿠사이, 「후가쿠 36경 중 가나가와 앞바다의 파도」

후지산의 풍경을 묘사한 연작 시리즈 중 하나이다. 넘실대며 물거품을 일으키는 높은 파도, 파도를 타고 넘으려는 듯 필사적으로 노를 젓는 뱃사람들, 파도 사이로 보이는 눈 덮인 후지산의 모습을 낭만적으로 그렸다. 프랑스의 인상파 작곡가 드뷔시는 이 그림을 보고 영감을 얻어 교향시 「바다」를 작곡했다. 1830년.

그림'이라는 뜻을 담고 있다. 우키요에는 본래 화가들의 예술적 성취보다는 전단, 광고, 서민 가정을 꾸미는 장식의 용도 등 일상의 필요에 의해 만들어 졌다. 목판화와 속필로 제작돼 대량 생산, 대량 소비되던 상업 예술의 한 장르였다.

우키요에가 세상에 처음 등장한 것은 일본의 사회와 경제의 중심이 교토에서 에도로 옮겨진 17세기 무렵이었다. 도쿠가와 이에야스는 도요토미 히데요시(1536~1598)[3]의 잔존 세력을 축출하고 실질적인 일본의 지배자가 된 후 스스로 쇼군이 되어 1603년 에도에 바쿠후를 설치했다. 권력의 중심을 교토에서 에도로 옮기며 도쿠가와 바쿠후 시대를 여는 것으로 100여 년간 전란이 계속되었던 전국 시대를 마무리했다.

새로운 지배자가 다스리는 새로운 도시, 당시 에도에는 상류 계급의 사무라이들 외에도 '조닌'이라 불리던 하층 계급의 상인과 수공업자들이 일거리를 찾아 몰려들었다. 에도는 교토에 비해 문화적 역량은 뒤졌지만 모든 것을 자유롭게 시작할 수 있는 새로운 토양이었다. 신흥 에도의 새로운 주민이 된 조닌들은 상류 사무라이 계층과는 다른 자기들만의 문화를 만들어 갔고, '에도에'라고도 불리던 우키요에는 이러한 에도의 새로운 문화이자 당시 에도의 문화를 기록하고 전달하는 역할을 충실히 해냈다.

우키요에는 주로 서민들의 생활 풍경과 유명 관광지, 가부키 무대의 장면, 배우들의 모습, 환락가와 게이샤(술을 따르고 전통적인 춤이나 노래로 술자리의 흥을 돋우는 일을 하는 일본 여성)의 모습을 소재로 했다. 애시당초 상업적 판

전국 시대

일본의 전국 시대(센코쿠 시대)는 15세기 중반부터 17세기 초까지, 일본이 통일된 하나의 정부에 의해 다스려지지 않고 지역별로 난립한 소규모 지방 정권에 의해 통치되던 혼란스러운 시기를 말한다. 1467년 오닌의 난에서 시작되었고, 1603년 도쿠가와 이에야스가 도쿠가와 바쿠후 시대를 열 때까지 계속되었다. 오다 노부나가(1534~1582)와 도요토미 히데요시(1536~1598), 도쿠가와 이에야스 등은 모두 전국 시대가 배출한 대표적 인물들이다.

박물관에 전시된 가부키 장면

매를 목적으로 했기 때문에 새로 문을 연 상점의 전단지의 역할이나 관광지
의 명승을 그린 기념 상품, 서민 가정의 실내를 장식하는 소품 등의 목적으
로 제작되어 일본 서민층의 생활 속에 속속들이 파고들었고, 또 그들의 일상
을 충실히 담아낸 것이다.

우키요에에 열광한 19세기 유럽

우키요에가 전해 주는 세상 동쪽 끝 아득히 먼 곳의 이상야릇한 풍경
들, 500년 전 이탈리아의 탐험가 마르코 폴로(1254~1324)가 『동방견문록』에

반 고흐, 「페르 탕기
영감의 초상」(왼쪽)
반 고흐에게 물감과 캔버스,
우키요에를 대 주던 화구상
탕기의 초상화이다. 반 고흐
는 탕기의 초상화를 3점
그렸는데, 모두 같은 구도에
뒷배경에 걸린 우키요에만
다르다. 탕기는 자신의
초상화를 그리는 화가 반
고흐를 따뜻한 시선으로
바라보고 있다. 1888년.

마네, 「에밀 졸라의 초상」
(오른쪽)
이 초상화에는 모두 세 장
의 그림이 배경으로 등장한
다. 마네의 「올랭피아」와 벨
라스케스의 기사들 스케치,
그리고 일본의 가부끼 배우
를 그린 우키요에다. 인상파
화가들은 작품에 우키요에
를 그려 넣어 일본 회화의 영
향을 받았다는 것을 밝혔다.
1868년.

155

'황금향 지팡구'라고 적었던 곳의 풍경과 습속이 생생하게 담긴 신기한 구경거리, 당시 유럽 사람들이 우키요에에 환호한 것은 어찌 보면 당연한 일이었다. 우키요에에 누구보다 열광한 것은 예술을 생업으로 하던 화가들이었다. 파리 만국 박람회 이후 우키요에는 유럽의 거의 모든 화가들을 매료시켰고, 화가들은 아틀리에에 일본풍의 물건들을 쌓아 놓고 그리는 수준을 넘어서 우키요에를 모사하며 우키요에의 색채와 표현 기법을 연구했다.

모네, 오귀스트 르누아르(1841~1919),[4] 반 고흐, 에두아르 마네(1832~1883),[5] 에드가르 드가(1834~1917),[6] 앙리 드 툴루즈 로트레크(1864~1901)[7] 등 인상주의 화가들은 우키요에의 화려한 장식미에 열광했다. 마네는 프랑스 작가 에밀 졸라(1840~1902)[8]를 그린 그림에서 배경으로 가부키 배우가 그려진 우키요에 판화를 자신의 그림 「올랭피아」와 함께 넣었다. 생전에 수백여 점의 우키요에를 수집해 우키요에 전시회를 열기까지 했던 빈센트 반 고흐는 화구상 탕기의 초상화에 소중히 간직하던 우키요에를 배경으로 넣어 초상화에 공[9]을 들였다.

이렇듯 우키요에의 전래는 서구 예술에 큰 문화 충격이었다. '자포니즘 (Japonism)'이라는 신조어가 생길 정도로 인상주의 화가들은 일본 우키요에에 열광했다. 우키요에의 평면성과 과감한 색채, 간결한 선의 사용은 클루와

클루와조니슴

인상주의와 자연주의의 단편화된 기술에 대한 반발로 감정적이고 정신적인 이념을 표현하기 위해 단순한 형태를 시도한 것을 말한다. 원래 클루와조네란 넓고 평평한 판에 금속 띠로 다양한 모양의 구획을 두르고 그 안에 에나멜을 채워 넣는 기법으로 굵고 검은 윤곽선과 그것이 둘러싸는 밝고 평평한 색면을 특징으로 하는 회화 스타일을 가리킨다. 고갱 등이 비슷한 작업을 했으며, 일본의 우키요에와 중세의 스테인드글라스[10]에서 영감을 받은 것으로 보인다.

고갱, 「황색의 예수」

조니슴, 아방가르드[11], 초현실주의[12] 등 다양
한 화파에 영향을 끼치며 현대 미술에 이
르기까지 그 흔적을 남기고 있다. 미술사
가 파스칼 보나푸는 우키요에에 대해 다
음과 같이 이야기했다. "나는 모든 사물이
제자리를 찾은 듯한 일본 화가들의 선명
한 이미지가 부럽다. 그들의 그림은 결코
지루하지 않고 결코 황급히 그려졌다는
느낌을 주지 않는다. 그들의 작품은 숨 쉬
는 것처럼 단순하며, 자기 옷의 단추를 채
우는 것만큼이나 간단한 일인 양 아주 쉽
게 선명한 윤곽선으로 대상을 표현한다."

　　반 고흐의 우키요에 사랑은 그의 말
년까지도 이어졌다. 동료 고갱과 심하게
다툰 후 스스로 귀를 자르며 자해를 한
반 고흐는 병원에서 퇴원 후 귀에 붕대를

▶ 반 고흐, 「귀에 붕대를 감은 자화상」
평생 불행했던 반 고흐는 마침내 스스로 귀를 잘랐다. 오늘날 그의 그림은
수백억 원이 넘는 가격에 거래되고 그의 자취를 쫓아 수만 명의 관광객들이
유럽행 비행기를 타지만 고흐는 평생 그림 한 점을 팔지 못해 가난에
시달려야 했다. 1889년.

감고 있는 모습의 자화상을 그렸다. 그중 한 장인 1889년의 「귀에 붕대를 감
은 자화상」의 배경에는 평소에 아끼던 우키요에 그림이 들어가 있다. 빛을
잃은 눈빛으로 관람객들의 시선을 외면하고 있는 그림 속 반 고흐의 모습 뒤
편에는 반 고흐가 평생 동경하던 나라, 극동의 아득히 먼 지팡구라는 나라
의 풍속화 우키요에가 걸려 있다. 현실에서는 결코 도달하지 못했던 화가의
꿈, 대중에게 이해받지 못해 생전에 단 한 장의 그림도 팔지 못하고 평생토록
가난에 시달리던 반 고흐의 꿈은 그렇게 이국의 풍경을 그린 우키요에 한 장
에 닿아 있었다.

10 색유리를 이어 붙이거나
유리에 색을 칠해 무늬나 그
림을 나타낸 장식용 판유리
를 말한다.

11 '전위 예술'로 번역된
다. 군대의 선발대를 일컫
는 본래의 뜻처럼, 문화·예
술의 새로운 경향을 뜻하기
도 한다.

12 1924년 "상상에 자유를
부여하지 않으면 안된다."라
는 초현실주의 선언 이래 인
간의 잠재의식과 말 그대로
'초현실적인' 미를 추구했다.
살바도르 달리, 파블로 피카
소 등이 주요 인물이며 정
신분석학의 창시자 지그문
트 프로이드의 영향을 강하
게 받았다.

157

4부 | 현대 세계의 초상

드디어 예술은 왕과 귀족들의 전유물을 벗어나 오롯이 시민들의 몫이 되었다. 화가들은 신과 왕들의 영광 대신 민주와 혁명, 자유와 해방을 그리기 시작했고, 부정을 규탄하고 참상을 고발하며 시대의 증인이자 역사의 기록자를 자처했다. 멕시코의 리베라는 벽화 운동으로 문맹의 동포들을 계몽하고자 노력했고, 에스파냐의 피카소는 에스파냐 내전의 참상을 전 세계에 고발하며 동포들의 구명에 앞장섰다. 베크만은 히틀러 치하의 탄압을 고스란히 겪으며 20세기 나치의 광기를 역사에 증언했다.

그림 | 중국과 소련(옛날 러시아)의 동맹을 선전하는 포스터

01 벽화를 그려 민중을 계몽하라

멕시코 현대사

멕시코 500페소 지폐의
디에고 리베라와 프리다 칼로

물고기들은 저마다 자유롭게 헤엄치지만 모두 바다에 속해 있다. 예술가도 그렇다.
어떤 예술가도 그가 속한 시대에서 자유롭지 못하다. 때로는 뛰어난 예술가들이 시대를
선도하기도 하고, 때로는 시대를 뒤따르기도 하지만 결국 시대와 예술은 서로를 반영한다.
화가 프리다 칼로와 디에고 리베라 부부는 피와 땀과 혁명, 부패와 타락, 협잡과 부정,
쿠데타, 전쟁이 파노라마처럼 펼쳐지던 20세기 멕시코에서 서로 죽을 때까지 사랑하고
증오하며 예술혼을 불태웠다.

마야 문명 유적지(북아크로폴리스)

마야 문명은 기원전후에 발생해 10세기 전후까지 오늘날의 멕시코 남동부, 과테말라에서 유카탄 반도에 이르는 광대한 지역을 지배했다. 옥수수를 경작해 주식으로 삼았고, 천문과 역법이 발달했다. 숫자 0을 사용했으며, 20진법을 사용했다. 기원전후~10세기.

아즈텍 문명 유적지(아즈텍 피라미드)

아즈텍족은 멕시코 고원에 살던 고대 인디언의 한 부족으로, 13세기 말 아즈텍 왕국을 세우고 문화를 발달시켰다. 1520년에 에스파냐에 정복 당한 후 세력이 급격히 쇠퇴해 멸망했다. 13세기~16세기.

흔히 부창부수(夫唱婦隨, 남편이 주장하고 아내가 이에 잘 따름)라는 말을 한다. 디에고 리베라(1886~1957)와 프리다 칼로(1907~1954)가 바로 그랬다. 리베라와 칼로는 20세기 멕시코 회화 예술을 대표하는 최고의 마에스트로·마에스트라 커플로, 20세기의 어떤 예술가 부부도 이들만큼 깊이 사랑하고 또 깊은 상처를 남기며 말 그대로 '그리하며 마침내 삶이 한 줌 재가 될 때까지' 모든 것을 불태워 버리는 격정적인 삶을 살지 못했다.

멕시코의 역사를 미국의 200여 년 남짓한 역사와 비교할 수는 없다. 멕시코는 마야 문명과 아즈텍 문명의 계승자이며 텍사스와 캘리포니아를 미국에 잃기 전까지 중남미의 최대 판도를 자랑하던, 합스부르크의 황제가[1] 다스리던 신세계의 제국이었다. 지난 20세기 수많은 혁명과 전쟁을 겪으며 성장해 오늘날 1억의 인구가 우리나라의 9배의 면적에 달하는 중남미의 한복판을 차지하고 있는 나라, 고대 문명과 가톨릭, 히스패닉(hispanic)의 혼혈 문화가 용광로처럼 부글부글 들끓으며 살아 요동치는 나라가 바로 멕시코이다.

[1] 당시 멕시코를 지배한 합스부르크가의 황제는 막시밀리안 1세이다. 오스트리아의 대공이자 프랑스 황제 나폴레옹 3세의 조카이며, 1863년 멕시코로 건너가 1864년 6월 10일, 멕시코 제국의 황제로 등극했다. 농민들의 보호자를 자처했으나 무리한 토지 개혁으로 대농장주, 가톨릭교회의 분노를 샀다. 베니토 후아레스의 혁명군에게 붙잡혀 빅토르 위고, 주세페 가리발디 등의 탄원에도 불구하고 총살됐다.

미국과 분쟁으로 얼룩진 19세기 멕시코

19세기 멕시코는 300여 년간의 기나긴 에스파냐 식민 지배를 끝내고 독립을 이뤘지만 유럽의 그늘에서 벗어나지 못한 채 변방의 2류 국가 신세를 면치 못하고 있었다. 정치적 안정을 찾지 못하고 왕정과 공화정, 쿠데타와 내란, 외세 침략 등 내우외환이 되풀이됐다. 이런 멕시코에 가장 큰 고통을 안겨준 것은 북쪽의 이웃 미국이었다.

독립 이후 공화주의자와 왕당파, 군벌들이 대통령과 황제의 감투를 놓고 정변과 쿠데타를 되풀이하는 사이 멕시코 중앙 정부는 지방에 대한 통제력을 잃고 있었다. 중앙 정부가 지배력을 상실하자 기다렸다는 듯이 텍사스, 유카탄, 리오그란데 등 멕시코 각지에서 분리 독립 운동이 일어났다. 가장 큰 소요가 발생한 곳은 북쪽 텍사스였다. 미국과 인접한 텍사스는 1836년 앵글로·색슨계[2] 이주민들을 중심으로 분리 독립을 선언했다. 그러나 멕시코의 입장에서 텍사스의 독립 선언은 '독립'이 아닌 '텍사스발 내란'일 뿐이었다.

텍사스가 독립을 선언하자 멕시코의 군벌이자 대통령이었던 안토니오 산타안나(1794~1876)는 직접 반란을 진압하려고 했다. 그러나 산타안나는 텍사스군의 포로로 잡히고 말았다. 무능한 산타안나는 자신을 석방해 멕시코로 돌려보내 주는 대가로 텍사스의 독립을 인정하는 문서에 사인을 했다. 산타안나는 역사라기보다는 코미디 줄거리에 가까웠던 19세기 멕시코 정치사의 주요 등장인물로, 그 후로도 쿠데타, 퇴임, 망명, 복권을 반복하며 1833년에서 1855년까지 무려 열한 번이나 멕시코 대통령을 역임했다.

그렇게 자중지란에 빠진 멕시코에서 분리돼 나온 '텍사스 공화국'이 1845년 미합중국의 스물여덟 번째 주로 가입하자 멕시코와 미국, 텍사스 간의 갈등은 다시 첨예화되었다. 당시 텍사스는 친미 노선을 공공연히 표방했

멕시코 전쟁
멕시코 전쟁 중 츄러버스코 전투를 기록한 그림이다. 지금의 미국 밀스카운티는 이 전투에서 전사한 밀스 소령의 이름에서 유래했다. 1847년.

지만 미국령도 멕시코령도 아니었기 때문에 미국과 멕시코의 충돌을 막아 주는 완충 지대와 같은 역할을 했다. 이러한 텍사스가 미국의 스물여덟 번째 주로 가입하자, 텍사스의 독립을 인정하지 않고 있던 멕시코의 인내심이 바닥을 보인 것이다.

미국과 텍사스간의 갈등은 마침내 1846년에 전쟁으로 폭발한다(멕시코 전쟁). 서부 개척을 선언하고 태평양을 향해 뻗어 나가며 서진 정책을 본격적으로 펼치던 미국과 독립 후 좀처럼 안정을 찾지 못하던 멕시코가 충돌한 결과는 멕시코의 참담한 패배였다. 멕시코 군대의 네 배에 달하는 미군의 압도적인 병력과 우세한 화력을 견디지 못한 멕시코는 수도 멕시코시티가 미군에 함락되는 치욕을 겪었다. 패전국 멕시코는 300만 달러의 부채를 탕감

멕시코 전쟁으로 미국 영토가 된 멕시코 영토
주황색 부분이 미국 영토가 된 멕시코 영토이다. 멕시코는 이 전쟁으로 국토의 절반 이상을 잃었고, 미국은 희망하던 대로 서부의 영토를 확보했다.

받고 1,500만 달러의 지대를 받는 대신 캘리포니아, 콜로라도, 텍사스, 뉴멕시코, 애리조나, 네바다, 유타 등 북태평양 연안의 광활한 영토를 미국에 할양하는 과달루페 이달고 조약(1848)을 맺고 말았다. 당시 멕시코가 이 전쟁으로 잃어버린 땅은 전체 국토의 절반 이상이었다.

리베라 칼로 부부의 사랑과 예술

'난세영웅출(亂世英雄出)'이라는 말처럼 디에고 리베라는 이런 풍운의 시절 멕시코 중북부 과나후아토에서 태어났다. 어려서부터 미술에 재능을 보여 일찌감치 그 천재성을 인정받아 1907년 스물한 살의 나이에 주지사의 후원으로 에스파냐 유학을 떠났다. 이후 리베라는 프랑스와 이탈리아 등지를 돌아다니며 파블로 피카소, 파울 클레(1879~1940)[3] 등의 인사들과 폭넓은 교류를 했다. 이탈리아를 여행하며 마주친 르네상스 시절의 프레스코 벽화에서 커다란 감명을 받아 일생을 벽화 운동에 매진하게 된다. 또한 바람둥이 기질이 드러나기 시작한 것도 이 무렵이었다.

평생에 걸쳐 바람둥이로 악명을 떨치며 프리다 칼로의 속을 태운 리베라가 첫 결혼을 한 것은 유럽 유학 중이던 1911년이었다. 러시아 출신의 여성 화가 안젤리나 벨로프와 결혼해 아들 디에고를 두었고, 정부(情婦) 마리아 보로비프 슈테벨스카에게서 딸 마리카를 두었다. 1919년 벨로프와 헤어진 뒤 다시 모델 겸 소설가 과달루페 마린과 재혼해 두 딸을 두었다. 30대에 두 번의 결혼으로 세 여자 사이에서 네 아이를 두었지만, 평생의 연인이 될 프리

리베라, 「꽃의 축제」
리베라는 칼라 꽃을 별나게 좋아해 칼라가 등장하는 수많은 작품을 남겼다. 아내 이름이 칼라와 발음이 비슷한 칼로인 것은 우연이었을까? 멕시코는 온화한 기후 탓에 사계절 꽃을 볼 수 있고, 꽃과 관련한 수많은 축제가 발달했다. 1925년.

다 칼로는 아직 그의 시야에 등장조차 하지 않고 있었다. 훗날 리베라의 세 번째, 네 번째 부인이자 일생의 동반자가 될 프리다 칼로는 유럽이 아닌 멕시코에서 무럭무럭 자라고 있었다.

프리다 칼로는 1907년 멕시코시티 외곽의 코요야칸에서 태어났다. 헝가리계 독일 이민자였던 그녀의 아버지는 관공서의 주문으로 멕시코 공공 건축물의 기록 사진을 남기는 관급 사진가였다. 칼로의 예술적 기질은 다분히 아버지로부터 물려받은 것이었다.

프리다 칼로가 붓을 들게 된 계기는 1925년 교통사고를 당한 것이었다. 교통사고는 치명적이었다. 소아마비로 이미 몸이 불편했던 그녀는 오른쪽 다리에만 열한 군데의 복합 골절이 발생했고, 갈비뼈, 골반, 척추, 쇄골 등 거의 모든 뼈가 부러졌다. 교통사고 후 전신 석고 붕대를 하고 병원 침상에 묶여버린 칼로가 할 수 있는 것은 아무 것도 없었다. 칼로는 유일하게 부러지지 않은 오른팔(왼팔은 탈구)로 병상에 누워 그림을 그리기 시작했다. 멕시코 최고의 여성 화가 프리다 칼로가 태어나는 순간이었다.

디에고 리베라와 프리다 칼로가 만난 것은 1928년 멕시코 공산당 집회였다. 유학 생활을 정리하고 멕시코로 귀국한 리베라는 이미 멕시코 예술계의 국민적 우상이 되어 있었다. 이는 그가 주력한 벽화 작업이 당시 멕시코 정부의 정책에 맞아떨어진 덕분이었다.

20세기 초 멕시코의 현실은 암담했다. 1910년 통계를 기준으로 전체 인구 중 상류층은 1퍼센트에 불과했다. 중산층은 8퍼센트, 나머지 국민 91퍼센트가 극빈층이었다. 그리고 극빈층의 거의 대부분이 문맹이었다.[4]

1차 대전이 끝난 뒤 1920년 집권한 개혁파 대통령 알바로 오브레곤(1880~1928) 정부는 어떻게든 이런 암담한 현실을 개선시키고자 했다. 그러나 도무지 뾰족한 방법이 없었다. 신문을 인쇄해 나눠줘도 국민들은 글자를 읽을 줄 몰랐다. 이때 떠오른 묘안이 바로 벽화였다. 오브레곤 정부의 교육부

리베라, 「자본주의의 종말」(부분)

멕시코 전통 모자인 솜브레로(그림 왼쪽 위)
를 쓴 농부와 시골 처녀들이 낫과 망치로 금
고에서 튀어나온 백인 자산가를 공격하고 있
다. 특히 대검으로 가톨릭의 상징인 성심(聖
心) 부호를 찌르는 것은 벽화의 정치 선전
예술적 특성을 잘 드러낸다. 그러나 리베라의
반자본주의 성향은 가난했던 멕시코보다
그에게 그림을 주문할 수 있을 만큼 부유했던
미국에서 더 환영 받았다. 1926~1928년.

리베라, 「벽화가 만들어지는 과정」

가운데에 리베라의 육중한 뒷모습이 왕좌에 앉은
왕처럼 그려져 있다. 그 아래로는 양복을 입은 자본
가들과 흰 가운을 입은 기술자들이 있고, 좌우에는
예술가들과 육체 노동자들이 있다. 리베라는 좌우
에 예술가와 노동자, 발 아래에 자본가를 그려 넣는
식으로 정치적 성향을 공공연히 표현했다. 1931년.

장관 호세 바스콘셀로스(1885~1959)는 멕시코의 발전을 위해서 문맹 퇴치가 필수라고 보고 그 방법으로 벽화 운동을 제안했다. 중세에 대부분이 문맹이었던 신자들의 시청각 교육 자료로 쓰이던 성당의 성화(聖畵)나 성상(聖像)의 역할을 벽화로 대신하자는 발상이었다. 바스콘셀로스는 국민의 90퍼센트가 문맹인 상황에서 정부의 정책을 국민들에게 홍보하고 적극적으로 참여시키려면 문자보다는 그림, 벽화만한 것이 없다고 판단하고 국내외 화가들에게 소집령을 내렸다.

중세의 궁정이나 성당의 벽면을 프레스코화가 장식했던 것처럼 민중 계몽 벽화들은 공공건물, 정부청사, 보건소, 학교, 병원 등의 벽면을 장식하며 사회적·정치적 메시지를 국민들에게 전달할 것이었다. 과거 멕시코의 영광과 보다 나은 미래를 제시하는 국민 계몽 벽화는 정부가 제공하는 건물의 외벽이라는 거대한 캔버스에 그려지기 시작했다. 바스콘셀로스가 화가의 임금을 보장하며 주제와 형식에 대한 자유를 주자 수많은 예술가들이 적극적으로 벽화 운동에 참여하기 시작했다. 그 중심에는 1921년 멕시코로 귀국한 디에고 리베라가 있었다.

당시 디에고 리베라는 멕시코 공산당에 가입해 '멕시코의 레닌'이라 불리며 매우 활발한 활동을 벌이고 있었다. 리베라와 칼로가 만난 것은 1928

전문 기술 노동자 화가 조각가 연맹

1921년 멕시코에 귀국한 리베라는 이듬해 전문 기술 노동자 화가 조각가 연맹의 창설에 주도적인 역할을 했다. 이 연맹은 멕시코의 현실을 직시하고 예술에 있어 부르주아지적 성향을 탈피해 질병과 가난, 문맹과 사회적 차별에 시달리던 절대 다수의 멕시코 민중이 공감할 수 있는 예술을 지향했다. 연맹의 화가들은 스스로를 예술가가 아닌 노동자로 정의하고 화실이 아닌 공장과 농장에서 노동자, 농민들과 함께 어울리며 살아 숨 쉬는 진정한 작업을 할 것을 주장했다. 1922년 리베라와 호세 클레멘테 오로스코(1883~1949)[5], 다비드 알파로 시케이로스(1896~1974)[6] 등이 중심이 되어 결성됐고, 1924년에 "민중이 미술관에 그림을 보러 갈 수 없을 바에야 전시회를 도로, 작업장, 건설 현장, 클럽에서 하자. 그래서 도로나 클럽을 미술관으로 변하게 하자. 멕시코 민중의 예술은 세계에서 가장 위대하고 건강한 영적 표현이며 인디오적 전통이야말로 가장 훌륭한 것이다."라는 선언문을 발표하며 벽화 운동을 통해 민중 계몽이라는 사회적 역할을 다하기로 했다.

[5] 멕시코의 화가이다. 프레스코 벽화와 판화에 능했다. 혁명과 전란을 주제로 거대한 벽화를 남겼다. 작품에 「산 판 데 우루아」, 「여전사들」 등이 있다.

[6] 멕시코의 화가이다. 리베라, 오로스코와 함께 멕시코 화단의 3대 거장으로 불린다. 멕시코 혁명, 에스파냐 내전 등에 참여했다. 벽화에 돌출부를 만들거나 에나멜을 사용하는 등 새로운 기술을 도입했다. 멕시코시티의 국립고등학교와 대학교에 벽화를 그렸다.

년 칼로가 멕시코 공산당에 가입하면서였다. 칼로는 자신의 스케치를 들고 리베라를 찾아갔고, 작업대에 올라가 벽화를 그리던 디에고에게 작업대에서 내려와 그림을 평가해 달라고 했다. 디에고와 칼로 사이에 불꽃이 튀는 순간이었다. 디에고는 당장 그리고 있던 벽화의 주인공 얼굴을 칼로의 모습으로 그렸다.[7]

이듬해 리베라와 칼로는 결혼했다. 당시 리베라의 행각은 이미 전설적이어서 칼로 주변의 거의 모든 사람이 걱정할 지경이었지만, 칼로의 결심은 확고했다. 디에고는 두 번째 부인 과달루페 마린과 이혼을 하고 스물한 살이나 어린 칼로와 세 번째 결혼식을 올렸다. 스물두 살 딸의 신랑감으로 마흔세 살의 사위를 맞는 칼로의 부모는 공산주의자에다 전설적인 바람둥이, 배가 술통만큼이나 튀어나온 뚱보, 게다가 두 명의 전처와 수많은 정부를 거느린 리베라를 경멸하며 리베라와 칼로의 결혼을 '코끼리와 비둘기'의 결혼식에 빗대며 반대했다.

결국 두 사람의 결혼 생활은 성공적이지 못했다. 디에고 리베라는 가정에 충실한 남자가 아니었고, 프리다 칼로는 그토록 원하던 아이를 낳지 못하고 유산을 되풀이했다. 리베라가 병상의 칼로를 내팽개쳐 둔 채 여성 편력을 벌이던 여성들 중에는 칼로의 동생인 크리스티나도 들어 있었다. 그렇다고 칼로가 불행한 결혼 생활의 일방적인 희생양만은 아니었다. 프리다 칼로도 남편 디에고 못지 않은 화려한 남성 편력을 벌이며 세간의 화제가 되기는 마찬가지였다. 칼로는 주변의 거의 모든 사람들

칼로, 「프리다와 디에고 리베라」
칼로는 리베라를 만난 뒤 기쁜 날보다는 슬픈 날이 더 많았다. 1929년 리베라와 결혼한 칼로는 "나의 소원은 단 세 가지, 디에고 리베라와 함께 사는 것, 그림을 그리는 것, 그리고 혁명가가 되는 것이다."라고 말했다. 그녀는 리베라와 살았고, 그림을 그렸고, 또 혁명가의 길을 걸었지만, 삶의 1순위는 언제나 리베라였다. 1931년.

칼로, 「부러진 척추」
칼로는 열여덟 살에 겪은 끔찍한 교통사고에서 평생 회복하지 못하고 보정 기구를 착용해야 했다. 프리다의 갈라진 몸 사이로 기둥처럼 생긴 부러진 척추가 보이고, 몸에는 수없이 바늘이 박혀 있다. 프리다가 겪어야 하는 만성적인 고통을 상징한다. 1944년.

과 추문을 일으켜 리베라를 공황 상태로 몰고 갔다. 러시아에서 망명한 혁명가 레온 트로츠키(1879~1940), 일본계 미국인 조각가 이사무 노구치(1904~1988),[8] 리베라의 조수이자 화상이었던 하인츠 베르크루엔, 시인 앙드레 브르통(1896~1966)[9]과 그의 부인 람바를 둘러싼 삼각관계 등 그녀의 남성, 여성 편력은 뜨거운 예술혼만큼이나 부창부수였다.

결국 10여 년의 결혼 생활 후 리베라와 칼로는 이혼 서류에 서명했다.

8 조각가이며 디자이너, 건축가이다. 일본계 미국인으로 두 문화권을 오가며 유기체적 형태를 탐구했다. 나무, 돌, 금속을 매개로 공간을 창조하고, 그 관계 속에서 조각의 의미를 찾았다. 주요 작품에 「일본 정원」, 「붉은 큐브」, 「하늘 문」 등이 있다.

169

9 프랑스의 시인으로 초현실주의의 주창자이다. 1924년 『초현실주의 선언』을 발표하고, 꿈·잠·무의식을 인간 정신의 자유로운 발로로 보는 시의 혁신 운동을 궤도에 올렸다. 『문학』, 『초현실주의 혁명』 등 기관지를 발간했고, 소설 『나자』, 수필집 『연통관』 등을 발표했다.

디에고 리베라는 파탄이 난 세 번째 결혼을 두고 "내가 칼로에게 원했던 것은 단 한 가지, 맘에 드는 여성이면 누구에게든 다가가게 해 줄 자유뿐이었다."라는 말도 안 되는 변명을 했지만 칼로는 결국 이런 리베라를 떠나지 못했다. 이혼 다음 해인 1940년 프리다 칼로는 리베라의 생일에 미국 샌프란시스코에서 리베라와 다시 결혼식을 올렸다. 소아마비와 교통사고로 불편했던 프리다 칼로의 오른쪽 다리는 더욱 악화됐고, 결국 1953년 절단 수술을 했다. 그러나 디에고 리베라는 여전히 무심했다. 칼로를 문병 올 때 새로운 연인이자 비서인 여자와 같이 오기도 했다.

칼로는 모든 고통을 병상에 누워 그림으로 그려 냈다. 그녀의 작품에는 비애에 가까웠던 그녀의 슬픈 생애가 마치 전기처럼 펼쳐진다. 소아마비로 인한 어린 시절의 불행, 고통스러웠던 교통사고와 회복 과정, 남편 리베라의 방종, 거듭되는 유산의 슬픔, 모두에게 버려졌다는 외로움……. 칼로는 모든 슬픔을 남김없이 캔버스에 토해 냈다.

■ 칼로, 「헨리포드의 병원」
1932년 7월 칼로는 유산으로 헨리포드 병원에 입원했다. 칼로에게서 마치 탯줄 같은 줄이 뻗어 나와 유산을 상징한다. 눈물을 흘리며 병상에 누워 있는 칼로와 황량한 산업 단지의 풍경은 절망과 외로움을 매우 강렬하게 전한다. 1932년.

프리다 칼로는 결국 1954년 첫 번째 개인전이 열리고 불과 석 달 뒤인 7월 13일에 세상을 뜨고 말았다. 칼로는 화가이자 공산주의자였고, 페미니스트(feminist)인 동시에 양성애자였으며, 멕시코 최고 화가의 아내인 동시에 무수한 남녀와 추문을 즐겼던 '멕시코의 가장 아름다운 꽃'이었다. 칼로는 일생동안 그림을 통해 상처와 아픔을 표현하며 고통을 호소했다.

디에고 리베라는 칼로가 세상을 떠난 날, "오늘 프리다를 영원히 잃었다. 나는 나와 프리다의 사랑이 가장 아름다운 순간이었다는 것을 너무 늦게 깨달았구나."라고 했지만, 이듬해 다섯 번째 결혼을 했다. 그리고 1957년 암으로 세상을 떠났다.

칼로와 리베라 부부는 한 줌 재가 될 때까지, 서로 미워하며, 사랑하며, 상처를 주며, 상처를 받으며, 상처를 후벼 파며, 쓰다듬으며, 그렇게 모든 것을 불태우며 사랑했다. 칼로와 디에고 부부를 평생 이어준 것은 불타는 예술혼, 이념, 그리고 광기에 가까운 사랑과 집착이었다.

02 민주화 전에는 「게르니카」를 전시하지 말라

에스파냐 내전

화가 파블로 피카소에게 고향 에스파냐는 결코 돌아갈 수 없는 머나먼 타향이었다. 프랑코 총통의 쿠데타로 에스파냐에서 내전이 발발하자, 피카소는 체류 중이던 프랑스에서 「게르니카」를 발표해 에스파냐에서 벌어지고 있는 살육을 전 세계에 알린다. 그러나 피카소의 피맺힌 호소에도 불구하고 결국 에스파냐 내전은 프랑코 총통의 승리로 끝이 났고, 피카소는 에스파냐로 돌아가지 못한 채 타향에서 망명객으로 쓸쓸히 삶을 마감했다.

"당신은 예술가가 어떤 사람이라고 생각합니까? 화가는 눈만 있고, 음악가는 귀만 있고, 권투 선수는 근육만 있는 바보라고 생각합니까? 그렇지 않습니다. 또한 예술가들은 정치적인 존재여서 슬프고 기쁘고 화나고 즐거운 세상만사 모든 사건에 항상 누구보다 민감하게, 또 갖가지 방식으로 반응합니다. 다른 사람의 일에 전혀 관심을 갖지 않는다니, 그게 말이나 되는 소리입니까? 어떻게 세상이 당신에게 주는 저 풍성한 생활로부터 초연히 이탈해 마치 구름 위의 존재처럼 남에게 아무런 관심을 느끼지 못하는 상아탑적 무관심으로 지낼 수 있습니까? 아닙니다. 그림은 그렇게 그려지지 않습니다. 그림은 거실을 장식하기 위해서만 그려지는 것이 아닙니다. 때로 그림은 적에 대한 공격과 방어를 위한 전투 수단입니다."

1945년, 피카소는 예술가의 사회 참여를 주제로 『파리 레트르 프랑세즈』의 인터뷰를 하고 있었다. 피카소는 격한 감정을 표출하며 에스파냐 내전으로 권력을 잡은 프랑코(1892~1975) 총통을 비판했다. 위 글은 피카소가 평소 예술가의 사명에 관해 자신의 생각을 적어 놓은 것이라며 인터뷰 도중에 내밀었던 두 장의 종이에 적힌 짧은 성명서였다.

전 세계 모든 이념이 충돌한 내전

"피레네 이남은 아프리카다."라고 비아냥거렸던 나폴레옹의 말처럼 20세기 초 에스파냐는 유럽에 속한 나라이면서도 온 유럽을 휩쓴 1차 세계 대전의 참화조차 비켜간 피레네 산맥 남쪽의 고립된 변방이었다. 독일의 루터와 스위스의 츠빙글리에 의해 시작된 종교 혁명, 영국에

지금의 유럽
에스파냐는 유럽 대륙의 남서쪽 끝, 대서양과 지중해 사이에 있는 이베리아 반도에 있다.

서 시작돼 온 유럽으로 확산된 산업 혁명[2], 영국과 프랑스에서 시작돼 온 세계로 번진 제국주의 식민지 경쟁, 어느 것도 시간이 멈춘 산 너머 남쪽 에스파냐와는 상관없는 일이었다. 그러나 개혁과 혁명의 불길을 피했을지언정, 그 과정을 통해 사회 구성원간의 갈등을 치유하고 근대화를 이룰 기회를 얻지 못했다.

에스파냐 내전은 안으로 누적되던 에스파냐의 후진성과 비근대성이 폭발하면서 발생한 비극적 사건이었다. 20세기 최대 비극의 하나로 꼽히는 에스파냐 내전은 공식적인 통계 조사가 이뤄지지 않은 까닭에 정확한 사망자의 숫자가 오늘날까지도 집계되지 않고 있다. 그러나 전투 중 교전으로 사망한 사람이 30만 명, 프랑코 지지자와 반대파(인민전선파)간의 테러와 보복으로 사망한 사람이 10만 명, 기아로 사망한 사람이 60만 명 등 100만 명 이상이 사망한 것으로 추정되는 거대한 재앙이었다.

내전의 그림자가 에스파냐에 드리워진 것은 1936년 2월 16일 치러진 선거에서 좌익 인민전선이 40여만 표의 비교적 큰 차이로 우파 정당들을 누르고 승리하자, 이에 불복한 교회, 군부, 기업가, 팔랑헤당[3] 등 우익 세력이 군부를 압박해 행동에 나설 것을 요구하면서였다. 당시 에스파냐는 정치 이념을 둘러싼 좌우 세력 간의 갈등 외에도 카탈루냐와 바스크 지방에서 시작된

제국주의 식민지 경쟁

우월한 군사력과 경제력으로 다른 나라를 정벌해 대국가를 건설하려는 침략주의적인 경향을 제국주의라고 하며, 이러한 침략에 의해 정치적 경제적으로 주권을 상실한 나라를 식민지라고 한다.
19세기 말엽이 되자 아시아, 아프리카, 오세아니아, 태평양, 중남부 아메리카 등 유럽을 제외한 지구상의 모든 땅과 바다에서는 식민지를 선점한 영국, 프랑스와 어떻게든 이들의 틈새를 비집고 들어가 자신의 몫을 찾으려는 후발 주자 독일의 경쟁이 치열했다. 제국주의 국가들은 식민지 획득을 통해 석유, 천연고무, 면화 등의 천연자원과 값싼 노동력을 보장받으려 했는데, 식민지의 뒷받침 없이 제국주의 경제는 존속할 수 없었다.
이집트 카이로와 남아프리카의 케이프타운을 잇는 아프리카 종단 철도를 부설하려는 영국과 이에 맞서 아프리카 횡단 철도를 부설하려는 프랑스가 충돌한 파쇼다 사건은 제국주의 경쟁의 상징적인 사건이다.

분리와 자치 및 독립을 요구하는 불길이 퍼져 나가 말 그대로 국가가 공중분해 되기 직전의 상황이었다. 에스파냐의 이러한 계층, 이념, 지역 갈등은 인민전선 정부에 불복하는 우익 세력에게 쿠데타의 좋은 구실이었다. 결국 인민전선 집권 후 좌천된 우익의 프랑코 장군이 극우파 장교들과 모로코 주둔군을 이끌고 "에스파냐를 혁명으로부터 구출한다!"라는 구호를 외치며 1936년 7월 18일 쿠데타를 일으켰다.

반란 초기 프랑코의 모로코 반란군은 군부 내에서도 지지를 얻지 못해 병력을 수송할 선박이나 항공기를 구하지 못할 정도로 열세였다. 당시 프랑

프랑코 총통

에스파냐 내전에서 인민전선의 에스파냐 민주공화국을 전복한 후 종신 섭정, 총통을 지냈다. 2차 세계 대전 후 자유주의 진영으로부터 강한 배척을 받았으나 냉전 체제에 돌입한 후 철저한 반공주의로 서구의 지지를 얻으며 '최후의 파시스트[4] 독재자'로 1975년까지 에스파냐를 다스렸다. 1969년에 에스파냐 왕위 계승권 주장자의 맏아들이던 후안 카를로스 왕자를 자신의 사후 공식 후계자로 지명하고 1973년 총리직을 사임했지만, 국가 원수와 통수권자(나라 전체의 병력을 지휘하고 통솔하는 권력을 가진 사람) 등의 지위는 계속 보유했다.

프랑코

4 파시즘은 1차 세계 대전 후 사회적 혼란기에 출현한 전체주의 정치 이념이다. 자유주의와 민주주의를 부정하고 지배자에 대한 절대적인 충성, 국수주의, 군국주의, 민족주의, 반공주의 등을 주장한다. 1차 세계 대전 이후 이탈리아에 출현한 무솔리니와 파시스트당이 가장 대표적이다.

■ 에스파냐 내전의 공화파 군인들
프랑코의 쿠데타에 대항한 공화파 군인들이다. 에스파냐의 민속 모자인 '삼각모자'를 쓰고 환하게 웃고 있지만 에스파냐 내전은 참혹했다.

스, 영국 등은 공산주의 세력의 유럽 확산을 우려해 에스파냐 인민전선의 집권을 못마땅해 했고, 프랑코의 반란을 에스파냐 국내 문제로 치부하며 외면했다. 그러는 사이 프랑코는 독일과 이탈리아의 파시스트 정부로부터 항공기와 선박 등의 지원을 얻어 냈고, 이에 놀란 인민전선 정부가 소련에 군사 고문과 무기 지원을 요청했다. 내전은 순식간에 아돌프 히틀러(1889~1945)의 독일과 베니토 무솔리니(1883~1945)의 이탈리아에서 지원을 받는 파시스트 진영과 이오시프 스탈린(1879~1953)의 소련에서 지원을 받는 공산주의 진영이 충돌하는 양상으로 확대되었다. 이후 3년간 계속된 에스파냐 내전은 그 명칭만이 내전일 뿐, 인민전선 정부와 프랑코 장군이 에스파냐 전역에서 충

5 미국의 소설가로, 1954년에 노벨 문학상을 받았다. 현실과 용감하게 싸우고 패배하는 인간의 모습을 간결하고 힘찬 문체로 묘사했다. 작품에 『노인과 바다』, 『무기여 잘 있거라』, 『누구를 위하여 종은 울리나』 등이 있다. 이중 『누구를 위하여 종은 울리나』는 에스파냐 내전을 배경으로 한 장편 소설이다.

6 영국의 소설가이다. 작품에 러시아 혁명과 스탈린의 배신을 바탕으로 한 정치 우화 『동물 농장』, 현대 사회의 전체주의를 비판한 『1984년』 등이 있다.

국제 여단

에스파냐 내전 당시 인민전선 정부 측의 혼성 여단으로, 53개 국가에서 모인 3만 2,000여 명으로 구성된 국제 의용군이다. 내전 발발 후 에스파냐 공산당은 코민테른(공산당 국제 조직)에 인민전선 정부를 지원하기 위해 외국인 의용군을 요청했고, 스탈린은 "에스파냐의 파시스트 반란은 에스파냐만의 문제가 아니라 모든 인류가 당면한 문제다."라며 전 세계에 인민전선 지원을 호소했다. 어니스트 헤밍웨이(1899~1961)[5], 조지 오웰(1903~1950)[6] 등 많은 지식인들도 국제 여단에 지원해 참전했다. 2009년 에스파냐 정부는 에스파냐 내전 기간 동안 국제 여단에 복무했던 미국인 생존자 25명에게 명예 시민증을 발급했다.

돌하고 세계 각국의 자원병과 용병이 참전한 사실상의 국제전이었다.

1937년 당시 베르사유 조약을 폐기한 히틀러의 독일은 재무장이 한창이었다. 그러나 1차 세계 대전의 패배로 해외 식민지를 모두 잃었기 때문에 재무장에 사용할 군수 물자가 심각하게 모자란 상황이었고, 군수 물자 확보에 혈안이 되어 있던 독일이 눈독을 들인 것이 바로 에스파냐의 풍부한 철광석과 석탄이었다. 반란을 일으킨 프랑코 장군은 철광석과 석탄을 대가로 독일로부터 공군 수송기와 전투기, 폭격기, 고사포 등 전쟁 물자를 지원 받았다. 독일은 프랑코 장군의 반란군을 지원하는 동시에 에스파냐 내전을 신무기를 시험할 수 있는 좋은 기회로 보고 각종의 신형 전투기와 신무기들을 에스파냐로 실어 날랐다.

전쟁의 참혹함을 예술로 고발하다

에스파냐 북부 바스크 지방의 조용한 시골 마을인 게르니카에 재앙이 떨어진 것은 내전이 발발한 이듬해 1937년 4월 26일, 평범한 월요일 오전이었다. 독일의 콘도르 군단은 43대의 폭격기를 동원해 고성능 폭약과 소이탄을 게르니카에 퍼부었다. 에스파냐로부터 독립을 원했던 바스크 지방은 내전에 개입하지 않고 있었지만, 프랑코 장군과 독일군 비행단은 에스파냐 전역의 평정을 위해 에스파냐 북부의 공업 도시 빌바오를 점령해야 한다고 판단하고 빌바오 점령의 전략적 요충지였던 게르니카를 폭격한 것이다.

독일군 콘도르 비행단의 폭격으로 인구 5,000명의 도시 게르니카의 가옥 80퍼센트가 파괴되었고, 1,654명이 사망했고 889명이 부상당했다. 당시 여론은 좌우익을 떠나 비무장 시골 도시 게르니카의 참상에 분개하며 책임자 처벌을 요구했는데, 반란군의 수장이었던 프랑코조차도 게르니카의 참상을 보고 받고 놀라 독일군에 항의할 정도였다.

7 1919년 6월 독일 제국과 연합국 사이에 맺어진 1차 세계 대전의 평화 협정이다. 조약의 많은 부분이 패전국 독일의 군사력 제한, 식민지 포기와 영토의 할양, 전쟁 배상금에 관한 내용을 담고 있다. 이 조약은 독일 국민의 경제적 고통으로 이어져 세계 대공황을 거치며 국가사회주의 운동, 히틀러의 나치 집권의 빌미가 되었다.

피카소, 「게르니카」
에스파냐의 비극을 세계에 알리기 위한 피카소 일생일대의 광고판이었다.
「게르니카」 앞에서 피카소 예술의 독창성, 아름다움, 입체, 상징, 초현실주의를 논하는
것은 무의미하다. 거대한 시대의 비극에 숙연해지고 입을 다물게 된다. 1937년.

    조국 에스파냐의 참상에 분개했던 피카소가 걸작 「게르니카」를 세상에
드러낸 것은 1937년 파리에서 열린 '현대 생활에 적용되는 예술과 기술의 세
계 박람회'였다. 박람회는 공식적으로 1937년 5월 24일에 개최되었지만 내전
이 한창이었던 에스파냐는 에스파냐관을 1938년 7월 12일이 되어서야 개관
할 수 있었다. 에스파냐 공화국 정부로부터 박람회에 걸릴 그림을 주문 받은
피카소는 게르니카의 참상을 고발하는 가로 7.7미터, 세로 3.5미터의 대형
걸개그림 「게르니카」를 에스파냐관에 내걸었고, 이후 그림은 격렬한 찬반 논
쟁에 휩싸였다.

    「게르니카」의 잔인한 화면에 충격을 받은 프랑스의 건축가 르코르뷔지
에(1887~1965)[8]는 그림이 너무나 선정적이고 결코 아름답지 않다고 통렬히
비난했고, 게르니카를 지지하는 사람들조차도 "미술을 사랑하는 사람들의
눈과 심경에 가해진 가장 충격적인 공격이다."[9]라며 충격에 몸서리쳤다. 관람
객들은 「게르니카」의 소문을 듣고 에스파냐관을 찾았지만 충격적인 게르니
카의 풍경 앞에서는 눈을 돌렸다. 그러나 피카소는 "나는 죽음에 맞서는 삶
을 지지하며, 전쟁에 맞서는 평화를 지지합니다."라며 조국 에스파냐에서 일
어나고 있는 참상을 세계에 전하기 위해 목소리를 높였다.

    하지만 1939년 프랑코 장군은 3년간의 내전에서 승리했고, 역사는 승자
의 편이 되어 당시의 참상은 묻히고 말았다. 프랑코 장군의 생전 에스파냐에
서 에스파냐 내전과 게르니카의 참상을 이야기하는 것은 금기시되었다. 그
리고 많은 것이 잊혀졌다.

    피카소는 유언으로 조국 에스파냐에 민주화가 이루어질 때까지 「게르
니카」를 에스파냐에 전시하지 못하도록 했다. 「게르니카」가 에스파냐로 돌
아간 것은 독재자 프랑코가 1975년 세상을 떠나고 나서도 한참 뒤인 1981년
의 일이었다. 1943년 2차 세계 대전이 한창이던 중 뉴욕 현대 미술관으로 자
리를 옮긴 「게르니카」는 1981년에 에스파냐로 돌아갈 수 있었고, 1992년 에

8 스위스 태생의 프랑스 건축가이다. 합리주의 건축 사상의 대표자이다. 밀집 도시 거주자들의 생활 환경을 개선하는 데 노력했고, '집은 살기 위한 기계'라는 신조를 갖고 있었다. 거대 주거 단지인 마르세유의 「유니테」를 설계했다.

9 「뉴욕 선」, 맥브라이드.

스파냐의 프라도 미술관에서 레이나 소피아 국립 미술관으로 자리를 옮겨 전시 중이다. 피카소의 「게르니카」는 오늘날까지도 당시의 참상을 생생히 고발한다.

피카소, 「한국에서의 학살」
6·25 전쟁 도중 황해도 신천에서 일어났던 비극적인 양민 학살을 소재로 한 작품이다. 당시 피카소는 프랑스 공산당원으로 활동했는데, 고향 에스파냐에서 일어난 비극 이후 전쟁, 양민 학살 등의 소재에 매우 민감하게 반응했다. 피카소의 그림은 좌익과 우익, 보수와 혁신 대립의 격렬한 대상이 되었다. 1951년.

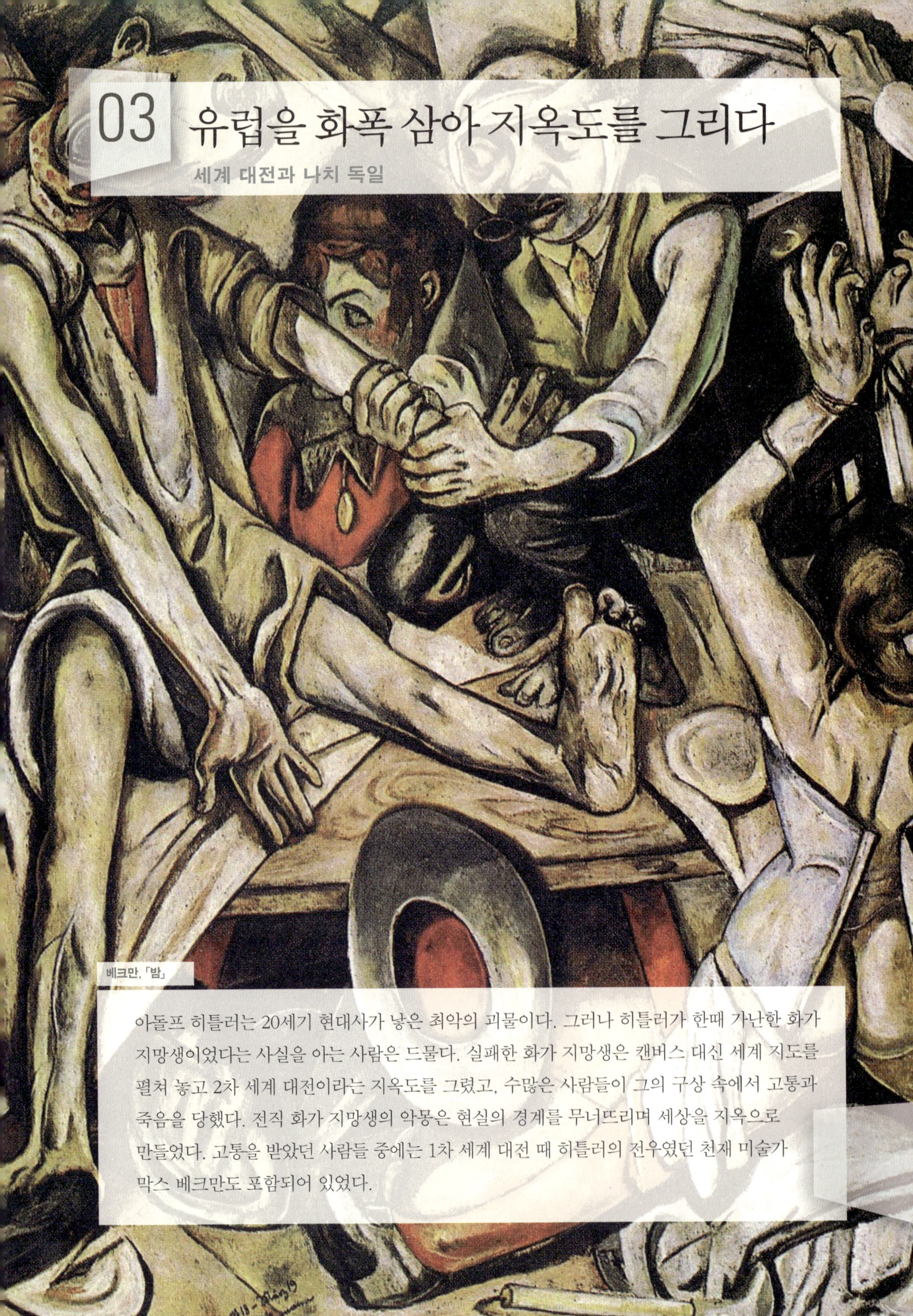

유럽을 화폭 삼아 지옥도를 그리다

세계 대전과 나치 독일

베크만, 「밤」

아돌프 히틀러는 20세기 현대사가 낳은 최악의 괴물이다. 그러나 히틀러가 한때 가난한 화가 지망생이었다는 사실을 아는 사람은 드물다. 실패한 화가 지망생은 캔버스 대신 세계 지도를 펼쳐 놓고 2차 세계 대전이라는 지옥도를 그렸고, 수많은 사람들이 그의 구상 속에서 고통과 죽음을 당했다. 전직 화가 지망생의 악몽은 현실의 경계를 무너뜨리며 세상을 지옥으로 만들었다. 고통을 받았던 사람들 중에는 1차 세계 대전 때 히틀러의 전우였던 천재 미술가 막스 베크만도 포함되어 있었다.

　　예술가들은 사람들이 슬퍼하면 누구보다도 더 슬퍼하고, 기뻐하면 누구보다도 더 기뻐하는 사람들이다. '예술이 시대를 반영한다'는 말은 경험과 사는 세상을 거울처럼 그림과 음악으로 담아내는 예술가들의 특성을 잘 나타낸다.

　　막스 베크만(1884~1950)의 「밤」은 그림을 구경하는 관객들을 불편하게 한다. 한밤중에 갑자기 들이닥친 세 명의 괴한이 단란한 가정을 유린한다. 가장으로 보이는 사내는 팔이 꺾이고 목이 졸려 천장에 매달린 채 숨이 끊어지기 직전이다. 창틀에 손이 묶인 안주인으로 보이는 여인은 옷이 갈기갈기 찢겨져 있다. 가장의 팔을 비트는 침입자의 뒤편에서 화등잔마냥 커진 눈으로 침입자들의 패악을 바라보고 있는 여인의 눈빛, 오른편에 겁에 질린 것인지 놀란 것인지 알 수 없는 천진한 표정으로 침입자의 팔에 매달려 대롱거리는 어린애의 모습, 베크만의 이 그림은 도대체 무엇을 이야기하고 있는 것일까?

베크만, 「밤」
1918년.

독일의 사회상을 담은 젊은 거장

　　독일 표현주의 회화의 거장 막스 베크만에게 자신의 시대는 비극이었다. 베크만은 1884년 독일 라이프치히에서 유복한 상인의 아들로 태어나 어

표현주의

20세기 초 독일과 오스트리아, 프랑스 등지를 중심으로 시작되었다. 표현주의의 기원은 빈센트 반 고흐, 에드바르 뭉크(1863~1944) 등에서 찾을 수 있는데, 이들은 모두 개성적인 회화 양식으로 선과 색채의 느낌을 극대화 해 주제를 표현하고 감정과 느낌을 전달하고자 했다. 이들에게서 영감을 얻어 개인의 감상, 느낌, 기분을 표현하는데 중점을 두었던 에른스트 루트비히 키르히너(1880~1938), 에리히 헤켈(1883~1970), 에밀 놀데(1867~1956), 오스카 코코슈카(1886~1980), 에곤 실레(1890~1918), 막스 베크만 등이 모두 표현주의 화가로 분류된다. 표현주의는 1차 세계 대전 직후 세계가 경제 공황으로 깊은 침체기에 빠졌을 무렵 냉소와 환멸이 넘치던 사회 분위기를 표현하며 큰 인기를 끌었다.

1 노르웨이의 화가이다. 사랑, 죽음, 공포 등의 주제를 강렬한 기법으로 표현해 명성을 얻었다. 대표 작품으로 「절규」, 「별이 있는 밤」, 「죽음의 방」 등이 있다.

2 독일 중세의 목판화와 동양의 풍속화, 아프리카와 오세아니아 원주민의 원시 미술과 뭉크의 영향을 받았다. 독일 표현주의 미술 단체 '브뤼케'를 창설했고 표현주의 운동의 선구자로 활약했다.

3 브뤼케를 조직하여 활동했다. 초기에는 유화와 판화 작업을 주로 했으나, 후기에는 풍경화를 그리며 온화한 화풍으로 옮겨 갔다. 「호숫가의 여인들」 등의 작품이 있다.

4 독일 출신의 화가이며 20세기의 뛰어난 수채화가로 손꼽힌다. 주요 작품에 「성령 강림제」, 「예수의 생애」 등이 있다.

5 오스트리아의 화가 겸 작가이자, 표현주의의 대표 주자이다. 베크만과 마찬가지로 1차 세계 대전이 발발하자 자원입대해 참전했다. 나치에 의해 '퇴폐 미술가'로 선정돼 혹독한 탄압을 받았다.

183

려서부터 그림에 재능을 보인 신동이었다. 1900년 본격적으로 수채화와 유화를 그리기 시작했고, 젊은 시절에 프랑스 화가 페르디낭 들라크루아(1798~1863)[7]와 루벤스(1577~1640) 등의 영향을 받아 「메시나의 멸망」, 「타이타닉호의 침몰」 같은 규모가 큰 작품을 완성했다. 베크만은 '독일의 들라크루아'로 추앙되며 평단과 대중 모두에게 주목을 받았다.

1905년 독일 화가 연맹전에서 「회색빛 바다」로 빌라 로마나 상을 수상한 것은 베크만 일생에서 일찍 찾아온 정점이었다. 당시 20대였던 베크만의 인기는 대단해서 미술관과 박물관들은 앞다투어 베크만의 작품을 구입했고 심지어 새파란 20대의 청년 화가 베크만을 연구하는 논문이 출간될 정도였다. 그러나 재주를 인정받은 젊은 화가의 행복도 거기까지였다.

1914년 발발한 1차 세계 대전은 베크만의 삶에 큰 상처를 남겼다. 자원병으로 참전했던 베크만이 목격한 것은 지옥이었다. 아틀리에의 화가가 아닌 야전병원 위생병의 경험은 베크만의 인생을 송두리째 바꿔 놓았다. 중상을 입은 부상병들이 들것에 실려 짐짝처럼 쏟아지고, 간단한 치료조차 받을 수 없어 상처가 부패해 손과 발을 절단해야 하는 상황, 티푸스가 번져 무수한 환자들이 죽어 나가는 살풍경은 베크만에게 죽음과 공포, 절망을 맛보게 했다. 전쟁의 잔인함은 화가에게 인간의 운명과 본성에 대한 근본적인 회의를 품게 만들었다.

전쟁을 전후해 베크만의 그림은 완전히 달라졌다. 베크만의 그림에 전쟁 전에는 볼 수 없었던 피의 냄새와 죽음의 그림자가 담기기 시작했다. 전쟁은 끝났지만 그의 그림의 주제는 여전히 공포와 어두움, 불안과 상실에 대한 두려움이었다. 전후 패전 독일의 어두움은 베크만이 전쟁 중 겪었던 끔찍했던 경험과 어우러져 그의 캔버스를 어둡게 물들였다.

베크만, 「자화상」
베크만은 소묘와 유화를 포함해 여러 점의 자화상을 남겼는데, 모두 화가의 개성을 충실히 표현하고 있다. 팔(八)자 눈썹, 날카로운 눈매, 강한 광대뼈에서 높은 자존감이 느껴진다. 베크만은 시대와 결코 타협할 수 없었을 것이다. 1922년.

암울했던 경제 상황, 하늘을 모르고 치솟는 물가, 거리를 넘쳐나는 상이용
사들과 실업자들, 베크만은 고통스럽고 아픈 그림을 그리고 있었다. 그리고
1918년, 『예술과 시간의 관중석』에서 이렇게 외쳤다.

"나는 울지 않는다. 나는 눈물을 혐오한다. 눈물은 노예성의 상징이다.
나는 언제나 사물만을 생각한다. 경건? 신? 아, 그것은 아름답지만 잘못 쓰이
는 단어다. 내 그림 속의 손, 웃거나 우는 사람들의 얼굴, 이것이 바로 나의 신
앙고백이다."

베크만의 첫째 부인 민나 튜베는 귀환병의 상처받은 마음을 이해하지
못했다. 1920년대 중반 베크만은 이미 화가로써 큰 명성을 누리고 있었지
만, 그의 가정은 행복하지 못했다. 베크만은 1925년에 오랫동안 별거 상태
였던 민나 튜베와 헤어졌다. 개인적인 비극에도 불구하고 베크만의 명성은

이미 국제적이었다. 전후 패전 독일의 슬프고 어두운 현실을 자신의 슬픔처럼 표현하는 화가 베크만에게 독일 사람들은 깊은 동질감을 느끼고 있었다. 1928년, 베크만의 나이 마흔네 살에 대규모 베크만 회고전이 열렸고, 독일 예술가들의 최고 영예이던 뒤셀도르프 메달을 받았으며, 1929년에는 미국에서 열린 카네기 국제전에서 이등 상을 받았다. 베를린 국립 미술관은 그의 자화상을 사들였고 프랑크푸르트 미술학교에서는 그에게 교수직을 제안했다. 그러나 그의 행복은 길지 않았다.

베크만, 「물고기를 타고 떠나는 여행」
베크만은 물고기를 음식과 탈출, 구원을 상징하는 이미지로 사용했다. 그림 속 물고기를 타고 어디론가 향하는 두 남녀처럼 베크만은 독일을 탈출해 네덜란드로 향했다. 1934년.

예술가들을 절망시킨 히틀러의 지옥도

전쟁에서 귀환한 화가, 국민들의 사랑을 받는 젊은 거장, 정상적인 삶으로 복귀하려고 애쓰던 베크만의 목을 조른 것은 히틀러와 국가사회주의의 등장이었다. 자신의 입맛에 맞지 않는 예술가들을 탄압했던 히틀러는 어둡고 슬픈 그림을 그리는 베크만을 마치 벌레 보듯 했다. 독일 민족이 세상에서 가장 우월한 민족이며, 예술은 아리안 민족[8]의 우수성을 드러내고 그 밝은 미래를 비추는 수단이 되어야 한다는 히틀러에게 밝은 미래를 제시하기는커녕 독일 민중이 침잠하고 있는 어두운 현실을 화폭에 그리는 베크만이 곱게 보일 리가 없었다. 아니, 베크만뿐이 아니었다. 히틀러는 자신의 입맛에 맞지 않는 모든 예술가들을 경멸하고 있었다. 1933년 국가사회주의당이 정권을 잡은 뒤 독일 예술계는 한때 화가를 꿈꾸던 전직 화가 지망생(히틀러는 빈 미술대학의 입학 시험을 두 번 치렀으나 모두 낙방했다.) 총통의 지나친 관심과 비

8 아리아인은 인도, 이란에 거주하며 인도·유럽계의 언어를 사용하는 민족을 말한다. 아리안이라는 단어는 '고귀하다'는 의미를 담고 있다. 히틀러는 게르만 민족의 시원이 고대 서유럽에 정착한 아리안족의 우수한 혈통에서 비롯되었다고 굳게 믿었다.

뚤어진 예술 애호로 횡액을 겪었다. 권력을 잡은 히틀러는 이제 더 이상 무능한 미대 낙방생이 아니었다. 더 이상 그의 데생 실력은 중요하지 않았다. 그에게는 권력이 있었다.

히틀러는 자신의 예술적 안목에 확신이 있었다. 그는 이미 『나의 투쟁』에서 '국민들이 광기에 사로잡힌 정신에 영향을 받지 않도록 막는 일이야말로 국가와 지도자가 할 일'이라며 20세기 현대 미술에 대한 공공연한 적의를 감추지 않던 터였다. 가장 먼저 희생양이 된 것은 입체주의, 미래주의, 다다이즘 등 나치에 의해 '타락한 정신'으로 지목된 장르의 예술가들이었다. 히틀러는 반유대주의, 반공산주의, 반자본주의, 반민주주의, 국가사회주의 이념에 배치되는 거의 모든 사상을 세상에서 지워 버리려 했고, 그런 히틀러에게 현대 미술은 반드시 척결해야 할 퇴폐 예술이었다.[9] 히틀러는 우선 나치의 입맛에 맞지 않는 예술가들을 공직에서 몰아냈다. 유대인들은 당연히 공직에서 추방되었고, 독일인이더라도 자신들의 입맛에 맞지 않는 사람이라면 자리에서 물러나야 했다. 베크만도 마찬가지였다.

1933년 베크만은 1923년부터 10여 년간 몸담고 있던 미술학교의 교수직을 박탈당했다. 베를린 국립 미술관의 베크만 홀이 폐쇄됐고, 베크만의 활동은 검열을 받았다. 베크만은 국가사회주의의 시선을 피하기 위해 활동을 중지했다.

최악의 사건이 일어난 것은 1937년이었다. 1937년 독일에서는 112명의 '나쁜 예술가'들의 작품을 모아 전시하는 '퇴폐 미술전'이 열렸다. 퇴폐 미술전

9 히틀러가 베크만 같은 현대 미술가들을 제거하기 위해 고른 수단은 나치 선전상 요셉 괴벨스였다. 히틀러가 1933년 힌덴부르크 대통령에 의해 총리에 임명된 뒤 가장 먼저 착수한 일은 그를 문화부 산하의 제국 시각예술회의 의장 자리에 앉힌 것이다. 괴벨스는 퇴폐 미술전을 타락한 현대 예술의 악영향으로부터 제국의 신민을 보호하기 위한 당위적인 조치라고 주장하며 퇴폐 미술에 의해 오염된 미술관과 박물관을 정화하는 고귀한 활동이라는 궤변을 늘어놓았다.

은 나치의 정책에 반하는 예술가들의 작품을 모아 인민재판식으로 그 작가들을 모욕하는 정책 전시회였다. 나치는 독일 전역의 박물관과 미술관을 뒤져 자신들의 입맛에 맞지 않는 작품을 끌어냈다. 700여 점을 모은 전시회는 독일 전역을 순회하며 화가들의 작품을 비하하고 이들의 예술을 퇴폐로 비하했다. 마르크 샤갈(1887~1985),[10] 피카소, 파울 클레, 에드바르 뭉크, 바실리

현대 미술 장르

입체주의는 입체파, 큐비즘이라고 한다. 대상을 분석하고 그 구조를 점과 선으로 재구성하여 기하학적 화면으로 재구성하는 화풍으로, 1910년대 야수파를 이어 20세기 전위 미술의 선구가 되었다. 조르주 브라크(1882~1963),[11] 피카소 등이 대표적이다.

미래주의는 20세기 아방가르드 예술 장르의 하나로, 미술이 사회 발전의 중추적 역할을 해 역사를 주체적이며 창조적으로 이끌어야 한다고 주장했다. 과학 문명, 진보, 미래를 부르짖은 전위 예술의 일파이며, 이탈리아의 조각가 움베르토 보치오니(1882~1916)가 대표적이다. 미적 규범과 법칙을 부정하며 속도, 진보, 미래 등 새로운 시대정신을 표현하고자 했다.

다다이즘은 1915년에서 1924년에 걸쳐 유럽과 미국에서 일어난 반문명·반전통적인 예술 운동이다. '다다'는 아무런 의미가 없는 유아적 언어, 혹은 백치적 정신 상태를 뜻하며, 반문명·반전통을 넘어 반예술을 주장했던 다다이즘의 특성을 대변한다. 다다이즘은 문명이 1차 대전이라는 비극을 낳았다는 분노와 강한 반문명적 저항 정신을 표출했다. 반정부주의적 예술가들을 향한

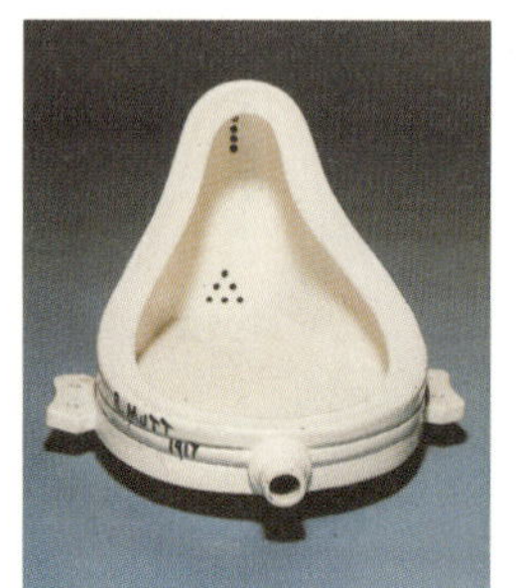
보치오니, 「공간에서 특이한 연속성의 형태」
속도와 힘을 형상화 해 미래를 표현했다. 1913년.

박해가 적었던 스위스에서 발생했고, 후고 발(1886~1927),[12] 마르셀 뒤샹 등이 유명하다.

신즉물주의는 1920년대에 독일을 중심으로 표현주의에 대한 반발로 발생한 사조였으나 나치의 집권과 함께 사라졌다. 주관적, 환상적인 경향을 배제하고 사물에 대한 철저한 관찰과 정확한 묘사를 강조했다. 게오르게 그로스(1893~1959),[13] 오토 딕스[14] 등의 인물이 중심이 되어 양차 세계 대전 사이 독일의 어두운 현실을 고발하는 비판 예술의 역할을 했지만 나치 집권 후 가혹한 박해를 받았다.

바우하우스는 1919년 건축가 발터 그로피우스(1883~1969)가 미술학교와 공예학교를 병합해 설립한 디자인학교이다. '바우하우스(Bauhaus)'라는 이름은 독일어로 '하우스바우(Hausbau, 건축)'를 뒤집은 것으로, 건축을 중심으로 예술과 기술을 융합시키는 것이 그의 목표였다. 1933년 나치의 탄압으로 폐쇄되었으나, 바우하우스의 이념은 미국으로 건너가 전 세계로 파급됐다. 이들의 아름답고 실용적인 디자인은 수많은 곳에서 모방됐다.

뒤샹, 「샘」
소변기에 '샘(Fountain)'이라는 제목을 붙인 작품이다. 전시되자 엄청난 논란을 불러일으켰고, 분노한 관객들의 항의로 전시는 곧 중단되었다. 이후 20세기 현대 미술의 상징적인 작품으로 인정되었다. 1917년.

 ‘독일 예술의 날’ 행진
퇴폐 미술전이 처음 열린 날 ‘독일 예술의 날’을 기념해 행진하는 모습이다. 나치의 이러한
횡포로 수많은 독일 예술가들이 해외로 망명했고 독일 시각 예술의 전통은 단절되었다.

칸딘스키(1866~1944)[15], 오스카 코코슈카, 오토 딕스(1891~1969), 막스 베크만……. 제대로 된 작가 중 까다로운 나치의 검열을 피해 갈 수 있는 작가는 아무도 없었다.

총통의 기호에 맞지 않는 화가들의 그림은 정신병자들이 그린 그림과 나란히 전시되어 독일 전국의 주요 도시를 순회하며 조롱거리가 되었다. 화가들은 모욕당했고 작품의 제작을 금지당했다. 압수된 그림 중 '조국 땅에 남아 있을 가치가 없는 것'은 외국의 경매 시장으로, '도저히 후세에 남길 가치가 없는 것'은 소각됐다. 유럽 곳곳에서는 나치의 이런 행악에 비난 여론이 들끓었다. 그렇게 미술관과 박물관들이 총통의 입맛에 맞는 아리안주의와 제3제국(히틀러의 독일 제국)의 영광을 칭송하는 작품들로 대체되는 사이 수많은 독일 예술인들은 나치의 탄압을 피해 국경을 넘고 있었다. 마티아스 그뤼네발트(1472~1528)[16]와 알브레히트 뒤러(1471~1528)[17] 이후 수백 년간 이어져 내려오던 독일 시각 예술의 전통이 단절되는 순간이었다.

결국 그 해 7월 19일 늦은 밤, 베크만은 독일 국경을 넘어 네덜란드로 망명했다. 결정적인 계기가 된 것은 라디오를 통해 생중계된 히틀러의 퇴폐 미술전 전야제 개막 연설이었다. 히틀러는 현대 화가들을 '타락한 정신의 소유자'로, 현대 미술을 반드시 척결해야 할 '볼셰비키[18]와 유대인들의 퇴폐 문화'로 비난했다. 총통의 연설을 들으며 베크만은 더 이상 독일에 남아 있을 수 없다는 것을 직감했다. 20세기의 빼어난 독일 현대 화가 중 한 사람은 영영 그렇게 조국을 등지고 말았다.

베크만과 히틀러는 모두 1차 세계 대전의 참전 용사였지만 전후 두 사람이 걸어간 길은 이토록 상반된 것이었다. 베크만과 달리 재능을 인정받지 못했던 히틀러는 결국 유럽의 지도를 화폭 삼아 지옥도를 그렸고, 질시하던 베크만과 그의 캔버스에 담겼던 세상을 모두 파괴해 버렸다. 네덜란드로 피신해 간신히 목숨을 부지했던 베크만은 고향 라이프치히가 연합군의 폭격에

파괴되는 것을 보며 절망했다. 베크만은 전쟁이 끝난 후 귀환을 포기한 채
1947년 미국으로 가, 타향에서 심장병으로 삶을 쓸쓸히 마감했다.

'마오쩌둥의 충실한 학생이 되자'는 내용의 포스터

1981년 중국 공산당 중앙위원회는 "문화 대혁명의 과오, 그리고 그 과오가 거대한 규모로 장기간 지속된 것에 대한 책임은 마오쩌둥 동무에게 있다."라며 국부 마오쩌둥의 책임을 명시했다. 20세기 중국은 문화 대혁명과 대약진 운동이라는 거대한 사회적 실험에 돌입했고, 철강 생산량 증대를 위해 농기구를 빼앗긴 농부들은 돌낫과 돌보습으로 농사를 짓는 석기 시대로 돌아가야 했다. 설상가상 가뭄과 홍수가 닥쳐 식량 생산량은 격감했지만, 마오쩌둥은 애꿎은 참새를 탓했다. 결과적으로 문화 대혁명과 대약진 운동 기간 동안 중국에서는 4,000만 명 이상이 기아와 영양실조로 사망했다.

중국의 문화 대혁명은 1966년부터 1976년까지 벌어졌던, 그 전까지 한 번도 없었던 정치 사회적 격변이었다. 오늘날까지도 중국인들은 문화 대혁명을 에둘러 '십년동란(十年動亂)'이라고 부르며 직접적인 언급을 피한다. 당시 6억 중국 인민들에게 문화 대혁명이라는 실험을 제시한 사람은 왼쪽 그림의 가운데에 있는 인물, 오늘날까지도 중국 공산당의 국부(國父)로 불리며 추앙되는 마오쩌둥(1893~1976)이다.

실패한 사회 변혁 실험

마오쩌둥은 공산당에 침투한 부르주아지 계급의 자본주의적 요소를 제거해야 한다며 학생, 청년이 중심이 된 '항구적 계급 투쟁'을 역설했고, 그 주장을 실행으로 옮기기 위해 홍위병을 동원했다. 당시 마오쩌둥이 문화 대혁명을 주창한 표면적인 이유는 스탈린 사후 서기장이 된 니키타 흐루쇼프[1] (1894~1971)[2]에 의해 전개되고 있는 소련의 수정주의[3] 노선이 중국과 다른 공산권 국가에 전파되는 것을 방지하고 이상적인 사회주의 국가를 건설한다

'홍위병' 포스터

홍위병은 1960년대 중국 공산당의 청년 운동에 가남한 학생들을 말한다. 홍위병의 도움으로 마오쩌둥은 권력을 다시 잡을 수 있었다. 1966년 수백만의 홍위병들이 베이징으로 집결해 세력을 과시했는데, 그 수가 전국적으로 1,100만 명에 달했다. 이 그림은 1977년에서 1981년에 중국에서 일어났던 대약진 운동 때 그려졌다. 1981년.

1 공산주의 국가에서 공산당 소속 중앙집행위원회의 부속 기구인 서기국의 장을 부르는 말이다.

2 소련의 정치가로, 스탈린이 죽자 중심 지도자로 활약했다. 1956년 당 대회 연설에서 스탈린 숭배를 비판했으며, 1958년 이후 7개년 계획에 착수하고 평화 공존을 내세우며 긴장 완화에 노력했으나 1964년에 실각했다.

3 어떤 이념의 노선에 수정이 가해진 것을 근본주의자나 반대파들이 반발해 사용하는 부정적인 표현이다. 1948년 코민포름이 유고슬라비아 공산당을 축출했을 때 유고슬라비아의 티토를 수정주의자로 비난했고, 1956년 흐루쇼프가 스탈린 격하 운동을 벌이며 평화 공존과 경제 개혁을 주장하자 중국 공산당 역시 흐루쇼프를 수정주의자로 비난했다.

는 것이었다. 그러나 항구적인 혁명이라는 이론으로 뒷받침된 문화 대혁명 이면에는 마오쩌둥이 1958년부터 1960년 사이 진행했던 대약진 운동의 실패가 숨겨져 있었다.

대약진 운동은 경제 고도 성장 정책으로 전개한 전국적인 대중 운동이다. 1958년에 마오쩌둥, 1977년에 화궈펑(1921~2008)[4]이 추진했으며, 대규모 수리 시설을 건설하고 공업의 기초를 다지려는 운동이었다. 손바닥의 양면과 같은 관계인 대약진 운동과 문화 대혁명은 중국 현대사를 나락으로 떨어뜨린 2부작 구성으로 전개된 비극이었다. 마오쩌둥은 대약진 운동의 실패를 문화 대혁명이라는 더 큰 실패로 덮으며 권력을 유지하려 했다.

마오쩌둥이 대약진 운동을 기획하도록 자극한 것은 소련의 서기장 흐루쇼프였다. 1957년 흐루쇼프는 소련의 공업 생산 및 농업 생산량이 15년 이내에 미국을 추월할 수 있을 것이라고 선언했다. 흐루쇼프의 등장 이후 마오쩌둥은 중국에 대한 소련의 경제 원조 축소 문제, 핵 개발, 노선 갈등, 공산권의 주도권 문제 등을 놓고 소련과 불편한 관계였다.

마오쩌둥은 흐루쇼프의 선언에 맞서 소련이 미국을 추월한다면 중국은 영국을 추월하겠다고 선언했다. 마오쩌둥은 1차 5개년 계획이 마무리된 이듬해 부랴부랴 영국을 따라잡기 위한 2차 5개년 계획을 급조했다. 그리고 이 계획을 충실히 수행하면 농업 및 공업 생산량이 비약적으로 증대돼 당시 미국에 이어 세계 2위의 경제 대국이었던 영국을 15년 이내에 추월할 수 있을 것이라고 장담했다.

그러나 1958년의 중국은 영국을 추월하고

미국을 따라잡을 수단, 방법, 토대, 역량 어느 것도 갖추고 있지 못했다. 마오쩌둥이 동원할 수 있었던 것은 오직 화려한 말잔치, 『런민일보』같은 관영 매체의 열성적인 지지뿐이었다. 『런민일보』는 "사람은 담이 큰 만큼 더 많은 생산을 할 수 있으며, 하지 못할 것을 두려워 말고 생각해 내지 못하는 것을 두려워하라[人有多大膽, 地有多大產, 不怕作不到,只怕想不到]."라며 '꿈은 이루어진다'류의 구호를 양산했다. 이 운동은 경제 개발 계획이라기보다는 마오쩌둥의 막연한 공상을 현실에 적용하는 정치적, 사회적 실험에 가까운 것이었다.

대약진 운동이 말잔치로 끝났으면 좋았을지도 모른다. 그러나 마오쩌둥은 대약진 운동을 전 중국에 확산시켰다. 이 운동의 중심에 있던 것이 인민공사였다. 인민공사는 농촌 곳곳에 흩어진 소규모 집단 농장을 대형화해 효율성을 추구하자는 마오쩌둥의 아이디어에서 나온 것이었다. 인민공사는 1958년 중국 후난성에 처음 설치되었다. 그러나 모든 것을 공동 생산하고 또 공동으로 분배한다는 인민공사의 운영 방침은 당시 뿌리 깊은 농촌 사회 문화를 유지하고 있던 중국의 현실과 맞지 않았다. 개인 소유의 가축과 토지 등 전 재산을 인민공사 소유의 공유 재산으로 전환시키고, 의식주의 모든 것을 공공 식당과 합숙소에서 함께 해결하며, 인민공사에서 생산된 모든 물산을 똑같이 소비하고 분배한다는 이념은 결코 현실에서 적용될 수 없는 것이었다. 농민들은 모든 것을 빼앗겼다는 심각한 박탈감을 느꼈고, 무엇보나 가정을 파괴하고 남편은 남편끼리, 부인은 부인끼리, 아이들은 아이들끼리 격리 수용해 중국 인민들의 가장 기초적인 생활 단위였던 가정을 근본부터 파괴해 버렸다. 농민들은 모든 재산을 인민공사 공동의 소유로 돌린 정책에 의욕을 잃고 절망했고, 농업 생산량은 수직으로 낙하했다.

농업 분야만큼이나 산업 분야에서도, 대약진 운동은 숫자 놀음에 불과했다. 영국의 철강 생산량을 따라잡기 위해 인민공사가 채택한 방법은 전국의 농기구를 거둬들이고 마을마다 흩어져 있던 대장간을 돌아다니며 쇠붙

이를 수거해 인민공사 공동의 용광로에 녹인 뒤 그 생산량을 부풀려 '마침내 영국의 철강 생산량을 따라잡았다'는 식의 발표를 하는 것이었다. 그러나 소규모 대장간의 철폐로 오히려 철강 생산량은 줄어들었고, 당장 낫과 보습, 식칼 등 농기구와 생활필수품을 잃어버린 농민들은 돌낫과 나무보습으로 농사를 짓는 석기 시대로 돌아가야 했다.

그러나 마오쩌둥은 자신의 패착을 인정하지 않았다. 농업 생산량이 급감하고 민심이 동요하자 마오쩌둥은 그 책임을 엉뚱한 '참새'에게 돌렸다. '참새는 곡식을 먹어치우는 해로운 새다, 참새가 원흉이다'는 마오쩌둥의 교시에 따라 전국적인 참새 박멸 운동이 일어났고, 그 결과 해충을 잡아먹는 참새들이 자취를 감춰 오히려 전국적으로 벼멸구와 메뚜기 떼가 창궐해 농업 생산량은 더욱 떨어졌다.

낭떠러지로 끌려가던 중국 경제를 절벽 아래로 밀어 버린 것은 기상이변이었다. 무리한 인민공사화 작업이 인민들을 혼란에 빠트리던 1959년부터 1961년까지 3년간 중국에는 가뭄과 홍수, 태풍이 닥쳤다. 결과는 참혹했다. 기댈 곳은 소련 밖에 없었지만, 마오쩌둥이 흐루쇼프와 격렬하게 비난을 주고받으며 서로를 수정주의자와 교조주의자로 비난한 이후였기 때문에 식량 원조를 구걸할 형편도 아니었다. 결국 대약진 운동이 벌어지던 기간에 약 4,000만 명이 굶주림과 질병, 기아에 시달리다 목숨을 잃었다. 마오쩌둥은 뒤늦게 농지와 가축, 농기구를 농민에게 되돌려주고 인민공사를 폐지했지만, 이미 중국의 경제와 사회는 되돌릴 수 없는 막대한 피해를 입고 난 뒤였다.

대약진 운동의 실패로 마오쩌둥의 입지는 축소됐고 당 내에서는 분열이 초래됐다. 그 비판이 처음 터져 나온 것은 1959년 7월 2일부터 8월 1일까지 장시성 여산에서 개최된 여산회의였다. 총대를 맨 것은 마오쩌둥의 오랜 벗이며 6·25 전쟁에 참여했던 국방부장 펑더화이(1898~1974)였다. 펑더화이는 마오쩌둥에게 서신을 보내는 형식으로 대약진 운동을 '소부르주아지 환상주의'로 규정하고 마오쩌둥의 실책을 공개적으로 비판했으며 정책 변경을 요구했다. 오랜 벗 펑더화이의 공개적인 비판에 마오쩌둥은 망연자실했지만, 실패를 인정하는 수밖에 없었다. 무엇보다 중국 농촌의 현실은 더 이상 외면할 수 없을 정도로 나락으로 떨어진 상태였다. 대약진 운동 실패의 책임으로 마오쩌둥은 국가주석(국가의 주권을 대표하는 최고 지도자)을 사임했고, 펑더화

이 역시 국부 마오쩌둥에 맞섰다는 이유로 실각했지만 대신 류사오치(1898 ~1969), 덩샤오핑(1904~1997), 저우언라이(1898~1976) 등이 권력의 전면에 등장했다. 마오쩌둥은 명목상의 당주석 자리만 유지할 수 있었다.

마오쩌둥을 이어 국가주석이 된 류사오치는 중국을 대약진 운동 이전으로 되돌리기 위해 마오쩌둥이 도입했던 인민공사를 비롯한 모든 정책을 철폐하기 시작했다. 그러나 마오쩌둥은 류사오치, 덩샤오핑, 저우언라이 등이 주도한 정국을 용납할 마음이 추호도 없었다. 마오쩌둥은 권력을 회복하고 반대 세력들을 제거하기 위해 1963년 '공산주의 교육 운동'을 개시했다. 류사오치와 덩샤오핑 등은 마오쩌둥이 주도한 이 운동이 학생들을 목표로 한 것이어서 자신들의 권력에 위협이 되지 않는다고 생각하고, 뒷방으로 물러난 마오쩌둥의 소일거리로 치부했다. 그러나 마오쩌둥의 아이들이 류사오치와 덩샤오핑의 턱밑에 칼끝을 들이미는 홍위병으로 성장하는데 그리 오랜 시간이 걸리지 않았다.

1966년 5월, 훗날 마오쩌둥의 최고 심복이자 배반자가 되는 린뱌오(1907 ~1971)가 "마오 주석은 천재이고, 마오 주석이 말하는 것은 무엇이든 옳다. 마오 주석의 한 마디는 다른 사람의 만 마디 말의 의미를 담고 있다."라는 어처구니없는 마오쩌둥 숭배 운동을 시작했다. 전국의 학생들이 그 대상이었다. 『런민일보』가 연일 자본주의자와 자본주의 지식인들을 숙청해야 한다는 사설을 실으며 사회적 분위기를 몰아가던 그 해 여름, 마오쩌둥과 홍위병 수뇌부는 훗날 너무나도 유명해지는 단어 조반유리(造反有理), 즉 "사회를 뒤집어엎는 데는 다 이유가 있다."라는 교시를 내렸다.

8월 8일 『런민일보』는 마오쩌둥의 논평 「사령부를 폭격하라」를 게재하며 류사오치, 덩샤오핑 등을 반혁명 우파로 규정하고 투쟁을 부르짖었다.

'조반유리' 포스터
선전 문구 '조반유리'가 적힌 포스터이다. 포스터의 내용대로 대약진 운동과 문화 대혁명은 중국을 뒤집어엎는데 성공했고, 중국은 거대한 혼돈에 빠져들었다.

본격적인 문화 대혁명의 시작이었고, 사실상 중화인민공화국의 권력 주도권을 둘러싼 마오쩌둥과 그 반대파간 내전의 시작이었다.

문화 대혁명이 표명한 주목표는 '네 개의 낡은 것, 즉 낡은 사상, 낡은 문화, 낡은 풍속, 낡은 관습'을 혁파하는 것이었다. 홍위병들에게는 세상의 모든 낡은 것들을 혁파할 자유가 주어졌다. 홍위병들은 그 자유를 마음껏 사용하며 마오주의자가 아닌 모든 사람들을 비판하고 고발했으며, 공개적인 테러를 서슴지 않았다. 수백만 명의 어린 홍위병 부대가 마오쩌둥을 접견하고 세상의 모든 낡은 것들을 파괴하기 위해 베이징으로 모여들었고, 마오쩌둥은 톈안먼 광장의 단상에서 전국에서 상경한 홍위병들에게 박수를 보내고 이들을 격려했다. 바야흐로 중국 전역에서는 '모든 낡은 것을 파괴하라'는 마오쩌둥의 교시에 따라 내전이 벌어지고 있었다.

1966년 여름 베이징에서만 1,772명이 홍위병에 의해 살해되었다. 마오쩌둥은 홍위병의 광란에 전혀 개의치 않았고, 오히려 "히틀러는 더 잔인했다. 더 많은 사람을 죽일수록 진정한 혁명가에 가까워진다."라며 홍위병들에게 정적들을 공격할 것을 지시했다. 문화 대혁명이 시작된 첫 2년간 홍위병들은 수많은 지식인, 엘리트 공산주의자, 자산가들을 반혁명 혐의자라고 지목해 이들을 대자보에 공개하고 규탄했다. 홍위병의 이념에 반하는 이들은 '자아 비판'을 강요당했고 공개적인 모욕과 비난, 폭행을 당해야 했다. 류사오치는 인민재판[5]을 거쳐 카이펑으로 유폐된 뒤 지병이 악화되어 병원을 찾았지만 겁에 질린 의사들은 진료를 거부했다. 병원을 떠돌던 류사오치는 끝내 행려병자로 사망했다. 덩샤오핑은 '혁명 재교육 과정'을 거친 뒤 엔진 공장의 잡역부가 되었고, 펑더화이는 공개 비판을 받고 뇌졸중으로 쓰러졌지만 어떤 치료도 받지 못한 채 무연고자로 위장돼 화장됐다. 모든 것이 쑥대밭이었다.

마오쩌둥은 이런 홍위병의 행동을 칭송했다. 8월 22일 마오쩌둥은 공안[6]이 홍위병의 행동을 제지하지 못하도록 공표했다. 홍위병의 행동을 제지하

5 공산주의 국가에서, 일정한 자격을 갖춘 법관 대신 인민이 뽑은 사람이 대중 앞에서 그들을 배심으로 삼아 재판·처결하는 방식의 재판.

6 중국은 국무원 산하에 공안부를 두었는데, 이들은 형사(刑事) 사법과 행정 집행 업무를 담당한다. 우리나라의 경찰과 같은 업무를 담당하며, 공안부 소속의 공무원들을 공안이라고 부른다.

는 세력도 '반혁명'의 딱지가 붙어 숙청의 대상이 되었다. 모든 지방 정부의 지도자들이 홍위병의 지시에 따라 '자아비판'과 함께 다른 사람을 비판하고 숙청하도록 권장했다. 자식이 부모를 비판하고 학생이 선생을 비판하는, 숙청에 숙청이 꼬리를 문 대규모 권력 투쟁이 중앙정부에서 지방 정부로, 학교로, 가정으로 파급되었고 중국 사회는 말 그대로 모든 사회적 활동이 마비되었다. 홍위병 내부의 갈등도 문제였다. 권력의 맛에 취한 홍위병은 몇 개 파로 분열돼 권력 투쟁을 시작했고 격렬한 갈등이 불거졌다.

결국 마오쩌둥조차 홍위병의 지나친 득세로 빚어진 혼란이 공산당의 지지 기반에 해가 될 것을 우려해야 하는 지경이 되었다. 마오쩌둥의 입장에서 홍위병이라는 수단은 정적들을 제거하고 권력을 회복하기 위한 것이었기 때문에 더 이상 필요가 없었다. 이제는 홍위병을 제거할 차례였다. 1968년 12

월 마오쩌둥은 "지식 청년들이 농촌으로 가서 다시 배우자."라고
주장하면서 '상산하향(上山下鄕) 운동'을 개시했다. 사실상 홍위병
의 지방 숙청이었다. 마오쩌둥의 교시에 따라 홍위병들은 농촌으
로 내려가 육체노동을 해야 했다.

중국은 쑥대밭이 되었지만, 여전히 천하의 주인은 마오쩌둥
이었다. 마오쩌둥에 마지막으로 대항한 사람은 홍위병 운동의 가
장 충실한 심복이었던 린뱌오였다. 1969년 4월 1일, 린뱌오는 공
식적인 중국의 2인자가 되었지만 만족하지 않았다. 린뱌오가 마
오쩌둥의 암살을 기도한 것은 1971년이었다. 그러나 쿠데타와 마
오쩌둥 암살은 실패로 돌아갔고, 9월 13일 린뱌오는 가족들과 함께 비행기
를 타고 소련으로 탈출하던 중 몽골에서 비행기가 추락해 탑승자 전원이 사
망했다.

그리고 1976년 9월 9일, 마오쩌둥이 사망했다. 마오쩌둥에 이어 중국의
주석 자리에 오른 화궈펑은 마오쩌둥의 부인 장칭(1914~1991) 등 사인방의[7]
체포를 명령했다. 지루했던 문화 대혁명의 종말이었다. 중국 공산당은 1981
년 문화 대혁명을 마오쩌둥의 과오로 공식 정의했다.

'문화 대혁명' 포스터
마오쩌둥이 계획한 문
화 대혁명과 대약진 운동
의 가장 큰 원동력이 되어
준 것은 그를 아버지로 믿
고 따랐던 가난한 농민들
과 때 묻지 않은 어린 학
생들이었다. 1974년.

[7] 마오쩌둥이 죽은 후 마오
쩌둥의 권력을 계승하려고
한 소위 '반당집단'이다. 마
오쩌둥의 아내 장칭. 왕훙
원. 장춘차오, 야오원위안을
통틀어 이른다.

관람객이여, 판단하지 말라

중국의 대약진 운동과 문화 대혁명 시기에 중국을 휩쓴 것은 정치 선전
예술이었다. 흔히 '프로파간다(propaganda) 예술'로 불리는 정치 선전 예술
은 1622년 교황 그레고리 15세(1554~1623)가 신교 세력의 확산에 대항하기
위해 만든 가톨릭 교단인 '신앙 전파 교단'의 명칭에서 비롯된 것이다. 그러
나 20세기 이후 프로파간다라는 말은 종교적 의미와는 별 상관이 없는 것이
되었는데, 그 첫 번째 계기는 1차 세계 대전이었다.

■ '군수 공장 취업을 독려'하는 포스터
'영국 여성들이여 공장으로 오라'는 내용의
포스터이다. 1939~1945년.

■ '나치 홍보' 포스터
'히틀러 유겐트(나치의 청소년 조직)를 위한
유스호스텔과 숙소를 지읍시다'는 내용의
모금 포스터이다. 1938~1939년.

■ '공산주의 반대' 포스터
'가족을 파멸시키는 공산
주의'란 내용의 에스파냐
포스터이다. 1937년 무렵.

옛날에 전쟁이 일어나면 일반 농민들이나 백성들은 수탈과 피해를 당할지언정 전투에는 직접 참여하지 않았고, 전문적인 용병이나 군인들을 중심으로 전투가 벌어지는 양상이었다. 그러나 기관총, 대포, 화학 무기, 참호전,[8] 장갑차 등 새로운 전쟁 수단이 등장해 사상자 수가 천정부지로 증가하면서 도저히 직업 군인 중심 체제로는 전투를 치룰 수 없는 지경이 되고 말았다. 전쟁의 양상이 한정된 군인 계층이 아닌 모든 국민이 총체적으로 나서는 국민 대 국민의 싸움으로 변형되면서 그 중요성이 부각된 것이 바로 국민들의 여론이었다. 국민들의 여론을 환기시키고 정부의 주장을 효과적으로 전달하고 주입하며, 국민들이 적극적으로 움직이게 하는 수단으로써의 장르가 바로 20세기 프로파간다 예술이다.

프로파간다 예술이 다른 장르와 구분되는 가장 큰 특징은 관람자가 예술 작품을 보고 판단을 내릴 자유가 애시당초 주어지지 않는다는 것이다. 선과 악, 아름다움과 추함, 적과 동지의 판단을 관람자에게 강요하는 것이 바로 프로파간다 예술의 특징인 것이다.

8 참호에 의지하여 벌이는 싸움을 말하며, 참호는 야전에서 몸을 숨기면서 싸우기 위해 방어선을 따라 판 구덩이를 말한다.

두꺼운 책, 긴 이야기, 재미나게 읽으셨습니까?

얼마 전 일요일 저녁에 텔레비전에서 방영하는 청소년 퀴즈 프로그램을 보았습니다. 문제를 푸는 사이에 학생들이 장기자랑을 펼치더군요. 공부를 잘하는 학생은 문제를 풀고, 춤을 잘 추는 학생은 춤과 노래로 분위기를 즐겁게 만들었습니다. 각자 자신의 재능을 뽐내며 한 몫을 하는 모습이 참 보기 좋았습니다.

이 책 『미술 시간에 세계사 공부하기』는 문제를 다 풀 만큼 공부를 잘 하지는 못하지만 나름대로 자신의 몫을 해낸 재주꾼 학생들 같은 화가들의 그림에 관한 이야기입니다. 사관(史官)이 되고 사가(史家)가 되어 역사를 기록하지는 않았지만, 역사의 증인을 자처했던 화가들이 그림으로 남긴 역사인 것입니다. 사가들이 하루하루의 역사를 글로 적어 후대에 전했듯이, 화가들은 자신들이 살았던 시대를 그림으로 그려 후대에 전했습니다. 그림으로 보는 역사는 책으로 읽는 역사만큼이나 아름답고, 슬프고, 장렬하며, 비참합니다.

역사는 필수와 교양으로 구분해 배울지 말지를 결정할 수 있는 분야가 아닙니다. 오늘 우리가 배우는 역사가 수백 년 전 우리 선조들이 살아간 하루하루 일상의 총합이듯이, 현재 우리가 누리고 있는 문화와 예술은 쌓이고 쌓여 훗날 우리 후손에게 전해지는 우리의 역사가 될 것입니다.

청소년 여러분을 위해 세계사 교양서를 집필할 수 있는 좋은 기회를 주신 강응천 주간님과 한여름에 땀을 뻘뻘 흘리며 애써 주신 정연경 편집자, 김원용 디자이너께 감사를 드립니다. 무엇보다 이 책을 읽어 주신 독자들께 가장 큰 감사를 드립니다.

모두 행복하시기를……

1917년 | 이스라엘 박물관

석고문(팔대산인 작) ◆ 중국 명 | 17세기

성 바르톨로메오의 학살(뒤부아 작) ◆ 154×94cm | 스위스 | 1572~1584년 | 로잔 주립 미술관

성 소피아 성당 ◆ 동로마 제국 | 537년 | 터키 이스탄불

쇤브룬 궁전 ◆ 신성 로마 제국 | 1700년 무렵 | 오스트리아 빈

『신곡』을 들고 있는 단테(미켈리노 작) ◆ 이탈리아 | 1465년 | 산타 마리아 델 피오레 성당

신체도(다빈치 작) ◆ 24.5×34.3cm | 이탈리아 | 1492년 | 아카데미아 미술관(베네치아)

십자가에서 내려지는 예수(루벤스 작) ◆ 310×420cm | 프랑스 | 17세기 | 안트베르펜 성당

아가멤논의 황금 가면 ◆ 높이 26cm | 고대 그리스 | 기원전 16세기 | 아테네 국립 고고학 박물관

아즈텍 피라미드 ◆ 아즈텍 문명 | 13세기~16세기 | 멕시코 멕시코시티

아잔타 석굴 ◆ 인도 | 기원전 1세기~7세기 | 인도 아잔타

아테네 학당(라파엘로 작) ◆ 823×579cm | 이탈리아 | 1510년 | 바티칸 미술관

앙리 4세의 죽음과 마리 드 메디시스의 섭정 선언(루벤스 작) ◆ 727×394cm | 프랑스 | 1621~1625년 | 루브르 박물관

어느 병사의 죽음(카파 작) ◆ 미국 | 1936년

어도(팔대산인 작) ◆ 77.5×44cm | 중국 | 1694년

엄마와 어린이 ◆ 인도 | 12세기 | 인도 박물관

에밀 졸라의 초상(마네 작) ◆ 114×146.5cm | 프랑스 | 1868년 | 오르세 미술관

엘리자베스 1세(주까로 작) ◆ 71×85cm | 이탈리아 | 16세기 | 개인 소장

예수 ◆ 동로마 제국 | 12세기 | 싱 소피아 성당

예수와 왕들 ◆ 동로마 제국 | 12세기 | 성 소피아 성당

오오문회도(휘종 작) ◆ 123.9×184.4cm | 중국 송 | 12세기 | 국립 고궁 박물원(타이베이)

유스티니아누스 1세와 수행원들 ◆ 동로마 제국 | 548년 | 산 비탈레 성당

율리우스 2세(라파엘로 작) ◆ 80×108cm | 이탈리아 | 1512년 | 내셔널 미술관

이수스 전투 ◆ 520×270cm | 고대 그리스 | 기원전 1세기 | 나폴리 국립 고고학박물관

자금성 ◆ 중국 명 | 1420년 | 중국 베이징

자본주의의 종말(리베라 작) ◆ 멕시코 | 1926년~1928년 | 멕시코시티 교육부 청사

자화상(라파엘로 작) ◆ 35×45cm | 이탈리아 | 1509년 | 우피치 미술관

자화상(베크만 작) ◆ 42×54cm | 독일 | 1922년 | 노이에 미술관

'조반유리' 포스터 ◆ 중국

죽어 가는 노예(미켈란젤로 작) ◆ 높이 229cm | 이탈리아 | 1515년 | 루브르 박물관

중국과 소련의 동맹을 선전하는 포스터(장 루웨이 작) ◆ 중국 | 1979년

중추첩(왕헌지 작) ◆ 11.9×27cm | 중국 진 | 4세기 | 국립 고궁 박물원(베이징)

천상과 세속의 사랑(티치아노 작) ◆ 278×118cm | 신성 로마 제국 | 1516년 | 보르게세 미술관

천지창조(미켈란젤로 작) ◆ 4120×1320cm | 이탈리아 | 1512년 | 시스티나 성당

청명상하도(장택단 작) ◆ 528.7×24.8cm | 중국 송 | 12세기 | 국립 고궁 박물원(베이징)

최후의 심판(미켈란젤로작) ◆ 1220×1370cm | 이탈리아 | 1541년 | 시스티나 성당

춘산서송도(미불 작) ◆ 35×44.1cm | 중국 송 | 11세기 | 국립 고궁 박물원(타이베이)

출발(베크만 작) ◆ (중앙)115×215cm (양쪽 각)100×215cm | 독일 | 1932~1933년 | 뉴욕 현대 미술관

카를 5세의 초상(티치아노작) ◆122×203.5cm | 신성 로마 제국 | 1548년 | 알테 피나코테크

카타리나 폰 보라의 초상화(크라나흐 작) ◆ 독일 | 1526년 | 바르트부르크 컬렉션

카피톨리나 늑대상 ◆ 높이 75cm | 이탈리아 | 13세기 | 카피톨리니 박물관

캔터베리 대성당 ◆ 영국 | 11~12세기 | 영국 캔터베리

쾌설시청첩(왕희지 작) ◆ 23×14.8cm | 중국 진 | 4세기 | 국립 고궁 박물원(타이베이)

쿠란 ◆ 74×51cm | 맘루크 왕조 | 1376년 | 이집트 국립 도서관

클리브스의 앤(홀바인 작) ◆ 48×65cm | 영국 | 1539년 무렵 | 루브르 박물관

타지마할 ◆ 인도(무굴 제국) | 1649년 | 인도 아그라

테오도라 ◆ 동로마 제국 | 6세기 | 산 비탈레 성당

통곡의 벽 ◆ 고대 이스라엘 | 기원전 9세기 | 이스라엘 예루살렘

파르테논 신전 ◆ 695×310cm | 고대 그리스 | 기원전 5세기 | 그리스 아테네

팔팔조도(팔대산인 작) ◆ 중국 | 17세기

페르 탕기 영감의 초상(반 고흐 작) ◆ 75×92cm | 프랑스 | 1888년 | 로댕 박물관

펠리페 5세(리고 작) ◆ 프랑스 | 1701년 | 프랑스 역사 박물관

프리다와 디에고 리베라(칼로 작) ◆ 79×100cm | 멕시코 | 1931년 | 샌프란시스코 현대 미술관

한국에서의 학살(피카소 작) ◆210×110cm | 에스파냐 | 1951년 | 피카소 미술관

한스 루터의 초상화(크라나흐 작) ◆ 독일 | 16세기 | 바르트부르크 컬렉션

헨리 8세(홀바인 작) ◆ 74.5×88.5cm | 독일 | 1540년 | 팔라초 베르베리니

헨리포드이 병원(칼로 작) ◆ 38×30.5cm | 멕시코 | 1932년 | 돌로레스 올메도 파티뇨 박물관

홀바인 양탄자 ◆ 200×429cm | 아나톨리아 | 15세기 | 이슬람 미술관(베를린)

'홍위병' 포스터(치우 바이핑 작) ◆ 중국 | 1981년

황색의 예수(고갱 작) ◆ 73×92cm | 프랑스 | 1889년 | 올브라이트 녹스 미술관

후가쿠 36경 중 가나가와 앞바다의 파도(가츠시카 호쿠사이 작) ◆ 38×26.4cm | 일본 | 1830년 | 메트로폴리탄 미술관

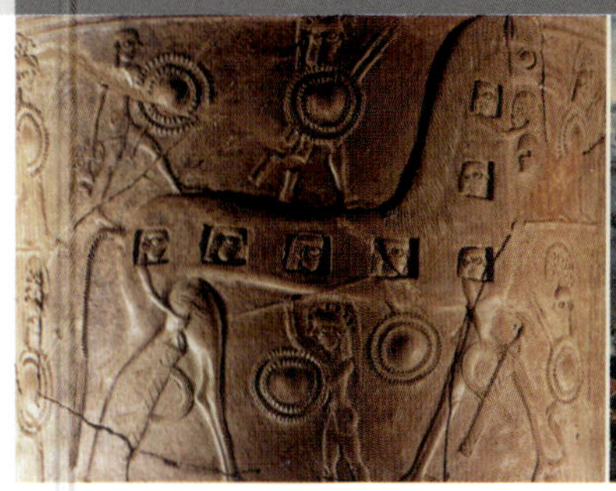

통합 교육 시대를 위한 **지식의 사슬 시리즈**

지식의 사슬 시리즈는 사슬처럼 얽혀 있는 여러 지식의
연결 고리를 찾아보려는 시도이다. 국사와 세계사,
과학과 사회, 지리와 역사 등이 각각 둘이 아니라
하나임을 알려 주는 통합교과적 교양서이다.

국사 시간에 **세계사** 공부하기 | 김정 지음
과학 시간에 **사회** 공부하기 | 강윤재 손향구 지음
지리 시간에 **역사** 공부하기 | 배우성 지음
지리 시간에 **철학**하기 | 안광복 지음
미술 시간에 **한국사** 공부하기 | 이병호 오영선 김혜원 지음
체육 시간에 **과학** 공부하기 | 전영석 홍준의 지음
미술 시간에 **세계사** 공부하기 | 이장현 지음

※ '지식의 사슬' 시리즈는 계속 출간됩니다.

지식의 사슬 01
국사 시간에
세계사 공부하기
김정 지음 | 222쪽

지식의 사슬 02
과학 시간에
사회 공부하기
강윤재, 손향구 지음 |
221쪽

지식의 사슬 03
지리 시간에
역사 공부하기
배우성 지음 | 216쪽

지식의 사슬 04
지리 시간에
철학하기
안광복 지음 | 224쪽

지식의 사슬 05
미술 시간에
한국사 공부하기
이병호, 오영선,
김혜원 지음 | 216쪽

지식의 사슬 06
체육 시간에
과학 공부하기
전영석 홍준의 지음 |
200쪽

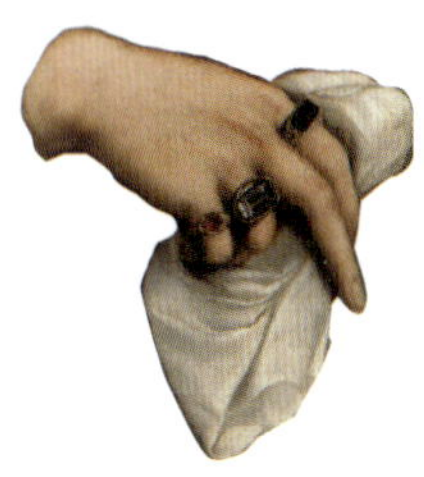

화가들이 작품으로 기록한
아름답고 슬프고 장렬한 세계사 이야기

명나라의 왕자 출신 유민으로 새로 들어선 청나라의 지배하에
핍박을 당했던 팔대산인,
종교 개혁의 광풍이 몰아치던 16세기 유럽에서 헨리 8세의 궁정을
출입하며 역사의 증인이 되었던 홀바인,
이 책에서는 답답하고 지루한 연도나 깨진 도편을 접착제로 붙이는
따분한 일은 전문가들의 몫으로 돌리고, 중고등학교 세계사
교과서와 미술 교과서에서 한 번씩 다뤄지는 주제나 작품 중 흥미를
일으킬 만한 그림과 이야기들을 모아 최대한 흥미진진하고 재미있게
풀어 보았다. 다양한 사진 자료와 설명을 통해 세계사
견문이 넓어지면 미술 학습에 효과적인 동기가 될
것이고, 풍부한 미술 작품을 통해 세계사에 대한
호기심과 관심, 이해의 폭을 넓힐 수 있을 것이다.

모든 시대의 미술에는 만든 사람들의 고민과 분투와
갈망이 담겨 있다. 미술을 통해 그 시대를 들여다보고
역사의 흐름 속에서 미술품을 감상해 보자.

미술 시간에 한국사 공부 하기

이병호, 오영선, 김혜원 지음

웅진주니어는 (주)웅진씽크빅의
유아·아동·청소년 도서 브랜드입니다.

글 이병호

서울대학교대학원 국사학과 박사 과정을 수료하였고 한국
고대사를 연구하고 있다. 국립중앙박물관 학예연구관으로
근무하고 있으며, 어린이박물관의 전시와 도록을 담당했
다. 사료를 통한 한국사에서 한 발 더 나아가 유물이나 유
적을 통한 살아 있는 한국 문화사를 복원하고 서술하는 데
관심이 있다.

글 오영선

서울대학교 국사학과를 졸업하고 동대학원에서 박사 과정
을 수료하였다. 현재 국립중앙박물관 학예연구사로 재직
중이다. 박물관에 전시되는 유물을 통해 한국 역사 특히
고려 시대의 역사를 어떻게 설명하는가에 관심이 있다. 지
은 책으로는 『한국생활사박물관-고려』, 『귀족의 나라-고
려』, 『어린이박물관 고려』 등이 있다.

글 김혜원

서울대학교 고고미술사학과를 졸업하고 미국 펜실베니아
대학교에서 중국미술사를 공부하여 박사 학위를 받았다.
현재 국립중앙박물관 학예사로 재직 중이며, 한국 미술을
포함한 동양 미술의 다양한 분야를 연구하고 있다.

웅진 주니어